दीवारों के बीच

चश्म हो तो आईन-खाना है देहर
मुँह नज़र आता है दीवारों के बीच

—'मीर'

दीवारों के बीच

निदा फ़ाज़ली

वाणी प्रकाशन

वाणी प्रकाशन

4695, 21-ए, दरियागंज, नयी दिल्ली 110 002

फ़ोन : +91 11 23273167 फ़ैक्स : +91 11 23275710

शाखाएँ

अशोक राजपथ, पटना 800 004, बिहार

कॉफ़ी हाउस कैम्पस, महात्मा गांधी मार्ग, इलाहाबाद 211 001, उत्तर प्रदेश

महात्मा गांधी अन्तरराष्ट्रीय हिन्दी विश्वविद्यालय, वर्धा 442 001, महाराष्ट्र

www.vaniprakashan.in
marketing@vaniprakashan.in
sales@vaniprakashan.in

DEEWARON KE BEECH
by Nida Fazli

ISBN : 978-93-5229-184-7
Novel

संस्करण 2001, 2005
आवृत्ति 2018

मूल्य : ₹ 495

सिटी प्रेस, दिल्ली-110 095 में मुद्रित

वाणी प्रकाशन का लोगो मक़बूल फ़िदा हुसेन की कूची से

उन यादों के नाम
जो वर्तमान होती तो सताती हैं
जब अतीत बन जाती हैं तो लुभाती हैं
मुमकिन है वर्तमान से अतीन बनने के
सफर में
उन यादों में कहीं-कहीं समय की दूरियाँ
शामिल हो गयी हों
और ये अब वैसी नहीं हों
जैसी पहले थीं
इन यादों का सिलसिला काफी लम्बा है
मैं ही एक मोड़ पर आकर
रुक-सा गया हूँ

सूरज इक नटखट बालक-सा
दिन-भर शोर मचाये
इधर-उधर चिड़ियों के बखेरे
किरनों को छितराये
कलम, दराँती, बुरश, हथौड़ा
जगह - जगह फैलाये
शाम ! थकी माँ - जैसी
एक दिया मिलकाये
धीमे-धीमे सारी बिखरी चीजें
चुनती जाये ....।

सूरज डूब रहा है। एक बेहोश औरत के गिर्द तीन-चार बच्चे सहमे, डरे बैठे हैं। बड़ी बहन उठकर लालटेन की चिमनी साफ करके उसे रोशन करती है, चारों ओर चितकबरी रोशनी फैल जाती है। सामने इमली के पेड़ पर एक डरावना भूत रोज की तरह आज भी आकर बैठ गया है। लम्बे-लम्बे दाँत, टेढ़े-मेढ़े हाथ-पाँव, हवा से शाखें हिलती हैं तो उसकी गर्म साँसें बहुत करीब महसूस होती हैं। दालान से आँगन में आते भी डर लगता है।

बड़ी बहन भूत को भगाने के लिए अन्दर से कुरान शरीफ लाकर बाहर स्टूल पर रख देती है। बच्चों और भूत के बीच अल्लाह के बलाम की हद बन जाती है, भूत में इस हद को फलांगने की हिम्मत नहीं है। लेकिन जब भी नजर उठती है, वह इमली की शाखों से झांकता नजर आता है।

यह भूत कुरान की सीमा में प्रवेश तो नहीं करता लेकिन अपनी मौजूदगी का एहसास फिर भी दिलाता रहता है। इस खौफ से भूख-प्यास सब गायब हो जाती है।

भूत सिर्फ मुर्तुजा हसन के कदमों से डरता है। जैसे ही गली में उनके कदमों की आहट फैलती है, ये आप-ही-आप सिमटकर हवा में घुल जाता है। लेकिन मुर्तुजा हसन के आने तक आधी से ज्यादा रात गुजर चुकी होती है और आधी रात तक नींद पलकों से आँखमिचौली खेलती रहती है।

बेहोश औरत, जो इन बच्चों की माँ है होश में आती है। इर्द-गिर्द बैठे हुए इन बच्चों को देखती है और मुंह-ही-मुंह में कुछ पढ़कर अँगुली से चारों ओर हवा में चक्र-सा बनाती है। मुर्तुजा हसन आते ही अपनी शेरवानी खूंटी पर टाँगकर बिस्तर पर दराज हो जाते हैं। उनके होने से अनहोनी टल जाती है।

सुबह के धुंधलकों से ग्वालियर का एक मुहल्ला धीमे-धीमे उभर रहा है। नयी सड़क! बड़े दालान और आँगन और कई विशाल कमरों का एक ऊँची दीवारों का पुराना घर। इस घर में दायें-बायें कई दरवाजे हैं। सामने इमली का घना पेड़ है जिसमें बारह महीने खट्टे-कटारे झूलते हैं। उनको पूरी दोपहर मुहल्ले-भर

के बच्चे पत्थर मार-मारकर गिराते हैं। इन कटारों की छीना-झपटी में हर रोज कई छोटी-बड़ी लड़ाइयाँ होती हैं। इन लड़ाइयों में कभी बड़ी औरतें भी शरीक हो जाती हैं। औरतें आपस में उलझकर कई दिन एक-दूसरे से नहीं बोलतीं, लेकिन बच्चे थोड़ी देर में ही पिछली बातों को भूलकर आपस में मिल जाते हैं।

इस इमली के पेड़ का एक बड़ा भाई भी है। घर के बायें दरवाजे के सामने लम्बे-चौड़े तने और कई मोटे, भारी हाथों वाला नीम का पेड़ ··ये दोनों उम्र के लिहाज से बुजुर्ग हैं। इनकी उम्रों का अब कोई इस मुहल्ले में नहीं है···दोपहर-भर ये दोनों छोटे बच्चों के साथ खेलते हैं और शाम होते ही संजीदा होकर हर आने जाने वाले पर नजर रखते हैं और मुहल्ले की चौकीदारी करते हैं। इस चौकीदारी में जंगली कुत्ते भी उनका साथ देते हैं। ये कुत्ते इतने दिनों से इस मुहल्ले में हैं कि हर-एक को बिना नाम के पहचानते हैं। रात के वक्त जैसे ही कोई अजनबी इस इलाके में दाखिल होता है तो ये चिल्ला-चिल्लाकर तूफान सिर पर उठा लेते हैं। उनको चुप करने के लिए 'प्रवेश-पत्र' दिखाना पड़ता है, और ये प्रवेश-पत्र होता है मुहल्ले का ही कोई आदमी···!

मकान के पीछे एक तंग-सी गली है। इस गली के कोने पर एक पुराना कुआँ है जिस पर हमेशा पानी भरनेवाली लड़कियों का जमघटा लगा रहता है। ये कुआँ सारी लड़कियों का हमराज है। ये किसी की बात दूसरे से नहीं कहता, मगर है बड़ा मजाकिया, दिन-भर इसकी बातों पर लड़कियाँ कहकहे लगाती रहती हैं।

आसपास कई कच्चे-पक्के छप्पर हैं। इनमें कोली जाति के लोग रहते हैं। सवेरा होते ही ये गिरोह बनाकर तिगरा नदी के किनारे निकल जाते हैं और शाम को वहाँ से रेत भरकर लाते हैं, जिसे भट्टी में तपाकर दिन-भर सोना-चाँदी निकालते हैं। सुना है कारुन बादशाह का खजाना डूब गया था जो सूरज की किरणों में आज भी रेत के जर्रों में झिलमिलाता है। ये लोग शायद रेत से इसी दौलत को निकाला करते हैं। रात को कच्ची शराब के नशे में देर तक नाचते गाते हैं। जब थक जाते हैं तो अपनी औरतों से लड़-झगड़कर ताजादम हो जाते हैं। औरतें घर के मर्दों की मिलकियत (पूँजी) हैं। ये कभी विधवा नहीं होतीं। परिवार के आखिरी मर्द तक इनकी माँग भरी रहती हैं। जब कोई लड़की या औरत इस रस्म के खिलाफ आवाज उठाती है तो दो-चार दिन मार खाकर दूसरों की तरह बन जाती है। इन कोलियों की औरतें और लड़कियाँ सवेरा होते ही पीतल के घड़े लेकर इस ऊँची दीवारों के पुराने घर में पानी भरने आती हैं। पूरे मुहल्ले में इसी एक घर में नल है।

वे पानी भरती रहती हैं और घर के शरीर बच्चे कच्ची उम्रों की गुदाज पिंडलियों और सीने के उभारों का नजारा करते रहते हैं। बायें दरवाजे से कुछ दूर एक छोटे-से खपरैलों के कच्चे घर में मसजिद के पेश इमाम रहते हैं। इन्हें

सब मुल्लाजी कहते हैं। ये पुलिस-सिपाही की हैसियत से रिटायर्ड हुए हैं, बड़े रोब के आदमी हैं, नौकरी से आजाद होने के बाद भी पुलिस की खाकी वर्दी और फुलबूट पहनते हैं, जो अब अपना रंग व रूप खो चुके हैं। जूते का चमड़ा जगह-जगह से चटखकर पैरों से बड़ा हो चुका है और वर्दी खाकी से कत्थई होने लगी है, मसजिद में नमाज पढ़ाते हैं और पाँचों वक्त अजान देते हैं। यही अब इनकी कमाई का माध्यम है। इनको कभी किसी ने मुसकराते नहीं देखा। मुमकिन है कभी मुसकराये भी हों। लेकिन चेहरे पर दाढ़ी और मूँछों का घनाव इस मुसकराहट को बाहर आने नहीं देता। इनकी बीवी चेहरे-मोहरे से पहाड़ी इलाके की लगती है। हाथ-पाँव गुदे हुए हैं, जिससे जाहिर होता है मुल्लाजी के यहाँ आने से पहले वो हिन्दू थीं। पहाड़ों से वर्षों से दूर हैं लेकिन अब भी मुँह-अँधेरे चक्की पीसते वक्त बहुत दूर किसी घाटी में निकल जाती हैं और देर तक किसी अनजानी बोली में गीत गाती रहती है। मुल्लाजी हर रोज मुँह-अँधेरे 'अल्लाहो अकबर' का विद्र करते मसजिद के लिए निकलते हैं। इनकी आवाज सुनते ही, मुहल्ले के इस बड़े घर का फाटक खुलता है और दो बच्चे नींद-भरी आँखों के साथ आधे जागे, आधे सोये इनके साथ हो लेते हैं। इनमें से एक का नाम मुस्तफा हसन है और दूसरे का मुकतदा हसन है। ये छोटे-बड़े भाई हैं।

अभी सड़क पर ताँगे नहीं आये हैं। हर तरफ खामोशी है हाजीजी हर रोज की तरह हाथ में तसबीह (माला) लिये अपनी हवेली की दहलीज पर बैठे हैं। ये दो बार हज करके आये हैं। हवेली के हिजड़ों के मुखिया हैं। मुहल्ले में हर बच्चे की पैदाइश पर ये ऊँची चोली और रंगीन साड़ी पहने अपने चेलों के साथ आते हैं, और देर तक ढोलक की थाप, घिसी हुई भारी आवाज में गा-बजाकर पैसे और कपड़े वसूल करते हैं। जाते समय बच्चा और जच्चा (बच्चे की माँ) के लिए ढेर सारी दुआएँ देते हैं। इन्हें देखकर बच्चों के हाथ अपने-आप ही माथे तक उठ जाते हैं और ये मुस्कराते हुए 'जुग-जुग जियो' कहते हैं और फिर वजीफे में डूब जाते हैं।

रास्ते के बीच में एक चौड़ी-सी पानी की नाँद है। पंडित जगतराम गले में जनेऊ डाले, मुँह-अँधेरे ही से एक लकड़ी में दो बाल्टी टाँगे, उसे भरना शुरू कर देते हैं। इस नाँद से सारे दिन प्यासी गायें, घोड़े और बैल पानी पीते हैं। पंडितजी किसी दफ्तर में चपरासी हैं। ये नाँद इनके पुरखों में से किसी-न-किसी मन्नत के पूरे होने पर बनवायी थी। इस परम्परा को ये अब तक धर्म की तरह निभाते हैं। इसकी टूट-फूट की मरम्मत भी ये अपनी जेब से ही करते हैं। इस नाँद के माध्यम से वो अपने पुरखों से अपना रिश्ता जोड़े हुए हैं।

पंडितजी से इन बच्चों का सम्बन्ध सिर्फ सुबह की मुसकराहट तक सीमित है। वह राम-राम के जाप में लीन पानी भरते रहते हैं। लेकिन बच्चों को देखते

हाँ गर्दन हिलाकर मुसकरा देते हैं। ये बच्चों को चेहरों से जानते हैं और बच्चे इन्हें मुसकराहट से पहचानते हैं···सड़क के फुटपाथ पर दो-चार लोग ज्वार के दाने डालकर ढेर-सारे जंगली कबूतर जमा किये हुए हैं। कबूतर दाने चुग रहे हैं। ये ठीक समय पर इधर-उधर पेड़ों में आकर बैठ जाते हैं और जैसे ही ज्वार जमीन पर बिखरती है, ये जमीन पर उतरते हैं। "कबूतर सैय्यद होते हैं। ये सब्ज गुम्बद का तवाफ करने वालों के रिश्तेदार हैं।" इनके परों की हवाएँ कई बीमारियों का इलाज हैं। चुन्नी हलवाई की इन कबूतरों से दोस्ती बहुत पुरानी है। इनकी देखा-देखी अब और लोग भी ज्वार लेकर आने लगे हैं। इन कबूतरों के पास ही भट्ठी के करीब ऊँघता हुआ कुत्ता टाँग फैलाकर अँगड़ाई लेता और कबूतरों में थोड़ी हलचल होती है। कुछ डरकर उड़ भी जाते हैं। लेकिन उड़नेवाले कबूतर शायद नये होते हैं, जो रोज के आनेवाले हैं वो तो कुत्ते की टाँगों के पास से भी दाने चुगने में झिझक महसूस नहीं करते। कबूतर कुत्ते को जानते हैं और कुत्ते कबूतरों को पहचानते हैं। चुन्नी हलवाई इन दोनों बच्चों के चाचा हैं। नमाज से लौटते वक्त उनको सलाम करके आगे बढ़ना इनका फ़र्ज है।

ये दोनों भाई, जिनमें बड़े की उम्र आठ साल है और छोटा जो काफी दुबला-पतला है अपने भाई से दो साल छोटा है। मुर्तुजा हसन के लड़के हैं, जो सिन्धिया स्टेट रेलवे में एक बड़े अफसर हैं। अच्छी-खासी तनख्वाह है। इसके अलावा ऊपर की आमदनी की भी रेलपेल है। शायर भी हैं। दाग के जाँनशीन नूँह नारवी के बहुर्चचित शागिर्द हैं···शाइरी के दो संकलन 'तसवीरे दुआ' और 'तासीरे दुआ' के लेखक हैं। शेर ऐसे हैं—

मेरी जान माँगी तो क्या तुमने माँगी मेरी जान का क्या मेरी जान होगा
ये खुद भी परेशान हैं जिन्दगी से, इसे जो भी लेगा परेशान होगा।

शान के लोग कम रह गये
एक तुम एक हम रह गये।

अलीगढ़ के पास एक छोटे-से डिबाई नामी कस्बे के रहनेवाले हैं। इसी कारण अपने तखल्लुस 'दुआ' के साथ डिबाइवी लगाते हैं। काफी रंगीन मिजाज हैं। मुजरे मुशायरे और नये-नये इश्क पुराने शौक हैं। अपने बहन-भाइयों से दूर तनहा रहे हैं। इन तनहाइयों को जवानी के हाथों खूब बाँटा है। कई तवायफों से शनासाइयाँ हैं। एक से तो सुनते हैं दो लड़के भी हैं, लेकिन उनके नामों में इनका नाम शामिल नहीं है।

घर में अच्छी शक्ल सूरत की बीवी है और साथ में सिन्धिया दरबार की एक गानेवाली की जुल्फ के बन्दी भी हैं। इस गानेवाली का नाम जेबुन्निसा है। रेडियो से भी क्लासिकल म्यूजिक के प्रोग्राम देती है। बच्चा कोई नहीं है। मुर्तुजा हसन

के बच्चों को जहाँ देख लेती हैं टूटकर प्यार करती हैं, बलाएँ लेती हैं, पैसे देती हैं। लेकिन इन सबके बावजूद बच्चों को वो पसन्द नहीं है।

बीवी का नाम जमील फातमा है। दिल्ली के एक सैयद घराने से हैं। मिजाज से धार्मिक हैं। शेर-ओ-शाइरी का शौक रखती हैं। शेर कहती हैं और औरतों की बैठकों में सुनाती हैं। शेर कहने का जब मूड होता है तो झाड़ू दे रही हों या रोटी पका रही हों, कागज-पेन्सिल साथ ही होते हैं। शेर कहने का ध्यान कभी रोटी जला देता है, कभी सालन में नमक का सन्तुलन बिगाड़ देता है। मासिक पत्रिका 'इसमत' और 'रहनुमाए तालीम' में 'मकफ़ी' तखल्लुस से प्रकाशित भी होती हैं।

मुर्तुजा हसन उम्र के पैंतीस साल गुजार चुके हैं। घरवालों से दूर ग्वालियर में बिना रोक-टोक जैसे चाहा जिये। आशनाइयाँ कई हुईं, लेकिन किसी ने शादी का रूप नहीं लिया। तफरीह की आजादी है लेकिन शादी के लिए जात-बिरादरी की अखलाकी (नैतिक) पाबन्दी जरूरी है। डिबाई में इनके दो बड़े भाई और एक बहन हैं। दिल्ली के एक बिरादरी के घर में उम्मतुल हबीब की एक छोटी लड़की के लिए पैगाम भेजा है। लड़की की माँ बेवा है। घर में एक कम उम्र भाई खलील अहमद के अलावा दूसरा मर्द नहीं है। बड़ी बहन शादीशुदा है। वो और उनके पति रेलवे की अफसरी और मिलीजुली बिरादरी को काफी समझते हैं। आगे लड़की की किस्मत, और खुदा की हिकमत। ज्यादा छानबीन के बिना रिश्ता मंजूर हो जाता है और जमील फातमा दस साल के फर्क के बावजूद मुर्तुजा हसन के हवाले कर दी जाती हैं। लेकिन बरसों की आजाद-मिजाजी को शादीशुदा जिन्दगी में ढलने में काफी वक्त लगता है।

जमील फातमा जिस माहौल से आयी हैं उसमें औरत और मर्द का रिश्ता आसमान पर तय होकर जमीन पर उतरता है। इस रिश्ते के फर्ज के साथ कुछ हक भी हैं। लेकिन यहाँ के जमीन आसमान ही अलग हैं। पति अपनी मर्जी का मालिक है। औरत घर की शोभा है, होनेवाले बच्चों की माँ है, उसे पति के किसी मामले में दखल देने की आजादी नहीं है।

मुर्तुजा हसन के घर से बाहर की जिन्दगी उनकी अपनी है। उसमें किसी प्रकार के परिवर्तन के लिए वो तैयार नहीं है। सुबह ऑफिस के लिए निकलते हैं और फिर आधी रात तक लौटते हैं।

जमील फातिमा भायँ-भायँ करते घर में अकेली एक नौकरानी के साथ वक्त गुजारती हैं। दूर-दूर तक कोई रिश्तेदारी नहीं है। मुहल्ले की औरतें पति को वश में करने की नयी-नयी तरकीबें सुझाती हैं। कहीं से अच्छे-खासे पैसे देकर ताबीज मँगवाया जाता है। कोई रात को देर तक पढ़नेवाला वजीफा बताता है। कभी किसी के साथ किसी स्थानीय बुजुर्ग की दरगाह पर हाजिरी देकर मन्नत

माँगती है, हर दूसरे-तीसरे दिन मुराद का रोजा रखती हैं।

जिस मकसद के लिए शादी की गयी थी वो भी पूरा होता है। दो बरस की मुद्दत में मुर्तुजा हसन दो बच्चों के बाप बन जाते हैं। लड़की बड़ी है। उसका नाम कमर तलत है। लड़के का नाम मुस्तफा हसन रखा जाता है। इन बच्चों के बावजूद जिन्दगी का ढर्रा वैसा ही है जैसा कि पहले था। मन्नतें और दुआएँ भी जारी हैं। लेकिन उन मन्नतों और दुआओं को कबूल करनेवाले खुदा और दरगाहों के बुजुर्गों को और भी दूसरे काम हैं। इनकी बारी आने में इतनी देर लगती है कि वो अपने अन्दर चुपचाप घुटती हुई एखतेलाज (दिल की बीमारी) की बीमारी का शिकार हो जाती हैं। बेहोशी के दौरे पड़ने लगते हैं। बैठे-बैठे हाथ-पाँव काँपते हैं और गुनूदगी (झपकी) तारी हो जाती है। शुरू में मुहल्ले की बड़ी-बूढ़ियाँ आती हैं। उन्हें होश में लाने की कोशिशें करती है। बच्चों को ढाढ़स बँधाती हैं लेकिन जब ये हर रोज का मामला बन जाता है तो हमदर्दियों की कमी होने लगती है। अब इन बच्चों और माँ के बीच पहाड़-सी डरावनी रात है और इमली का भूत है।

हर बच्चे की पैदाइश दिल्ली में होती है। वो अब तीसरे बच्चे की माँ बननेवाली हैं। दो के बाद तीसरा बच्चा ऐसी हालत में ठीक नहीं, लेकिन क्या किया जाए। तीन महीने पूरे हो चुके हैं···ऐसे काम छुप-छुपाकर ही किये जाते हैं सुनी-सुनायी जड़ी-बूटियों से ही खुदा के काम में दखल दिया जाता है। कई गर्म-सर्द हवाएँ इस्तेमाल की जाती हैं। अभी ये सिलसिला जारी है कि अचानक एक दिन दिल्ली में इनके भारी पाँव तले पुरखों के घर की छत खिसक जाती है। होता यों है कि वो सुबह बाथरूम से बाहर आती हैं लेकिन जैसे ही पाँव बढ़ाती हैं—धंसने लगती हैं। वो टूटती छत से सीधी नीचे जमीन पर गिरने को होती हैं कि उनके हाथ में एक लोहे का सरिया आ जाता है। इत्तफाक से उनके भाई उस वक्त नीचे ही मकान की मरम्मत करवा रहे हैं। पत्थरों के गिरने की आवाज से वो चौंककर ऊपर देखते हैं और अपनी बहन को जमीन व आसमान के बीच लटका हुआ पाते हैं। वो बाँहें फैलाकर आगे बढ़ते हैं और बहन से सरिया छोड़ने को कहते हैं। कई लोग जमा हैं। जमीन पर रूई के गद्दे बिछा दिये जाते हैं। बच्चों के रोने-चिल्लाने और औरतों की चीख-पुकार में वो आखिरकार भाई की बाँहों में गिर जाती हैं। गिरते ही बेहोश हो जाती हैं। केस नाजुक है, तुरन्त अस्पताल ले जाया जाता है, जहाँ समय से पहले ही जमील फातिमा अपनी मरजी के खिलाफ तीसरे बच्चे को जन्म देती हैं। उसका नाम बड़े लड़के के काफिये के अनुसार मुक्तदा हसन रखना तै किया जाता है। ये ही मुक्तदा हसन आगे चलकर काफिये की पाबन्दी से खुद को आजाद करके निदा फाजली बन जाते हैं—

न था कुछ तो खुदा था कुछ न होता तो खुदा होता,
डुबोया मुझको होने ने न होता मैं तो क्या होता।

इस जनम की तारीख दिल्ली कॉरपोरेशन के रजिस्टर में 12 अक्टूबर, 1938 लिखी जाती है। निदा के पिता 'दाग' स्कूल के पुख्तामश शायर हैं। शेर अपनी मश्क के बल पर कहते हैं। हर गजल में जितने काफिये हो सकते हैं सब शेरों में ढल जाते हैं। इनकी ये महारत शाइरी तक ही सीमित नहीं है—बच्चों की संख्या में भी इसकी झलक है। निदा की जबरदस्ती की पैदाइश के बाद भी तीन लड़के मुजतबा हसन, मुबतदा हसन और तसलीम, और दो लड़कियाँ जावेद और शाहिना गैब से वुजूद में लाये जाते हैं। इनमें वो नाम नहीं हैं जो पैदाइश के एक-दो साल के बीच में अल्लाह को प्यारे हो गये।···लेकिन निदा की जबरिया पैदाइश ने उनकी माँ को इतना डरा दिया है कि बाद के बच्चे उन दवाओं की रोकथाम से महफूज रहते हैं, जिनके अच्छे-बुरे प्रभाव की सारी जवाबदेही अब निदा की है। समरसेट मॉम ने अपनी याददाश्त में लिखा है—"उनकी माँ दाँत निकलते समय उनके गले में एक तार डालना भूल गयी थी जिसकी वजह से उनके दाँत टेढ़े-मेढ़े निकले। उन दाँतों की वजह से चेहरे की बनावट और उस बनावट की वजह से सारा व्यक्तित्व ही बदल गया।

निदा शारीरिक रूप से कमजोर और मिजाज से चिड़चिड़े हैं। साल में छह महीने बीमार रहते हैं। जरा-सी मेहनत थका देती है और मौसम की जरा-सी तब्दीली सीने को जकड़ लेती है। घर में सबसे अलग-थलग हैं। अपनी हर जरूरत को खामोशी की जुबान में बोलने के आदी हैं और यूँ ही नयी-नयी गलतफहमियों का शिकार होते हैं। कभी माँ से नाराज होते हैं, कभी बिना कारण बहन भाइयों से खफा हो जाते हैं। हमेशा इस शक में रहते हैं कि माँ-बाप उससे ज्यादा दूसरों को चाहते हैं।

एक जुमेरात को घरवालों के साथ निदा ख्वाजा खातून की दरगाह जाता है। जियारत के बाद जब सब वापस ताँगे मे बैठते हैं तो ये गायब होता है। चारों ओर तलाश किया जाता है। माँ का बुरा हाल है, दूसरे भी परेशान हैं और ये अपनी दादी की कब्र से लगा गुमसुम बैठा है। किसी कीमत पर कब्र छोड़ने को राजी नहीं होता। जबर्दस्ती वहाँ से उठाकर लाया जाता है, जार ओ कतार रो रहा है। घर आते ही बुखार में घिर जाता है। ये बुखार कई दिन तक नहीं उतरता तो माँ को वहम होता है। दादी की नियाज दिलायी जाती है। कुरान खत्म करके उनको बख्शा जाता है और दम किया हुआ पानी कई रोज तक निदा को पिलाया जाता है। अच्छे होने के बाद हर जुमेरात को उसे बना-सजाकर दादी की कब्र पर ले जाया जाता है।

दादी निदा की पैदाइश से तीस साल पहले मर चुकी हैं। लेकिन उसके

ख्वाब में वो पूरे चेहरे-मोहरे के साथ जाहिर होती हैं और बातें करती हैं···स्कूल में उसका एक दोस्त बन गया है—नाम बीर कुमार है। खाते-पीते घर का लड़का है। अच्छे-खासे जेब-खर्च के अलावा घर में चोरी से भी कुछ हाथ लग जाता है। पैसा खर्च करने की नयी-नयी तरकीबें पैदा की जाती हैं। इन तरकीबों को समझाने में काजी साहब का अहम रोल है। वो उम्र में दोनों से चौगुने बड़े हैं, शादीशुदा हैं। दो बार अलग-अलग इल्जाम पर दो नौकरियों से अलग किये जा चुके हैं लेकिन अपनी नजर में वो हर बार धार्मिक तास्सुब का शिकार होते हैं। स्कूल के बाद वह बिना नागा उनसे मिलते हैं। उनकी बातें बहुत दिलचस्प और चौंका देने वाली होती हैं।

उनके पास हर काम करने वाले 'जिन' को काबू में रखने का अमल भी है और जमीन में छिपे हुए खजानों का पता लगाने का मन्तर भी है। 'जिन' इन्सानों से अलग होता है और वह मिस्टर एक्स की तरह सबको देख सकता है, उसे कोई नहीं देख सकता। वह अगर बस में हो जाए तो हर ख्वाहिश को आनन-फानन में पूरा कर देता है। शहजादी को महल से उठाकर लाता है। समन्दर पर महल बना देता है। लेकिन अमल और मन्तर को तैयार करने के लिए हर दिन पैसों की जरूरत पड़ती है, जो ये दोनों पूरा करते हैं।···बीर कुमार का बाप मर चुका है। वह जिन्न के माध्यम से अपने बाप से मिलकर अपने बड़े भाई और भाभी की शिकायत करना चाहता है। वह उसे मारते हैं और उसे उतने पैसे नहीं देते जितनी उसको जरूरत होती है। और निदा उस भूत को इमली के पेड़ से हमेशा के लिए भगाना चाहता है, जो शाम होते ही हर रोज दूर बैठा डराता रहता है। एक दिन अमल मुकम्मल होने को होता है। बस थोड़ा-सा सोना फकीर को खैरात करना बाकी है, जिसके बगैर अमल मुकम्मिल होते हुए भी नामुकम्मल है। बीर कुमार घर से दो सोने की चूड़ियाँ लाकर काजी साहब को देता है। वह इन दोनों सोने की चूड़ियों को किसी खास फकीर को देने के लिए कहते हैं और शाम को दोबारा मिलने का वायदा करके चले जाते हैं। लेकिन वह शाम कभी नहीं आती और जिन भी हमेशा के लिए खफा होकर किसी और जरूरतमन्द की जरूरत पूरी करने चला जाता है!···हुआ यूँ कि चूड़ियों के अचानक गायब होने से बीर कुमार की भाभी सारा घर सिर पर उठा लेती है और बीर कुमार का भाई अपने भाई और निदा को बुरी तरह धमकाता है, और घबराकर निदा सारा बना-बनाया काम बिगाड़ देता है। काजी साहब के यहाँ से चूड़ियाँ बरामद होती हैं और काजी साहब छह महीने के लिए अपने जिन्न के साथ गायब हो जाते हैं!···

बीर कुमार की आँखों में आँसू हैं। उसके बाप की दोबारा मौत होती है। निदा गमगीन है। उसे इमली का भूत फिर से दिखाई देता है। स्कूल में छुट्टियाँ

हो चुकी हैं। जमील फातिमा अपने बच्चों और छोटे-बड़े कई सन्दूकों के साथ दिल्ली के प्लेटफॉर्म पर खड़ी हैं। इनके भाई खलील अहमद, जो अब गठीले बदन के खबसूरत जवान बन चुके हैं, उनको लेने के लिए आते हैं। कुली आते हैं उनसे भाव-ताव किया जाता है। इस ज्यादा-कम की बहस में निदा और बड़ा भाई प्लेटफॉर्म को खेल का मैदान बना चुके होते हैं। माँ उन्हें गुस्से से धमका भी रही है और पर्स से डायरी निकालकर बच्चों और सामान को गिन-गिनकर लिखी हुई गिनती से मिलाती भी जा रही है।

खलील अहमद साइकिल पर सवार है और सामान, बच्चों और बच्चों की माँ से लदाफँदा ताँगा उनकी रहनुमाई में पीछे-पीछे चलता है। जमील फातिमा बुरका पहने ताँगे वाले को भीड़ से आहिस्ता गुजरने की हिदायत देती रहती है और जब ताँगेवाला घोड़े की सुस्ती चमकाने को चाबुक का इस्तेमाल करता है तो उस बेजबान को मारने के गुनाह से भी आगाह करती है।

"चरिन्द परिन्द सब अल्लाह के बनाये हुए हैं। आदमी को उसने बड़ा इसीलिए बनाया है कि वो अपने से कमतर जानों के साथ रहम से पेश आये।" ताँगेवाला जवाब में कहता है, "सच्ची बात है जी, सब रब के बन्दे हैं।" और फिर आदत के अनुसार चाबुक घुमा देता है। वह उसे फिर टोकती है। ताँगेवाला झल्लाकर बोलता है, "अजी औरत और घोड़ा बिना चाबुक के कहाँ चलते हैं।"

कटरा मेहर परवर में एक ईंटों के दो मंजिला मकान के सामने ताँगा रुकता है। गली के परदों से चेहरे झाँकते हैं। कई बच्चे घोड़े के इर्द-गिर्द खड़े हो जाते हैं।...

जमील फातिमा अपनी माँ से गले लगकर रोती है। ये रोना हर माँ-बेटी के मिलने की रस्म है। वह ग्वालियर आयें या दिल्ली जाएँ, मुहब्बत के इजहार के लिए कुछ आँसू जरूर खर्च होते हैं। पास-पड़ोस की औरतें भी इन आँसुओं में शामिल होती हैं, उनके आँचल भी भीगते हैं। बच्चों की समझ में कुछ नहीं आता। वह सबको रोता देखकर खुद भी बिसूरना शुरू कर देते हैं। बच्चों को बिसूरता देखकर जमील फातमा रोना खत्म कर देती हैं और बच्चों को लेकर अन्दर चली जाती हैं।

खलील अहमद अपनी बहन से दो साल बड़े हैं। बहुत ही नेक और धार्मिक इन्सान हैं। जवानी ही में मसजिद के पत्थरों ने लाल चमकती पेशानी पर काला निशान उभार दिया है। बड़ी-छोटी कई खानदानी हवेलियाँ हैं। इनसे किराये की आमदनी काफी अच्छी-खासी है। बेफिक्री से पाँचों वक्त नमाज पढ़ते हैं। अखाड़े जाकर कसरत करते हैं। घर आकर दूध पीते हैं और शाम को छत पर चढ़कर किसी बच्चे के हाथ में चर्खी देकर पतंगों के पेंच लड़ाते हैं। पतंग काटते

हैं तो खुदा का शुक्र अदा करते हैं और जब अपनी पतंग कटती है तो उसे भी खुदा की मर्जी समझते हैं।…

अखाड़े के गुरू ने शरीर बनाने के लिए शादी न करने की नसीहत दी है। माँ-बहन के बार-बार कहने के बाद भी शादी के लिए राजी नहीं होते, लंगोट के इस गैर-फितरी कसाव ने उनके मिजाज को गुस्सैला और झक्की बना दिया है। छोटी से छोटी बात को बहस में उलझाना और गैरजरूरी सवाल और जवाब से हर बात को मुअम्मा बनाना उनकी आदत है। गुस्सा सैलाब की तरह चढ़ता है। सारे रिश्ते-नाते टूट जाते हैं। माँ दुश्मन बन जाती है। बहनें डाइन हो जाती हैं।

पहलवानी का ये शौक कुछ दिन के बाद उन्हें पागलखाने तक ले पहुँचता है। दिल्ली में बहन के बच्चों की देखभाल उन्हीं के जिम्मे है। वो बच्चों की सलाह के लिए हर बार नयी सजाएँ सोचते हैं, जहाँ किसी बच्चे की शरारत से तंग आकर उन्हें आवाज दी जाती है। वह तुरन्त आते हैं और बच्चे को उठाकर कुछ देर के लिए बाहर चले जाते हैं। उनकी एक सजा बहुत सख्त है। इसमें बच्चे को पाँव से पकड़कर मसजिद के कुएँ में सिर के बल उल्टा लटकाया जाता है। ऐसा करने के बीच जो बहुत देर तक चलता है वो शरारत की पूरी घटना को अपनी जबान में दोहराते रहते हैं। जब बच्चा हाल से बेहाल होने लगता है तो बाहर निकालकर फिर से आदमी की तरह जमीन पर खड़ा करते हैं और कांपती टाँगों और रोती आँखों से माफी मँगवाते हैं।

इसी मकान के पास बंगाली बाबू की पाठशाला है। यहाँ टाट की पट्टी पर बैठकर मुल्तानी मिट्टी से पुती हुई लकड़ी की तख्ती पर सरकंडे के कलम से बड़े हर्फों में लिखाई की मश्क की जाती है। जरा-सी भूल-चूक पर डंडे से हथेलियाँ लाल होती हैं, कभी मुर्गा भी बनाया जाता है। इसमें जमीन पर पंजों के बल बैठकर घुटनों के बीच से दोनों हाथ निकालकर कानों को पकड़ा जाता है। ऐसी जानवर की-सी हालत में खून का दौरा उल्टा होकर इस तेजी से घूमता है कि पूरी धरती नटराज की तरह नाचती महसूस होती है। पाठशाला के बंगाली बाबू को हर घर से बारी-बारी से खाना जाता है। कभी वे खुद भी लेने आ जाते हैं, कभी कोई बच्चा उन तक पहुँचा देता है। बंगाली बाबू अकेले हैं।

बंगाल के भूकम्प के बीच बचपन से ही यहाँ आकर बस गये हैं। उम्र कुछ ज्यादा नहीं है। लेकिन थोड़ी-सी दाढ़ी और सिर पर जालीदार गोल टोपी ने समय से पहले बूढ़ा बना दिया है। हर साल वे बंगाल में अपने घर जाने का प्लान बनाते हैं जो लगातार टलता रहता है। वो दोपहर के समय अकसर घर आ जाते हैं और जो भी जागा हुआ मिलता है उससे देर तक अपने गाँव, माँ-बाप और बहन-भाइयों के बारे में बातें करते हैं। बार-बार दोहराये जाने से सुननेवालों को उनकी हर बात याद हो जाती है। लेकिन वो हर घटना ऐसे सुनाते हैं जैसे पहली बार सुना रहे हों।

"नदी किनारे गाँव था। गर्मी ऐसी थी कि सारा पानी सूख चुका था, पूरा गाँव रोजी-रोटी की तलाश में निकल पड़ा था। हमारे घरवाले भी इसी काफिले में शामिल थे। मंगल के दिन सवेरे ही हम रवाना हुए थे। भूख-प्यास से बुरा हाल था, रास्ते में एक पेड़ पर कुछ फल-से दिखाई दिये। मैं फौरन गिलहरी की तरह ऊपर चढ़ गया। फल थे बहुत मीठे। एक के बाद एक कई खाये, लेकिन नीचे उतरते ही सिर चकराने लगा। जब होश आया तो पेड़ तले मैं अकेला ही था।···दूर तक जंगल ही जंगल, घरवाले कहीं नहीं थे। उनकी ही तलाश करते हुए दिल्ली तक इस मुहल्ले तक चला आया लेकिन इतने साल हो गये, वे कहीं नहीं मिले। "

बंगाली बाबू को फिर दिक हो जाती है। खाँसी में खून आने लगता है। बात फैलती है। माताएँ अपने बच्चों को उनकी पाठशाला से उठा लेती हैं। घरों से दूर एक फुटपाथ पर उनके लिए छप्पर डाल दिया जाता है, जहाँ अकेले एक बाँस की चारपाई पर वे दिन-भर खाँसते हैं। घरों में उनको आने से मना कर दिया जाता है। खाना उन्हें वहीं भेज दिया जाता है। एक दिन वे छप्पर से निदा को आवाज देते हैं,—वो प्यासे हैं। हिलने-डुलने की ताकत नहीं है। निदा सुराही से पानी निकालकर उन्हें देता है। वे कमजोर आवाज में कई दुआएँ देते हैं। पढ़ाई के बारे में पूछते हैं। दूसरे बच्चों के बारे में पता लगाते हैं। खलील अहमद उधर से गुजरते हुए देख लेते हैं। एक-दो तमाचे मारकर बाहर खींच लाते हैं। माँ फौरन गर्म पानी करके नहलाती है और न जाने की ताकीद करती हैं। एक दो दिन बाद, चेवरियाँ की मौत की खुशबू सूँघकर उनकी मातम-गुसारी के लिए झोंपड़ी में घुस आती है।

बंगाली बाबू के मरने के बाद उस छप्पर में तेल छिड़ककर आग लगा दी जाती है। उनके बाद दो-तीन लिफाफे, जो उन्होंने बंगाल में किसी के पते पर भेजे थे, खलील अहमद के पते पर वापस आ जाते हैं। खत बंगाली लिपि में हैं। उन खतों में उन्होंने क्या लिखा था, यह किसी को मालूम नहीं होता···

वे मर चुके हैं, लेकिन नींद आते ही अब भी पढ़ाई के बारे में पूछने चले

आते हैं। ये सिलसिला कई दिनों तक चलता रहता है। जमील फातिमा को जब इसका पता लगता है तो वे किसी से ताबीज बनवाकर निदा के गले में टाँग देती हैं।

जमील फातिमा की तबियत अब पहले से अच्छी है। पति को सुधारने का जुनून सन्तुलित हो.चुका है। बच्चे बड़े हो रहे हैं। वो उन्हीं के बारे में अब ज्यादा सोचती हैं। हर बच्चे के भविष्य की योजना उनके दिमाग में तैयार है। मुस्तफा हसन प्रोफेसर बनेगा। निदा डॉक्टर, छोटा इंजीनियर। और कुछ दिनों की बात है, लड़के सयाने हो जाएँगे तो सब ठीक हो जाएगा। हर रोज सर्दी हो या गर्मी, मुँह-अँधेरे उठती हैं और नमाज और वजीफे पढ़कर (जो देर तक चलता है) बच्चों को लेकर बैठती हैं और खुद पढ़ाती हैं। जब कोई बच्चा पढ़ाई से आना-कानी करता है तो उस समय कुछ नहीं कहतीं, केवल चुप हो जाती हैं। इस चुप का मतलब है—सुबह का नाश्ता उसके लिए बन्द हो चुका है। लेकिन जब नाश्ते का समय होता है तो दूसरों को खिला-पिलाकर जानबूझकर बावर्चीखाने का दरवाजा खुला छोड़कर कहीं दूर जाकर बैठ जाती हैं। बावर्चीखाने में सजायाफ्ता नाश्ता करता रहता है और वे खुद रोती रहती हैं। उन्हें लगता है जैसे उनका सोचा हुआ प्लान बिखरा जा रहा है। मुहल्ले के बच्चों के साथ खेलना, स्कूल से देर से लौटना और आपस में लड़ना-झगड़ना भी इस प्लान के दुश्मन हैं। स्कूल के टीचरों के यहाँ हफ्ते-दो हफ्ते में एक बार जरूर चक्कर काटती हैं और पढ़ाई के बारे में इत्मीनान करती हैं।

ग्वालियर में स्कूल के वक्त से पहले मुहल्ले ही की एक औरत कुरान पढ़ाती है। यह औरत खाते-पीते परिवार की अकेली बेटी है। दालान में पिंजरे में कैद तोते और निदा को एक-साथ पढ़ाती है। उनके तोते को कई आयतें याद हैं। वह तोते और निदा के बीच बैठी हुई कभी तोते को सबक देती है, कभी निदा को किसी गलती पर टोकती है। पहले वह पिछले दिन का सबक सुनती है उसके बाद नया सबक देती है। नये सबक को भी कई दफा दोहराना पड़ता है। जहाँ से पढ़ने में कुछ भूल होती है वहाँ से सात बार पढ़वा कर सुनती है और फिर उसके बाद शुरू से आखिर तक दो-तीन बार दोहरवाती है। उस तरह एक ही पृष्ठ इतनी बार पढ़ा जाता है कि आँखों के सामने से लफ्ज गायब होकर तारे झिल-मिलाने लगते। उनके यहाँ से लौटने के बाद सिर चकराने लगता है।

स्कूल के वक्त की पाबन्दी के कारण निदा को तो खैर एक-डेढ़ घंटे में छुटकारा मिल जाता है लेकिन वह बेचारा तोता दिन-भर उनके ज्ञान का फायदा उठाता रहता है। इसके साथ हर आने-जानेवाले के सामने इस शिक्षा का प्रदर्शन भी उस नन्ही-सी जान का फर्ज है। उस्तानी साहिबा उसे पक्का मुसलमान बनाने का सवाब कमाती हैं और वह बेजुबान जंगल का परिन्दा अपनी उमरकैद पर आँसू बहाता है। इस भारी-भरकम ज्ञान का बोझ और खुले आकाश के जंगल से दूरी का गम—एक दिन बैठे-बैठे उसे ढेर कर देता है। उस्तानी साहिबा बहुत अफसोस करती हैं। उन्हें इस बेचारे की मौत से ज्यादा अपनी मेहनत के अकारथ जाने का गम है। कितनी मेहनत की थी उसे आयतें याद कराने में। फर-फर बड़ी-बड़ी कुरानी आयतें सुना देता था। लेकिन इस नुकसान के साथ यह सोचकर भी वह खुश है कि दूसरे जंगली परिन्दों की तरह यह नर्क की आग में जलने के बजाय कलमा सीखने और कुरान पढ़ने के कारण सीधा स्वर्ग में जाएगा। वह इस तोते को नहला-धुलाकर एक नये सफेद कपड़े में लपेटकर अपने आँगन में चमेली की बेल के नीचे एक कोने में दफन कर देती हैं और फातिहा पढ़कर उसे जन्नत में आराम करने के लिए छोड़ देती हैं।...

उनके पिता पुलिस में दरोगा थे। रिश्वतों को ईंट-पत्थरों में छिपाकर ईमानदारी से कई इमारतें खड़ी की हैं। मुहल्ले-भर में उनकी वरदी और दौलत की धाक थी। उनके जीवन तक पूरे घर में उस्तानी साहिबा की हुक्मरानी रही है। कोई काम उनसे पूछे बिना मुमकिन नहीं होता। लेकिन अब बड़े भाई शादीशुदा हैं। उनकी बीवी ने घर का सारा इन्तजाम अपने हाथ में लेकर नन्द को इस जिम्मेदारी से आजाद कर दिया है।

अच्छी शक्ल सूरत की है। घर की शानो-शौकत देखकर कई रिश्ते आते भी हैं लेकिन बड़े भाई की नजर में कोई रिश्ते के लिए उचित नहीं होता। किसी को काले रंग की वजह से नापसंद किया जाता, कोई छोटे कद के कारण नाकाम होता। अगर कोई खुशकिस्मत रंग और कद की कसौटी पर खरा उतरता भी है तो उसकी तीन-चार नस्लों का इतिहास मालूम किया जाता और उसके पुरखों के किसी-न-किसी बुजुर्ग के किसी दोष (जैसे अपनी पत्नी को एक बार डाँटा था या उसके भाई ने बीवी होते हुए भी दूसरी शादी की भूल की थी या उनमें किसी का पेशा छोटा था) को उससे जोड़कर पैगाम लौटा दिया जाता है। वक्त के साथ इसी तरह वह बूढ़ी हो जाती है। उस्तानी एक दिन निदा की माँ से मायूसी से कहती है, "भाई साहब ने जायदाद की लालच में उनकी शादी नहीं की, इसी जायदाद के झगड़े में छोटा भाई घर छोड़कर कहीं दूर बस गया है।"

समय बीतता जाता है। काले बालों में चाँदी के तार चमकने लगते हैं। आईना आँखों के इर्द-गिर्द काले घेरे उभार देता है और वह चुपचाप किसी आने-

वाले के इन्तजार में आसमान की नीलाहटों को ताकती रहती है। भाई के बच्चे होते हैं, वे बड़े होते हैं। बहन की हैसियत आहिस्ता-आहिस्ता अपने ही घर में मेहमान की-सी हो जाती है। कई कमरों, दालान और चारों तरफ फैले हुए बड़े-बड़े दरख्तों और अंगूर में चमेली की बेलों का घर, सिमटकर एक छोटी-सी अँधेरी कोठरी में सीमित होकर रह गया है। ज्यादा वक्त नमाज और रोजों में गुजरता है। पढ़ी हुई नमाज अकसर भूलकर दोबारा पढ़ती हैं। जब देखो तस्वीह (सुमिरनी) हाथ में है और होंठ हिल रहे हैं। जरूरत से ज्यादा सफाई का ध्यान रखती हैं। दिन में कई-कई बार स्नान करती हैं। हर नमाज से पहले एक घंटे हाथ-पाँव धोती हैं। उनके खाने-पीने के बरतन अलग हैं। बिस्तर पर किसी को बैठने की इजाजत नहीं है। एक दिन अचानक खबर फैलती है कि बय्यम (घर का नाम) ने शादी कर ली है। दूल्हा उन्हीं के भाई का कोई बुजुर्ग दोस्त है। शाइरी करते हैं। उनके इस शौक से तंग आकर पहली पत्नी दस वर्ष पहले संसार त्याग चुकी है। भाई इस बेजोड़ शादी के खिलाफ है। लेकिन कर क्या सकते हैं। बहन विद्रोह पर उतारू है। दोनों की उम्र शादी की मंजिलों से कोसों आगे गुजर चुकी है। लौटकर दोबारा मंजिलें छूने में टूट-फूट जाते हैं। कुछ ही दिन शादीशुदा रहकर पहले पति रुखसत होते हैं बाद में उस्तानी जी अपनी वफादारी का सबूत देती हैं। बहन की मौत के बाद भी जायदाद उसी तरह अविभाजित है। उनके खाली कमरे में अब भाई की बड़ी लड़की रहती है।

निदा ने पाँचवीं क्लास तक ग्वालियर में माधोगंज स्थित हुजुरात स्कूल में तालीम पायी है। स्कूल में हर सुबह पहले प्रार्थना होती है। इसमें स्कूल के सारे विद्यार्थी और टीचर शरीक होते हैं। यह प्रार्थना एक उर्दू नज्म की सूरत में है जिसको सिन्धिया सरकार की तारीफ में मास्टर रियाजुद्दीन ने लिखा है। इस नज्म में ग्वालियर के मौजूदा राजा जिवाजी राव की तन्दुरुस्ती और सम्पन्नता की दुआएँ हैं। अन्त में उनकी हुकूमत में शेर और बकरी के एक घाट पर पानी पीने की उपमा से राज्य की न्याय नीतियों का जिक्र है। दो मधुर कंठ लड़के पत्थर के स्टेज पर खड़े होकर उसे सस्वर सुनाते हैं और सब विद्यार्थी और अध्यापक सिर झुकाये हाथ बाँधे आदर से सुनते हैं। देर से आनेवाले प्रार्थना के दौरान फाटक के बाहर खड़े रहते हैं और घंटी बजने के बाद ही अन्दर दाखिल होते हैं।

इस स्कूल में उर्दू और अँग्रेजी मास्टर निजामुद्दीन पढ़ाते हैं। हिटलर स्टाइल मूँछें, पट्टेदार बाल, फर की टोपी, हर समय मुंह में पान दबा रहता है। सर्दी में काली सरज और गर्मी में सफेद सिल्क की शेरवानी के साथ अलीगढ़-काट

पायजामा और काला फीता लगा 'पम्प' (शू) पहनते हैं। 'पासिंग शो' का पूरा डिब्बा हर वक्त हाथ में रहता है। सिगरेट से सिगरेट सुलगाकर माचिस की बचत करते हैं। स्कूल की नौकरी उनकी जरूरत नहीं, शौक है। इससे उनके शाहाना मिजाज की तस्कीन होती है। शायद इसीलिए औरंगजेब ने अपने पिता शाहजहाँ की जेल में बच्चों को पढ़ाने की दरखास्त को नामंजूर कर दिया था। स्कूल से मिलनेवाली सारी पगार स्कूल के विद्यार्थियों पर ही खर्च कर देते हैं। किसी ने फीस नहीं भरी, उसकी फीस जमा कर रहे हैं। किसी को किताबें खरीदकर दे रहे हैं। जब भी किसी से खुश होते हैं तो इस खुशी की अभिव्यक्ति पैसे देकर करते हैं। क्लास में आते ही पहले बटुवे से ताजा पान निकालते हैं। इसमें सुपारी, तम्बाकू वगैरह डालकर मुँह में पहले से दबे पान निकाले बिना नये को भी वहीं गाल में उड़स लेते हैं। दो पानों से उलझती हुई आवाज ठीक से समझ में नहीं आती। इसी न समझ में आनेवाली आवाज में सिर झुकाये हाजिरी लेते हैं। किसी के नाम पर कोई भी लड़का खड़ा होकर हाजिर जनाब कह देता है, और यह बिना किसी प्रतिक्रिया के नामों पर निशान लगाते रहते हैं। हाजिरी लेने के बाद बाहर जाकर पीक थूकते हैं, फिर पढ़ाई शुरू होती है। उनकी पढ़ाई आमतौर से विद्यार्थियों के घरवालों की खैरियत मालूम करने से शुरू होती है और फिर किसी के जरिये सलाम पहुँचवाते हैं। कहीं दुआ भिजवाते हैं। सबको नाम-ब-नाम के पैगाम सुनाते जाते हैं। इसी में सारा वक्त खत्म हो जाता है। कोर्स की किताबें महीने में एक-आध बार ही खुलती है। लेकिन जिस दिन वह पढ़ाने के मूड में होते हैं तो इतना खो जाते हैं कि आधे से ज्यादा लड़कों के चुपचाप खिसक जाने की भी उन्हें खबर नहीं होती।

मास्टर साहब ने शादी नहीं की है। पिछली तीन नस्लों से उनके खानदान में दो लड़के होते रहे हैं। इन दोनों में किसी एक की शादी होती है, दूसरा ब्रह्मचारी बनकर जीवन गुजारता है। परम्परा के अनुसार यह भी कुँवारे हैं। अपने बड़े भाई के बच्चों को ही अपना समझते हैं, बुजुर्गों का छोड़ा हुआ काफी सरमाया है। ग्वालियर के व्यापारिक केन्द्र में कई दूकानें हैं जो किराये पर उठी हुई हैं। चारों तरफ फैले हुए कई छोटे-बड़े कमरों का एक घर है। बीच में बहुत बड़ा मैदान है जिसमें हर शाम को छिड़काव करके कुर्सियां बिछा दी जाती हैं और शहर के अक्सर जाने-पहचाने लोग हर शाम यहीं आकर शायरी, दर्शन, राजनीति पर देर तक बहस करते हैं। निदा दोपहर के वक्त उनकी हवेली में पढ़ने जाता है। उनके अहाते में एक बड़ा-सा बाग है। बाग से जुड़ा हुआ खुला मैदान है। इस मैदान के दोनों तरफ ऊँचे-ऊँचे पेड़ लगे हैं। दोनों तरफ दो लम्बे दालान हैं। जिस कमरे में मास्टर साहब रहते हैं उस पर गुलाबी रेशम का परदा पड़ा रहता है। पढ़ाई वह चलते-फिरते, दालान में ही कराते हैं। दोपहर को हर रोज निदा के वहाँ होते ही

भारी जिस्म की एक खूबसूरत औरत आती है और खामोशी से मुस्कराती हुई सीधे परदे के अन्दर चली जाती है। उसकी आमद और निदा की छुट्टी का समय एक ही होता है। इस औरत के दो बच्चे स्कूल में निदा के साथ हैं। उनका सारा खर्चा मास्टर साहब ही उठाते हैं। स्कूल के लड़के उन्हें मास्टर साहब की औलाद समझते हैं। बच्चों के मुंह से उनके माँ-बाप के लफ्ज ही बोलते हैं। हालांकि स्कूल में उनके बाप का नाम और ही दर्ज है।

यह औरत मास्टर साहब के वालिद की जिन्दगी में घर में काम करती थी। वहीं बच्ची से सयानी हुई। इस घर के अलावा उसके आगे-पीछे कोई नहीं था। जवान होते लड़के के घर में जवान होती लड़की का कुंवारा रहना मुनासिब नहीं समझा गया और एक दिन उसकी मर्जी के खिलाफ उसका निकाह घर के ही एक बूढ़े नौकर से पढ़ा दिया गया। बुढ़ापे में अल्लाह औलाद का मोजिजा दिखाता है। मास्टर साहब पुरानी परम्पराओं के माननेवाले हैं। पुरानी नाइन्साफी को आज तक रिश्ते की तरह निभा रहे हैं।

छठी क्लास से बी० सी० हाईस्कूल में दाखिला होता है। यह स्कूल घर से दूर है। इसमें हेडमास्टर रियाजुद्दीन हैं। यह वही हैं जिनकी नज्म प्रार्थना के रूप में हर प्रायमरी स्कूल में हर-रोज दोहरायी जाती है। रियाज साहब निदा के वालिद के दोस्तों में हैं। शायर भी हैं और 'रियाज जेवरी' के नाम से शेर कहते हैं। तरन्नुम से पढ़ते हैं। मुशायरों में अपना कलाम सुनाने से पहले अपने उस्ताद नूहनाखी के दो-तीन शेर जरूर पढ़ते हैं। जैसे :

वह कहते हैं आओ मेरी अंजुमन में
मगर मैं वहाँ अब नहीं जानेवाला
कि अक्सर बुलाया, बुलाकर बिठाया
बुलाकर उठाया उठाकर निकाला।

नूह साहब के शेरों का चुलबुलापन और सीधे मुहावरों की बन्दिश, जिससे हास्य पैदा हो जाता है, महफिल में समाँ बाँध देता है, बाद में उनका खुद का कलाम अकसर सपाट जाता है लेकिन सुननेवाले तो शायर को मुशायरे की प्रशंसा से पहचानते हैं। कुल मिलाकर रंग जमा लेते हैं—हर जगह हाथों हाथ लिये जाते हैं।

सन् 1930 के एम० ए०, बी० एड० हैं, लेकिन रहन-सहन कुछ ऐसा है कि देखनेवाले अकसर गलतफहमी का शिकार हो जाते हैं। हाथ की तुरपी हुई मोटे कपड़े की कमीज, चौड़ी मोरी का टखनों से ऊँचा पायजामा और रबर सोल की चप्पल, जिसकी वजह से ऐड़ी में काली-काली खाइयाँ पड़ गयी हैं, उनके ज्ञान पर परदा डाले रहती हैं।

सवेरे से शाम तक शहर का पैदल चक्कर काटते नजर आते हैं। जहाँ कहीं दिखाई देते हैं, होंठ सिमटते सिकुड़ते रहते हैं और हाथ बिना इरादा उठते-बैठते रहते हैं। कई ट्यूशन हैं। एक घर से दूसरे घर का फासला वह शेर सोचते हुए तय करते हैं। उनकी अपनी कोई औलाद नहीं है। अपनी उम्र से बड़े एक भांजे ही को अपना लड़का मानते हैं। रियाज साहब के साथ वह उसी मकान में बाहर के बरामदे में रहते हैं और दिन-भर लकड़ी के एक तख्त पर लेटे फारसी में शेर लिखते हैं और गालिब की फारसी की गलतियाँ निकालते रहते हैं।

मास्टर साहब की आमदनी में हर महीने उनका हिस्सा अलग से निकाला जाता है। काव्य-गोष्ठियों में वह रियाज साहब के साथ महीने में एक-दो बार आते हैं और फारसी भाषा में कोई गजल सुनाते हैं। बस इतना ही चलने-फिरने का काम उनके जिम्मे है। शाइरी के शौक ने कभी शादी और दूसरे किसी काम की मोहलत नहीं दी। उम्र साठ साल है।

रियाज साहब यूपी के एक इलाके खुरजे के रहनेवाले हैं। जाने कब यहाँ आकर बसे हैं। जहाँ वह रहते हैं पूरा मोहल्ला खुरजेवालों के नाम से मशहूर है। शेर तरन्नुम में सुनाते हैं। यह तरन्नुम संगीत से अधिक 'रिसाइट' करने के अन्दाज के करीब है। बस लफ्ज से लफ्ज जोड़ने में एक लय-सी बनाये रखते हैं। हर शब्द रबर की तरह खिंचता हुआ दूसरे शब्द से मिलता है और इस तरह पंक्ति अपनी असली लम्बाई से दुगुनी होकर अन्त को पहुँचती है। घर में गोद लिये इस भांजे के अलावा बीवी है जो जरा ऊँचा सुनती है। जब कोई मेहमान आता है तो अन्दर जाकर बुलन्द आवाज में चाय बनाने को कहते हैं। वह भी उसी ऊँची आवाज में कभी दूध, कभी चाय की पत्ती न होने के बारे में बोलती है। मेहमान को अन्दर की खबर रियाज साहब के बाहर आने से पहले मिल जाती है और वह खुद ही चाय के लिए इनकार करके मास्टर साहब की मुश्किल बिना उनके बोले ही आसान कर देता है।

काव्य-गोष्ठियाँ करना और हरेक के घर जाकर इसकी इत्तिला देना उनके शौक हैं। उनकी वजह से अच्छी-खासी अदबी चहल-पहल है। उनके शेर इस तरह के हैं :

शबे माह में यूँ न निकला करो तुम
अवेरे सवेरे अकेले दुकेले
कहीं हो न जाएँ तसद्दुक सितारे
कहीं चाँद रुख की बलाएँ न ले ले।

घर के माहौल और वालिद के साथ अकसर काव्य-गोष्ठियों में सिरकत ने निदा में भी अदबी शौक पैदा कर दिया है। समझ-बूझ क्या खाक है, हाँ छोटी

उम्र में मीटर में पंक्तियाँ जोड़ने की सलाहियत जाहिर होती है। पाठ्य-पुस्तकों से ज्यादा काफियों (तुकों) की तलाश में वक्त बरबाद होने लगा है। घर से स्कूल तक रियाज साहब के साथ हो लेता है और हर रोज रास्ते में उन्हें नये शेर सुनाता है। वह चलते रहते हैं, प्रशंसा भी करते रहते हैं और साथ में इस्लाह भी करते जाते हैं। हर गलती को उस्तादों के शेरों की मिसाल से समझाकर सुधारते हैं। निदा के शेर (उस वक्त के) इस तरह के हैं :

क़द्र उल्फत में सितमगर ने न जानी मेरी
हाय दिल, हाय जिगर, हाय जवानी मेरी
वफाएँ तुम किये जाओ जफाएँ हम किये जाएँ
तुम्हें वह काम आता है, हमें यह काम आता है।

ग्वालियर में आये दिन शाइरी की महफिलें सजती हैं। हर तरफ साहित्यिक चहल-पहल है। उस्तादों में नारायण प्रसाद मेहर, जिया अब्बास, हकीम अहमद खाँ (जो सिन्धिया दरबार में वजीर हैं), कप्तान ताबा (रिटायर्ड फौजी होने के नाते नाम के साथ कप्तान जुड़ गया है) हैं। महाराज नारायण दर (कश्मीरी पंडित हैं और हमेशा सूफियाना कलाम या नातें लिखते हैं), गनी ग्वालियरी, साहिल, रजा कुरेशी, अनवर प्रतापगढ़ी, मास्टर रियाज और दुआ डिबाइवी—इनके अलावा शहर में बाहर के मशहूर शायरों की भी आमद होती रहती है। मानी जायसी और नूह नारवी अकसर आते रहते हैं। जाँनिसार अख्तर हाल ही में अलीगढ़ से तालीम मुकम्मल करके आये हैं और विक्टोरिया कॉलेज में उर्दू के अध्यापक नियुक्त हुए हैं। उनकी एक नज्म 'गर्ल्स कॉलेज की लारी' की शोहरत उनके यहाँ आने से पहले से है। सीधी-सादी अख्तर शीरानी के रंग की नज्म है। लेकिन कहने की बेबाकी के कारण नौजवानों में बहुत लोकप्रिय है। उनकी शराब-नोशी और शायरी की तरह उनका इश्क भी चर्चित है। यह इश्क भी थोड़ा आधुनिक है। एक शादीशुदा औरत फातिमा जुबेर को खुलेआम अपना बनाये हुए हैं। शायरी और आशिकी दोनों में प्रगतिशीलता की झलक है।

फातिमा जुबेर स्थानीय गर्ल्स स्कूल में टीचर हैं। पिछली तीसरी नस्ल में उनका रिश्ता गालिब के समकालीन मोमिन खाँ से मिलता है। अदबी जोक ने दोनों को एक-दूसरे के करीब कर दिया है। उनका पति शरीफ आदमी है। गजल के पारम्परिक प्रेमी प्रेमिका के बीच 'रकीब' की भूमिका निभाने पर तैयार नहीं होता और एक दिन हमेशा के लिए कहीं लापता हो जाता है। लेकिन फातिमा अपने नाम से उनका नाम अलग करने को तैयार नहीं होती। वह उसके जाने के बाद भी फातिमा जुबेर ही है। अख्तर भी इस समाजी वफादारी की मुखालिफत नहीं करते…!

फातिमा जुबेर की दो लड़कियों और दो लड़कों के निकाही वालिद जुबेर हैं। इन लड़कों में बड़े का नाम निसार परवेज और छोटे का शमीम फरहत है। बड़े का जिक्र जाँनिसार अख्तर की पत्नी सफिया अख्तर के खतों में कई जगह मिलता है। मजाज लखनवी की बहन सफिया अख्तर के अपने पति जाँनिसार के नाम लिखे हुए इन पत्रों का संकलन 'जेरेलब' के नाम से प्रकाशित हो चुका है। चेहरे, मोहरे से निसार परवेज हूबहू जाँनिसार लगते हैं। वही लहजा, वही नर्म आवाज, आँखों में वही सोयी हुई नींद।

जाँनिसार की नयी शाइरी और शाइराना जिन्दगी ने उनके इर्दगिर्द नौजवानों शाइरों का हल्का पैदा कर दिया है। अय्यूब मिर्जा वज्द, जहांकदर, कालिका प्रसाद बशर, निसार परवेज और दूसरे कई, शाइरी की नयी फिजा पैदा किये हुए हैं। गोष्ठियों में गजलों के साथ गीत और मुक्त छन्द भी पढ़े जाते हैं। जोश मलीहाबादी का घन गरजवाला इंकलाब और अख्तर शीरानी का ख्याली रोमान्स नयी आवाजों में परम्परागत गजल शैली से विद्रोह किये हुए है। इनमें बशर अपनी सुरीली आवाज की वजह से ज्यादा लोकप्रिय हैं। जब कभी गजल सुनाते हैं महफिल पर छा जाते हैं। कॉलेज में जाँनिसार के शागिर्द हैं। कलाम पर भी उन्हीं से मशविरा करते हैं। कुछ लोग उनकी शेरगोई पर शक करते हैं। वे उनके शेरों को भी जाँनिसार से ही जोड़ते हैं। सामने के रूमानी शेर हैं। जरा बदली हुई बेबाक शब्दावली है। जब भी आवाज का जादू जगाते हैं। चेहरों से नकाबें सरकने लगती हैं। इन सरकती नकाबों में एक-दो के अफसाने भी बनते हैं; लेकिन कोई अफसाना मुकम्मल नहीं होता।

बशर रेलवे में किसी अच्छी पोस्ट पर हैं। कुछ दिन से एक चेहरा बशर की तनहाइयों में बेनकाब होने लगा है। छोटी बस्तियों में ऐसी बेनकाबियाँ दूसरों की आँखों में आ जाती हैं। बशर और वह लड़की जिस उम्र में हैं उसमें सबसे पवित्र गन्ध जिस्म होता है। लेकिन लड़की का बाप इस शरीरधर्मी उम्र से बहुत आगे निकल चुका है। वह जिस्मों के बीच पुस्तकीय धर्म को न पाकर आपे से बाहर हो जाता है। लड़की का बाप शहर के बाअसर लोगों में है। वह मुँहजोर जवानियों से सीधा टकराने के बजाय, रेलवे के बड़े अफसरों को खिला-पिलाकर काम चलाता है, और बशर का तबादला किसी दूर-दराज के इलाके में करवा देता है। न होगा न बाँस न बजेगी बाँसुरी !

लड़की तो कुछ दिन रो-पीटकर माँ-बाप की पसन्द से शादी करने पर राजी हो जाती है और फिर एक-दो बच्चों के बाद जेहनी तौर से अपने पति के करीब हो जाती है। खुदा के बाद उसे दूसरा दरजा देने पर तैयार हो जाती है। लेकिन बशर इस धर्म और प्यार के संघर्ष में हमेशा के लिए शाइरी से दूर हो जाते हैं। उनके मिलने-जुलनेवाले भी बदल गये हैं।

दोपहर के वक्त सब सोये हुए होते हैं। निदा आहिस्ता से बाहर खिसक जाता है। घर से थोड़ी दूर नयी सड़क के नुक्कड़ पर एक पंजाबी शरणार्थी ने बच्चों के खेलों के सामान की दूकान खोल ली है। रंग-बिरंगे खिलौनों के अलावा हॉकी, बल्ले, गेंदें फुटबॉल वगैरह भी वहाँ हैं। दूकानदार मजबूत बदन का अधेड़ उम्र का आदमी है। उसकी दिलचस्प बातें और दूकान के सामान का आकर्षण हर वक्त मोहल्ले के बच्चों को वहाँ जमा रखता है। वह बच्चों को छोटे-छोटे तोहफों से भी खुश करता रहता है। कभी किसी को चॉकलेट थमा देता है, कभी किसी से खुश होकर गेंद दे देता है।

इसके पास पुरानी तसवीरों का एक अलबम भी है जिसे वह मूड में आकर बच्चों को दिखाता है। इसमें वह कई जगह पहलवानों का लंगोट बाँधे या अखाड़े में कुश्ती लड़ते दिखाई देता है। उसकी अपनी तसवीरों के साथ दूसरे मशहूर पहलवानों की तसवीरें भी इसमें शामिल हैं। इन तसवीरों को दिखाते हुए साथ में उसकी कमेंटरी भी चलती रहती है।—"गामा पहलवान का क्या कहना, वह तो धरती पर भगवान् का अवतार था। दुनिया के सारे पहलवानों में नम्बर-वन (पहला) था इनका। एक बार दिसम्बर के दिनों में लन्दन में कुश्ती लड़ने गये। वह एक-दिन सवेरे मलमल के बारीक कुरते में सड़क पर टहलने निकले तो अंग्रेज मेमों की भीड़ लग गयी। ठिठुरती सर्दी में, बर्फबारी में, सिर्फ एक बारीक कुरते में पहलवानजी को देखकर वे हैरत में पड़ गयीं। वहाँ तो लोग ऊपर से नीचे तक ऊन से लदे होते हैं। उनकी खिलाई-पिलाई भी क्या थी। रोजाना दो बकरी का सूप, दिन-भर एक किलो बादाम चबाना, बाल्टी-भर दूध चढ़ाना, असली घी को पानी की तरह पी जाना और दंड-बैठकों के पसीने से चुटकी बजाते इस सबको पचाना और वर्जिश के बाद फिर दोबारा यही गिजा।"

बच्चों के जेहन में गामा कहानी के देव की तरह उभरता है। "आप तो इनसे मिले होंगे ?" निदा, हाथ में मुग्दर लिये एक छोटे से कद के मोटे आदमी को देखकर पंजाबी में पूछता है।

"मिले क्यों नहीं ! मैं उन्हीं के अखाड़े का हूँ। उनसे हाथ मिलाओ तो यूँ लगता था जैसे लोहे के शिकंजे में हाथ चला गया···।" कभी वह अखाड़े आकर नये पट्ठों से कस-बल भी करते थे। सारे बच्चे चुपचाप देर तक उनकी बातों में खोये रहते हैं। मुल्लाजी का छोटा लड़का जमील बच्चों में सबसे ज्यादा तन्दुरुस्त है।

वह दूकान पर बैठे-बैठे ही उसे एक-दो दाँव-पेंच भी सिखाते हैं, जिनको वह उनके सामने ही दूसरों पर आजमाता है। पंजाबी उसकी हर ऐसी कामयाबी पर उसे कुछ-न-कुछ इनाम देता है।

इन सब बातों की वजह से जमील को पहलवान बनने का शौक हो गया है।

निदा और जमील को पंजाबी खुद अखाड़े ले जाता है। निदा तो एक-दो बार जाकर माँ के गुस्सा करने पर रुक जाता है। लेकिन जमील हर शाम को वहाँ जाने लगा है। हर रोज की वर्जिश ने उसकी भूख और प्यास बढ़ा दी है। मुल्लाजी के यहाँ सबको गिन-गिनकर रोटियाँ दी जाती हैं। हिसाब से आटा गूँथा जाता है। उनकी मेहदूद आमदनी घर के एक फर्द की बढ़ती हुई भूख पर झुंझलाने लगती है।

रोज खाने के नवत, जमील को माँ की डाँट-फटकार का सामना करता पड़ता मुल्लाजी रात की नमाज के बाद लौटकर खाने बैठते हैं। लेकिन, उनके हिस्से की रोटियाँ चोरी से आज जमील खा चुका है। मुल्ला खाली डलिया देखते हैं तो गुस्से में आकर चीखते-चिल्लाते हैं। बीवी दोबारा चूल्हा सुलगाने उठती है। मगर वे भूल और गुस्से से होश खोकर बीवी को बुरी तरह पीटते हैं। दोनों लड़के और बड़ी लड़की बेबसी से माँ का रोना-चिल्लाना देखते हैं। जमील उनको बचाने की कोशिश करता है और इस जुर्म की सजा में घर से धक्के मारकर निकाल दिया जाता है। दो दिन तक वह गायब रहता है। माँ इधर-उधर पड़ोस में अपना दुःख सुनाती रहती है। बड़ा भाई भी उसे तलाश करता है। तीसरे दिन तिगरा नदी के किनारे मुल्लाजी उसे पहचान ठंडी साँस से सिर्फ अल्लाह अकबर कहते हैं और लाश लेकर आ जाते हैं।...

जमील के कफन-दफन के लिए जो चन्दा उठाया जाता है, उसमें सबसे बड़ा हिस्सा पंजाबी का होता है। उसके लाये हुए कफन में ही उसे लपेटा जाता है। उसका अपना जख्म आज फिर से हरा हो गया है। देश का विभाजन पंजाबी को पहलवान बनने से रोकता है और जमील को गरीबी ले डूबती है। उसकी आँखों में आँसू हैं। यूँ भी होता है—हम कभी दूसरे के गम को बहाना बनाकर अपने ही किसी दुःख को रोते हैं!...

इमली का दरख्त कई दिन से उदास है। उसके साथ खेलनेवालों में आज एक कम है। और मुल्लाजी की बीवी पड़ोस में बैठी लाल-लाल आँखें लिये कह रही है—"उसने मरकर सबको आराम से कर दिया है। अब मुल्लाजी पहले की तरह न चीख-पुकार करते हैं, न मारते-पीटते हैं। बड़े को पंजाबी ने दर्जी की दूकान पर बिठा दिया है, कुछ दिन में चार पैसे वह भी लाने लायक हो जाएगा। जमील को

ख्वाजा खानून की दरगाह के कब्रिस्तान में दफनाया गया है। वहाँ की जमीन दूसरी जगह से महँगी है, लेकिन मुर्तुजा हसन की सिफारिश से रियायत कर दी जाती है। और सूफी की दरगाह की निकटता से उसे खुदा के निकट होने की स्वीकृति मिल जाती है।···

ख्वाजा साहब की दरगाह को ग्वालियर में हिन्दू-मुस्लिम एकता का पवित्र स्थान समझा जाता है। हर जुमेरात को यहाँ एक मेला लगता है। दरगाह के सामने खाने-पीने, मजहबी किताबों और खिलौनों की कई दूकानें लग जाती हैं। शहर में यूँ तो और भी मजार हैं लेकिन इस दरगाह के प्रति अवाम की श्रद्धा ज्यादा है। बड़े दायरे में फैली हुई दरगाह के अकीदतमन्द भी ज्यादा होते हैं।

मजार के चारों तरफ पत्थर की जालियाँ हैं। इन जालियों में बेशुमार धागों में कागज बँधे हैं। इन कागजों पर जरूरतमन्दों की मुरादें और नाम लिखे होते हैं। ख्वाजा के पास इन सबका हिसाब है जो दरगाह के सज्जादानशीन अपने रजिस्टर में दर्ज करते रहते हैं। उन्हें यह भी मालूम है कि कौन बाहर की पेटी में कितने पैसे डालता है। तवायफ, चोर, सूदखोर, शरीफ, गरीब सबका पैसा इस पेटी में आकर पाक साफ हो जाता है। मुरादें भी रकम के हिसाब से पूरी की जाती हैं। मजार के करीब ही एक पानी की पुरानी बावड़ी है। यह ऊपर से खुली है। इसमें वर्षों की धूल, पत्ते और काई जमा है। इसका पानी कभी कम नहीं होता। जितना कम होता है उससे ज्यादा ही इसमें भर दिया जाता है। इसकी सफाई का कोई इन्तजाम नहीं है। पानी सफेद से मटमैला हो चुका है। सतह के ऊपर मच्छर उड़ते रहते हैं, लेकिन बीमारी में इसका चमत्कार अभी तक बरकरार है। हर दुःख में इसके एक-दो चमचे काफी होते हैं। मजार पर जो चढ़ावे, कीमती चादरें और मिठाइयाँ अकीदतमन्द रात-दिन चढ़ाते हैं उन सबको सज्जादानशीन अपने हाथ से छूकर (दरगाह) के योग्य बनाते हैं। सरकारी वक्फ से एक बड़ी आमदनी भी दरगाह के लिए है। इसके साथ कई जमीनें, दूकानें हैं, कब्रिस्तान है, जिसकी जमीन बाजार में दूसरी चीजों की कीमतों के साथ घटती-बढ़ती रहती है।

कहा जाता है ग्वालियर की गद्दी सिन्धिया को एक सूफी मन्सूरअली शाह की दुआओं की देन है। राज्य घराने में मुस्लिम बुजुर्गों के मजारों से श्रद्धा इसी रिवायत का सिलसिला है। उर्स के दौरान महाराजा दरगाह पर हाजिरी देता है। इस नेक काम में उनके साथ वजीरों और दूसरे दरबारियों की भीड़ होती है। वह कार से नँगे पाँव उतरकर दरगाह में दाखिल होता है। राजा की देखादेखी प्रजा में भी अकीदत पैदा हो गयी है। हिन्दू-मुस्लिम जो भी दरगाह के सामने से गुजरता है वह आदर में सिर झुका देता है। राजा इस रस्म को एक परम्परा के तौर पर निभाता है।···

मुर्तुजा हसन अपनी तमाम रंगीनियों के बावजूद सूफियाना मिजाज के हैं।

उर्स के दौरान मुशायरे का आयोजन करते हैं और हर साल नयी नज्म के साथ इसमें शरीक होते हैं। हर जुमेरात को पाबन्दी से वहाँ हाजिरी देते हैं। इस दरगाह के सज्जादानशीन मोटे-ताजे और लम्बे कद के हैं। सफेद दाढ़ी में सुर्ख चेहरे की अपनी बहार है। मोटे कपड़े के लबादे में यह हर वक्त तस्बीह हाथ में घुमाते रहते हैं। बुढ़ापे में भी तन्दुरुस्ती जवानी को आइना दिखाती है। शहर के लोग उनसे जलकर अजीब-अजीब बातें करते हैं। कोई उनका तअल्लुक वेश्याओं से जोड़ता है और कोई कम उम्र लड़कों से उनके अनैतिक सम्बन्धों की दास्तान सुनाता है और अपने-आपको गुनहगार बनाता है। इन अफवाहों की रोकथाम के लिए सज्जादानशीन का बड़ा लड़का अब अपना ज्यादा समय दरगाह में ही गुजारने लगा है। इस किस्म की खबरें तिजारत और अकीदत दोनों के लिए हानिकर साबित होती हैं। मुर्तुजा हसन को इन पर यकीन नहीं है, लेकिन जमील फातिमा खुदा और रसूल के बीच किसी तीसरी शिरकत को कबूल नहीं करती। पीर औलिया का एहतिराम करती हैं। मगर इन मजारों को दूकान की तरह चलाने को नापसन्द करती हैं। यह तब्दीली उनमें इन्हीं झूठी सच्ची खबरों की प्रतिक्रिया में पैदा हुई है। अब वह दरगाह पर हाजिरी देने के बजाय घर में ही ख्वाजा की नजर न्याय करने लगी हैं। लड़कों को भी बाप के साथ वहाँ जाने पर पाबन्दी है।

घर में अकसर मीलाद की महफिल होती है। इसमें जमील फातिमा एक पुस्तक 'मीलादे अकबर' को (इसमें कविताओं और गद्य को मिलेजुले अन्दाज में हजरत मोहम्मद के जन्म और उनके सन्देश को बयान किया गया है) शुरू से आखिर तक दोहराया जाता है। गद्य का भाग वह अकेली पढ़ती हैं और कविताएँ सारी औरतें आवाज में आवाज मिलाकर गाती हैं। यह महफिलें रात की नमाज के बाद शुरू होकर रात के बारह-साढ़े बारह बजे तक चलती हैं। मीलाद के खत्म होने के बाद औरतों और लड़कियों को हिफाजत से उनके घर पहुँचाया जाता है। इस काम के लिए निदा और उसके बड़े भाई को सोते से उठाया जाता है। अगर यह गहरी नींद में होते हैं तो पानी के छपाकों से होश में लाया जाता है। यह सारा काफिला मकान के पीछे की तंग गली से गुजरता है। चुहलें करता हुआ, कहकहे लगाता हुआ, कोई अँधेरे में कन्धा पकड़ती है, कोई गालों को छूती है। किसी को कच्ची नींद से जगाये जाने पर तरस आता है और वह निदा को प्यार से गोद में भर लेती है। रेशमी लिहाफ जैसी नर्म गोदों में उसे अजीब महसूस होता है। इनमें एक लड़की बहुत शरीर है। वह अँधेरे में निदा को टटोलकर गालों में जोर की चुटकी लेती है और खामोशी से आगे-पीछे हो जाती है। निदा अँधेरे के बावजूद अँगुलियों की नर्मी से पहचान लेता है और चुपचाप दर्द बर्दाश्त कर लेता है। मीलाद के दूसरे दिन बताशे और फूल नक्शीन रकाबियों पर कढ़े

हुए गिलाफ ढांककर मोहल्ले के हर घर में भेजे जाते हैं । इस प्रसाद में सवेरे पानी भरनेवाली कोली औरतों का भी हिस्सा होता है जो वह दोनों हाथ फैलाकर लेती हैं और श्रद्धा से आँचल में बाँध लेती हैं ।

स्कूल के रास्ते में एक मन्दिर है । शिवजी का मन्दिर । संगमरमर की मूर्ति बड़ी-बड़ी आँखें, गर्दन में साँप, हाथ में त्रिशूल । इस मन्दिर में लम्बी सफेद दाढ़ी का एक पुजारी है । गोरा रंग, माथे पर केसर का तिलक, बड़े-बड़े बाल । अपने ध्यान में लीन । वह थोड़ी-थोड़ी देर के वक्फे से गर्दन को आगे करके घंटी बजाता है और 'हर हर महादेव' की जयकार करता है । इसकी आवाज से सवेरे के सन्नाटों में कम्पन-सी होती है । स्कूल जाते लड़के उन्हें देखते ही कुछ मजाक में, कुछ संजीदगी में हाथ जोड़कर हर-हर-हर महादेव बोलते हैं । लेकिन पुजारी की आवाज में ये लफ्ज अर्थ न समझते हुए भी अच्छे लगते हैं । एक बार निदा मन्दिर की चौखट पर पड़ा एक गुलाब का फूल पुजारी की नजर बचाकर उठा लेता है । जैसे ही वह फूल उठाता है, घंटी बजती है और साथ में हर-हर महादेव···वह सहम-सा जाता है । उसके हाथ से फूल गिर जाता है । पुजारी यह देखकर मूर्ति के पास से उठता है और गिरे हुए फूल को उठाकर उसके हाथ में रख देता है । वह कन्धे पर हाथ रखकर कहता है, "डरो नहीं । यह भी भगवान का फूल है तुम भी भगवान का फूल हो, ले जाओ ।" उस दिन से वह जब भी मन्दिर के सामने से गुजरता देखता है, तो पुजारी आवाज देकर बुलाता है और ताजा गुलाब का फूल मूर्ति के आगे से उठाकर उसके हाथ में रख देता है । धीरे-धीरे झिझक खत्म होती है । दोनों आपस में बातें भी करने लगते हैं । सत्तर-पचहत्तर साल के पुजारी और चार-पाँच साल के लड़के का यह रिश्ता भी अजीब है जो चोरी के एक फूल से शुरू होता है और पूजा के कई फूलों तक फैल जाता है । महकता हुआ बेनाम रिश्ता । न पुजारी लड़के के नाम से वाकिफ है, न लड़का उसके बारे में कुछ जानता है । दोनों के दरमियान सिर्फ सुर्ख ठंडे फूल हैं । इनमें हर फूल का नाम गुलाब है । हरेक का धर्म खुशबू है । बीमारी की वजह से निदा चार-पाँच दिन स्कूल नहीं जा पाता । एक दिन पुजारी खुद ही किसी से पता पूछकर घर तक आ जाता है । वह दरवाजा खटखटाता है । उसके हाथ में कई ताजा गुलाब के फूल होते हैं । माँ उसे फूल बेचनेवाला समझती है और पल्लू से पैसे खोलते हुए फूलों की कीमत पूछती है ।

वह जवाब में सिर्फ मुसकराते हुए आहिस्ता से 'हर-हर महादेव' कहता है। माँ हैरत से देखती है। उसकी आवाज जैसे ही निदा तक पहुँचती है, वह बिस्तर से उठकर बाहर आ जाता है। पुजारी आगे बढ़कर सिर पर हाथ रखकर मुसकराते हुए कहता है—"बाबा तुम कई दिनों से आये नहीं। मैं खुद ही तुम्हारा पता लगाकर तुम्हारे फूल तुम्हें देने चला आया। चार दिन के चार फूल।"

माँ खामोशी से यह सब देखती है। जब निदा उन्हें पूरी बात बताता है तो वह इन फूलों को एक पानी भरे कटोरे में डालकर निदा के सिरहाने रख देती है और जब निदा अच्छा हो जाता है तो मुरझाये हुए इन फूलों को कूड़े में फेंकने के बजाय उसी कुएँ में डलवा देती है जिसमें पुराने तावीज या अरबी लिखे कागजों को ठंडा किया जाता है।

मुर्तुजा हसन के दोस्तों में डॉक्टर कोलेकर और प्रोफेसर रामनारायण घर के सदस्य जैसे हैं। कोलेकर किसी सरकारी हॉस्पिटल में डॉक्टर हैं और रामनारायण एक स्थानीय कॉलेज में अँग्रेजी के उस्ताद हैं। बच्चों की तालीम के सिलसिले में रामनारायण से राय ली जाती है और बीमारी में हर दफा डॉक्टर कोलेकर को बुलाया जाता है। रामनारायण और मुर्तुजा हसन में बहुत बेतकल्लुफी है। वह जब भी आते हैं, अपने आने की सूचना दरवाजे पर दस्तक या कुंडी बजाने के बजाय भारी आवाज में दो-चार गालियों से देते हैं। यह सारी गालियाँ मुर्तुजा हसन के लिए होती हैं। बार-बार दोहराये जाने से इन गालियों का गालीपन खत्म हो चुका है। हरामी, जलील, आवारा, बदमाश, गज़लची जैसे गैरतहजीबी लफ्ज बातहजीब होकर दोस्ती की पहचान बन चुके हैं। उन्हें सुनकर मुर्तुजा हसन की मुस्कराहट में लड़कपन झाँकने लगता है और वह भी हर गाली को काफ़ियों में दोहराते हैं और जमील फातिमा इनको सुनते ही चाय के साथ उनकी पसन्द के पालक के भजिये तलने बैठ जाती हैं। लेकिन एक बार जब वह यही गालियाँ निदा के मुँह से सुनती है तो लकड़ी उठाकर उसे धुनना शुरू कर देती है। इस जुर्म की सजा में वह रात निदा को खाली पेट ही सोनी पड़ती है। इन गालियों को सुसभ्य बनाने के लिए काफी वक्त लगता है। तीस-पेंतीस बरस से भी ज्यादा, और निदा उन्हें सुनते ही, कच्ची उम्र में दोहराने लगता है। शायद इसीलिए उसके होठों पर आकर वह फिर से अश्लील बन जाती हैं। बात दरअसल यह है कि कोई लफ्ज अपने अन्दर अच्छा-बुरा नहीं होता, इनको बोलनेवाले ही इन्हें अच्छा-बुरा बना देते हैं। लफ्ज और शख्सियत की सूझबूझ बहुत दिनों में जागती है।

हिजड़ों के गुरु हाजी साहब के देहांत को एक साल हो चुका है। उनकी कब्र पीली हवेली के अन्दर ही है। उनकी पहली बरसी पर देश-भर से सैकड़ों हिजड़े इस तकरीब में शरीक होते हैं। दो दिन नाच-गाने की महफिलें जुड़ती हैं, बाद में चादर चढ़ाने की रस्म होती है। बाजे-ताशे के साथ चादर को एक बड़े से थाल में रखकर कई सड़कों का गश्त किया जाता है। इस गश्त में सारे स्थानीय और बाहर के हिजड़े शामिल होते हैं। जगह-जगह दूकानों के सामने ठहरता हुआ यह जुलूस बड़ी मसजिद के सामने रुकता है। मसजिद के सामने थाल रखकर एक वृद्ध हिजड़ा मुँह ही मुँह में कोई वजीफा पढ़ता है और फिर दुआ के लिए हाथ उठाता है। वहाँ से चलकर चादर हवेली के अन्दर ले जायी जाती है। हवेली में हिजड़ों के अतिरिक्त किसी और को दाखिले की इजाजत नहीं है। अन्दर चादर चढ़ाने के बाद बाहर मिठाई बाँट दी जाती है। मिठाई का एक थाल बड़ी मसजिद में भी भेजा जाता है।

परम्परा के अनुसार चादर की रस्म के बाद, बिरादरी के रजिस्टर में नये नाम लिखे जाते हैं और मरे हुए नामों को काटा जाता है। नेपाल से आये हुए एक जनखे को बिरादरी में शामिल करने से पहले कलमा पढ़ाने के लिए उसे मसजिद ले जाया जाता है। रस्म के मुताबिक बिरादरी में शामिल होने के लिए हिजड़े का मुसलमान होना जरूरी है। हिजड़ों का परम्परागत धर्म इस्लाम होता है। मस्जिद के पेश इमाम उससे आहिस्ता-आहिस्ता कलमा पढ़वाते हैं। नेपाली भाषा के आदी गले से अरबी के अल्फाज अटक-अटककर अदा होते हैं। जैसे-तैसे टुकड़ों में कलमा पूरा होता है और फिर सजे-धजे दूल्हा की तरह उसे घोड़े पर बिठाकर चारों तरफ चक्कर लगवाया जाता है। वह शर्मीली आँखों से मुस्कराता हुआ इधर-उधर देख रहा है। सारे हिजड़े खुशी से नाचते ढोल बजाते आगे-आगे अपनी कला का प्रदर्शन करते हुए चल रहे हैं। कोई नाचता है, कोई गाता है, कोई ढोलक पर अपनी कला का प्रदर्शन करता है। यह जुलूस रास्तों की हर बड़ी दूकान और घर के सामने रुकता है। नेपाली घोड़े पर बैठा हुआ सलाम करता है और दूसरे हिजड़े इस सलाम की कीमत वसूल करते हैं और नये-पुराने कपड़ों और पैसों को लेकर आगे बढ़ते हैं। तालियों की चटाख-पटाख से फिजा पुरशोर है।

यह सारा शोर-शराबा शाम को छः बजे शुरू होकर रात को कहीं आठ-साढ़े आठ बजे खत्म होता है। शहर के हिन्दू सभा के ऑफिस में एक इमरजेंसी मीटिंग होती है। नेपाली का धर्म-परिवर्तन चर्चा का विषय बनता है। मुसलमानों की हठ-धर्मिता पर लोग गुस्से में हैं। अब वह हिजड़ों की वर्षों पुरानी रस्म न होकर हिंदू-मुस्लिम का मसला बन जाता है। देखते-ही-देखते पूरी बस्ती में तनाव पैदा हो जाता है। सुबह होते ही नेपाली को जबर्दस्ती सड़क से उठाकर पार्टी के दफ्तर

लाया जाता है। इस खबर को पाते ही दूसरे हिजड़े मुहल्ले के मुस्लिम कसाइयों से मिलते हैं। कसाई इस्लाम की हिफाजत की जिम्मेदारी अपने सिर पर लेते हैं। खुदा रसूल के नाम पर सब आपस के भेदभाव भूलकर एकत्रित होते हैं। उधर नेपाली को बहला-फुसलाकर शुद्धि के लिए तैयार किया जाता है। सफेद धोती और हरी चोली की जगह उसके कपड़े भगवा रंग के हो जाते हैं। बड़े मन्दिर के पुजारी अपने हाथ से हनुमान के शरीर से सिन्दूर लेकर उसके माथे पर तिलक लगाते हैं और नेपाली भाषा के आदी गले से फिर संस्कृत के श्लोक कहलवाते हैं, जो अरबी की तरह अटक-अटककर किस्तों में अदा होते हैं। इस खुशी के मौके पर नेपाली को एक सजे-धजे रथ में बिठाकर चारों ओर घुमाया जाता है। लेकिन इस बार उसके साथ हिजड़ों की जगह हिन्दू सभा के लोग पार्टी के झंडे तले ही नाच-गाकर जुलूस को बारौनक बनाते हैं। जुलूस के पीछे पुलिस की जीप चलती है और शहर में अमन के लिए दो-तीन कसाइयों को गिरफ्तार भी कर लिया जाता है। हिजड़ों की हवेली पर पुलिस का पहरा लगा है। एक बूढ़ा हिजड़ा जुलूस को देखते हुए ताली बजाकर कहता है, "अरे इस जलसे-जुलूस से क्या होता है, हाथी फिरे गाँव-गाँव-जिसका हाथी उसका नाँव—हिजड़े तो सदा से ही कलमागो हैं।"

पार्टीशन हुए कई महीने गुजर चुके हैं। देश के दूसरे शहरों के मुकाबले में ग्वालियर अभी तक पुरसुकून है। अखबारों की खबरों से जरूर दहशतें पैदा हो रही हैं। खून से रँगी रेलगाड़ियाँ पाकिस्तान से आये हुए लुटे-पिटे हिन्दू, टूटती मसजिदें ।

पाकिस्तान से लुटे-पिटे शरणार्थी शहर में बसने लगे हैं। पाकिस्तान में उनके साथ मुसलमानों की नाइन्साफियाँ होटलों, चौराहों और गलियों में घूमने लगी हैं। शहर में आपस के रिश्तों में अनदेखी तब्दीलियाँ पैदा होती जा रही हैं।

शाम को शहर में एक बहुत बड़ा जलसा होता है। इसके खास वक्ता किसी छोटी-सी रियासत के राजा हैं। उनका निवास मन्सूर शाह की दरगाह के सज्जादानशीन और सिन्धिया के रुहानी गुरु सरदार सिरी साहब के बाड़े में है। वह उनका दोस्त है। सिरी साहब ग्वालियर के मुसलमानों के लीडर भी हैं। राजा को मंच पर फूलों और गोटे के कई हार पहनाये जाते हैं। उनका भाषण काफी पुरजोश है—

"मुसलमानों को अब यहाँ रहने का कोई अधिकार नहीं है। उनके लिए

हमने काटकर पाकिस्तान दे दिया है। हमारे घर में रहकर ही किसी हिन्दू को मुसलमान बनाना ऐसा अपराध है जो माफ नहीं किया जाएगा। अब देश में औरंगजेब की हुकूमत नहीं है, शिवाजी का राज्य है, महाराणा प्रताप का राज्य है। उर्दू और इस्लाम की अब यहाँ कोई जगह नहीं है।" पब्लिक जोश में नारे लगाती है और अन्त में दिलों में नफरतों की आग लिये बिखर जाती है। और इस आग की चिनगारियाँ गलियों, मुहल्लों में घुस जाती हैं।

राजा जोशीला भाषण देने के बाद वापस सिरी साहब के साथ हमप्याला होता है। रात को नाच-गाने की महफिलें जमती हैं और सुबह उन्हीं की कार में विदा हो जाते हैं। सिरी साहब की बेगम राजा की रानी के लिए तोहफे देती है। लेकिन शहर की फिजा में साम्प्रदायिकता भर जाती है।

दूसरे दिन शहर में कई जगह से दंगों के समाचार मिलते हैं। स्कूल से लौटते वक्त निदा का क्लासफेलो बीर कुमार अचानक चलते-चलते पूछता है—"यार यह पाकिस्तान कहाँ है ? कल घर में भाभी भी तेरे पाकिस्तान की बात कर रही थीं।"

"मेरा पाकिस्तान ?" निदा हैरत से देखता है।

"हाँ तेरा पाकिस्तान, पाकिस्तान तो मुसलमानों का होता है"—बीर कुमार कहता है।

"मुझे क्या पता ?" निदा जवाब देता है।

"मालूम तो मुझे भी नहीं है, वह रूखे मुँह से बोलता है। कल दोनों रियाज मास्टर से पूछेंगे···।"

लेकिन पाकिस्तान का भूगोल मालूम होने से पहले ही निदा का स्कूल जाना बंद हो जाता है।

सवेरे के ग्यारह बजे हैं। नवम्बर की शुरुआत है। हवाओं में ठंडक शामिल हो गई है। ठेलों पर सफेद-गुलाबी अमरूदों के ढेर लगे हैं। इमली में हरे-हरे तोते हरे पत्तों में छिपकर कच्चे कटारों को कुतर-कुतर कर नीचे फेंक रहे हैं। मोहल्लों के बच्चे छोटी-छोटी लड़ाइयों के साथ उन्हें बीन रहे हैं। बड़ी बहन आँगन में कई रंगों के कटोरे रखे एक दुपट्टे को धनक की तरह कई रंगों में सजा रही है। अचानक कोई आकर हांफती सांसों से बताता है—गली के नुक्कड़ पर मुसलमान रँगरेज की दुकान लुट रही है। मुर्तुजा हसन खामोशी से सुनते हैं, लेकिन वह इसका जिम्मेदार बलवाइयों के बजाय रँगरेज के लड़कों को ठहराते हैं। यह लड़के

किसी काम के ही नहीं हैं। साले आवारगी करते फिरते हैं। रात-दिन गुंडागर्दी करते हैं। इधर-उधर लड़कियों को छेड़ते हैं। यही इलाज है उनके कमीनेपन का। फिर खबर आती है, "मोचीओली की मसजिद पर शरणार्थियों ने कब्जा कर लिया है।" इस खबर के बारे में भी उनकी राय दूसरों से अलग है। जिस मसजिद में तीन दिन चिराग रोशन नहीं उसमें शैतान डेरा डाल देता है। ऐसी मसजिदों से फायदा क्या जिनको नमाजी मयस्सर नहीं। शैतान का डेरा डालने से तो अच्छा है इसमें इन्सान बस गये हैं। बेघरों को घर मिल गया है। खुदा मन्दिर मसजिद में नहीं, आदमी के दिल में होता है। दिलों की हिफाजत करनी चाहिए। ऐसी ही खबरों के बीच, एक दिन निदा घर के पिछवाड़े चुन्नी हलवाई की दूकान से अपने पिता के लिए मोगर (तली हुई मूंग की दाल) लेने जाता है। वह जैसे ही बाहर आता है, गली के मोड़ पर अचानक चार-पाँच आदमी चीलों की तरह एक बूढ़े पर झपटते दिखाई देते हैं। एक चीख उभरती है और खामोशी को चीरती हुई गुजर जाती है। एक बूढ़ा आदमी जमीन पर, खून में लथपथ तड़प रहा है। उसकी आँखें खुली हुई हैं लेकिन आवाज मुँह से नहीं निकलती। निदा के पाँव थम जाते हैं। डर के मारे उसके हाथ से दाल का दोना गिर जाता है। चुन्नी हलवाई यह देखकर फौरन अपनी दूकान से कूदता है और निदा को उठाकर भागता हुआ घर के दरवाजे पर छोड़ जाता है। वह बूढ़ा आदमी पड़ोस का एक बुजुर्ग मुहम्मद अली है। उसका छोटा लड़का निदा के बड़े भाई के साथ पढ़ता है। वह अकसर बड़े भाई से मिलने घर आता है।

निदा ने पहली बार किसी आदमी को खून ने लुथड़ा हुआ देखा है। सुर्ख गाढ़ा खून, बिल्कुल कुर्बानी के बकरे-जैसा। आदमी और जानवर के खून की हमरंगी उसे हैरत में डाल देती है। फर्क सिर्फ इतना है कि जब बकरा हलाल होता है तो उसका सारा खून गर्दन के नीचे खुदे एक गड्ढे में जमा हो जाता है, जिसे मोहल्ले का कोई कोली अपने बर्तन में भरकर ले जाता है और उसे पकाकर खुद भी खाता है और बाल-बच्चों को भी खिलाता है। बकरे का खून उसने कई बार बकरा-ईद को देखा है। इस खून की दहशत को धार्मिक कथाओं ने कम कर दिया है—जानवर को खुदा पर कुरबान किया जाता है। कुर्बानी का बकरा ही कयामत के दिन तलवार की धार से तेज और बाल से बारीक 'पुल सिरात' (खुदा तक जाने वाला पुल) पर खुदा के नाम पर कुर्बानी करानेवाले की सवारी बनेगा। इसीलिए छाँटकर तन्दुरुस्त और बड़े बकरे को कुर्बानी के लिए चुना जाता है। उसके हाथ, पाँव, कान, दाँत सब पूरे होते हैं। बकरे को काटने की भी हिदायतें हैं। छुरी को पत्थर पर घिसकर पहले तेज कर लेना चाहिए। बिना धार की छुरी से बकरे को ज्यादा कष्ट होता है। हलाल करने से पहले उसकी भूख-प्यास का भी ख्याल रखा जाता है। भूखे-प्यासे जानवर की कुर्बानी कबूल नहीं होती। लेकिन आदमी

के साथ ऐसा कुछ नहीं है। आदमी के बदन से फूटते खून ने निदा को बुरी तरह डरा दिया है। वह बुखार से बीमार हो जाता है और सोते-सोते अचानक चौंक जाता है। दिन जुमे का है। जमील फातिमा ने इसी रियायत से मरनेवाले की मौत को शहादत का नाम देकर उसे सीधा जन्नत में भेज दिया है (जुमा के दिन को इस्लाम में पवित्र समझा जाता है, इस दिन मरनेवाला जन्नती समझा जाता है)। "वह पवित्र दिन शहीद हुआ है और शहीद हमेशा हयात रहता है। वह कभी मरता नहीं है।" मुहम्मद अली भी जन्नती था।

शाम को रामनारायण आते हैं। वह आज कुछ चुप-चुप से हैं। उनके माथे पर सिलवटें हैं और आँखें खोयी-खोयी-सी हैं। वह मुर्तुजा हसन से गम्भीरता से कहते हैं—'शहर की फिजा बहुत खराब है। ऐसा करो, तुम कुछ दिन के लिए बाल-बच्चों को किसी मुसलमान आबादी के इलाके में शिफ्ट कर दो!' 'मुसलमान आबादी से क्या मतलब है तुम्हारा? रामनारायण तुम अच्छी तरह जानते हो मैं इस भेदभाव को नहीं मानता।' 'मेरे तुम्हारे न मानने से क्या होता है', राम नारायण गुस्से में चिल्लाते हैं। 'हम सियासतों की कठपुतलियाँ हैं। रामनारायण हिन्दू है। वह मुसलमानों का दुश्मन है और मेरा दोस्त मुर्तुजा नाम से मुस्लिम है, वह हिन्दुस्तान का दुश्मन है। अब यही सच है। सच से आँख फेरने की भूल मत करो।'

दूसरे दिन मुर्तुजा हसन का खानदान एक हवेली में पनाह लेता है। इस हवेली में भेड़-बकरियों की तरह बहुत से लोग भरे हैं। जमील फातिमा ने मकान छोड़ते वक्त जो ताला डाला था वह उनके जाते ही तोड़ दिया जाता है। मकान के खाली होते ही, एक साथ कई लोग मकान में घुसते हैं और जिसके जो हाथ लगता है ले जाता है।

हवेली की रात डरावनी और खामोश है। रात-भर एक तरफ से 'हर-हर महादेव' के नारे गूंजते हैं तो कुछ देर बाद दूसरी तरफ से 'अल्ला हो अकबर' का शोर उठता है। इनको सुनकर औरतों की नींदें खुल जाती हैं और बच्चे सहमकर अपनी माँओं के करीब हो जाते हैं। पुजारी के 'हर-हर महादेव' और मुल्ला जी के 'अल्ला हो अकबर' के अल्फाज भी अब इन अजनबी आवाओं में गालियाँ बन गये हैं। ये उसी तरह घिनौने लगते हैं जिस तरह रामनारायण की गालियाँ निदा

के मुंह में अश्लील हो गयी थीं। लगता है ये लोग भी दूसरों के लफ्जों को दोहराकर कोई गुनाह कर रहे हैं। जिसकी सजा में उनकी मांएं उन्हें मारेंगी भी और भूखे पेट सुलायेंगी भी। बचपन की सोच सही साबित होती है। आसमान से बलाएं उतरती हैं और देखते-देखते सारी बस्ती वीरान हो जाती है।

नवाब हमीदुल्ला खां का भोपाल एक लँगड़ाते बच्चे की तरह ऊंचे टीले पर खड़ा गहरे तालाबों में पत्थर फेंक रहा है। इन पत्थरों से न पानी की सतह ऊँची होती है और न उसकी प्यास बुझती है। छोटी-छोटी लहरें जरूर उभरती हैं, लेकिन पत्थरों के तले में उतरने तक पानी का ठहराव उन्हें फिर से हमवार कर देता है। जब इस नाकाम कोशिश से वह थक जाता है तो लँगड़ाता हुआ शहर की छोटी-बड़ी गलियों से गुजरता किसी ऐसी मसजिद के सामने खड़ा हो जाता है जिसमें नमाजियों की तादाद ज्यादा होती है। मसजिदें तो कई हैं लेकिन इनमें से अकसर में कबूतर, चिड़िया या जमीन से बंधे पेड़ ही अपनी-अपनी जुबानों में इबादत करते रहते हैं, अल्लावाले नमाज से फारिग होकर जब बाहर निकलते हैं तो उसके हाथ में भी पैसा-दो-पैसा रख देते हैं और इस तरह जो भी उसके हाथ लगता है उससे रूखा-सूखा खाकर वह किसी पेड़ से पीठ लगाये बीड़ी सुलगाता है और शेरी भोपाली को गजल गुनगुनाता है—

जहां वह हों वहीं ऐ चांद ले जा चांदनी अपनी
हमें तो शामे गम में काटनी है जिन्दगी अपनी

मसजिद, तालाब, पत्थर, बीड़ी, गजल, चूना और लँगड़ाते हुए बच्चे से बना हुआ यह शहर दिन-भर ऊंघता है और रात-भर जागता है। इस मुसलसल ऊंघ को साईकिल की घंटी, खुदा रसूल के पवित्र नामों के साथ लिपटी हुई गाली या बीच चौराहे पर किसी के बदन की मालिश करते हुए किसी मालिशिये का नारा 'या अली तोड़ दुश्मन की नली' थोड़ा-सा चौंकाता है तो औरतें टाट के परदों के पीछे गिलोरियां बनाकर चबाती हैं और घर से बाहर चूना चाटती पुख्ता उम्रें नथी उम्रों पर मेहरबानियां लुटाती हैं।

आसपास के उजड़े हुए मुसलमान देश के विभाजन का शिकार होकर अपने जानोमाल की हिफाजत के लिए यहां आये हैं। इनमें से अकसर को विभाजन के नेताओं के नाम भी याद नहीं हैं। जो हुआ वह क्यों हुआ—यह विश्लेषण इनके

दायरे से बाहर है। जो हो रहा है वह भी भूख-प्यास की सूरत में उनका मसला है और मसले का सुलझाव ही उनका हिन्दुस्तान-पाकिस्तान है।

इनके लिए आबादी से कुछ दूर एक वीरान इलाका, जिसका नाम बैरागढ़ है, साफ करा दिया गया है। यहाँ अब से कई साल पहले अंग्रेज छावनी का पड़ाव था। चारों तरफ लाल खपरैलों के खुले कमरे फैले हुए हैं। सारे एक-से चेहरों और एक-सी बनावट के हैं। हर क्वार्टर में दो घर बसाये गये हैं। जो पहले आये उनके सिरों पर छत है, बाद में आनेवाले खुले मैदान के दरख्तों की छाँव में डेरा डाले हुए हैं। पूरे इलाके में बिजली नहीं है। रोशनी सिर्फ रात में थोड़ी देर के लिए मोमबत्ती या लालटेनों से होती है और पानी बाहर के पब्लिक नलों में दो घंटों के लिए आता है। सुबह होते ही हर नल पर औरतों और मर्दों की एक लम्बी कतार लगती है। लेकिन तीन-चौथाई कतार के खत्म होने से पहले ही पानी नल से रुखसत हो जाता है। हर रोज झुंझलाहट, शोरगुल और हाथापाई में अनुवादित होती है। इन शोरोगुल और हाथापाइयों से सब एक-दूसरे के खानदानी इतिहास से परिचित होते रहते हैं। आटे-दाल की तरह पानी भी आस-पड़ोस में कटोरों के हिसाब-किताब से लिया दिया जाता है। रुपयों-पैसों के उधार में अबेर-सबेर मुमकिन है, लेकिन पानी का उधार अच्छे-भले रिश्तों में दूरियाँ पैदा कर देता है।

जमील फातिमा भी इन्हीं उखड़े हुए लोग में अपने बाल-बच्चों के साथ शामिल हैं। मुर्तुजा हसन ग्वालियर में ही हैं। वह बीवी-बच्चों को यहीं छोड़कर वापस चले जाते हैं और ग्वालियर में अपने दोस्त रामनारायण के यहाँ रहते हैं। सरकारी नौकरी जान से ज्यादा कीमती होती है। वह अपने-आपको खतरे में डालकर शादीशुदा जिन्दगी की जिम्मेदारी निभाते हैं।

जमील फातिमा के साथ यहाँ उनके अपने बच्चों के अलावा एक 18-19 साल का लड़का भी है। इसका नाम छुट्टू है। ग्वालियर में दरजी का काम करता था। यहाँ भी वही करने लगा है। छुट्टू मुर्तुजा हसन की शादी से पहले की किसी बाजारी आशनाई की गवाही है। इसका सबूत अब सिर्फ उसकी माँ ही है। इस एकतरफा सबूत ने उसे न सिर्फ तालीम से दूर किया बल्कि माँ-बेटे के रिश्ते में भी दरार डाल दी है। उसका एक छोटा भाई भी है जो माँ के साथ है मगर छुट्टू में होश सँभालते ही माँ से नफरत की भावना घर कर गयी है। जमील फातिमा और उसके बीच एक खामोश दूरी हो गयी है लेकिन वह उन्हें अपनी माँ और बच्चों को अपना बहन-भाई मानने को बजिद है। इसी जिद की वजह से वह अपनी माँ और भाई को छोड़कर यहाँ आया है। घर के हर काम की जिम्मेदारी उसने अपने सिर ले रखी है। बाहर से पानी लाने से राशन का इन्तजाम करने तक वह घर की जरूरत बन चुका है। जमील फातिमा बात-बे-

बात उससे उलझ पड़ती है। लेकिन वह खामोशी से अपने फर्ज की अदायगी करता रहता है। छुट्टू जिस्मानी तौर पर दुबला-पतला है। कभी अकेला होता है तो बेतहाशा खांसता है या दीवार पर चूने के उखड़े हुए निशानों को घूरता रहता है। वह अपनी जरूरतें खुद पूरी करता है। वहां आते ही उसने शहर के एक दरजी के यहाँ काम ढूंढ़ लिया है। सुबह जल्दी बिना नाश्ता किये निकल जाता है और शाम को दिन-भर की मेहनत से जो भी मिलता है, जमील फातिमा के हवाले कर देता है। घर के छोटे-बड़े कपड़े भी वही सीकर लाता है। कुछ दिनों बाद जब जमील फातिमा के पास दिये हुए रुपयों से बड़ी रकम बन जाती है तो एक रोज वह उससे ग्वालियर में उसकी माँ को पैसे भेजने को कहती है। वह चुपचाप सुनता है और पैसे लेकर चला जाता है, लेकिन जब शाम को वह वापस आता है तो उसके हाथ में कई बंडल होते हैं—साड़ी, छोटी-बड़ी कमीजों और खिलौनों के पैकेट ···उसने सारी रकम मां के पास ग्वालियर भेजने के बजाय इन्हीं चीजों पर खर्च कर दी थी। निदा और दूसरे बच्चे बहुत खुश हैं। खिलौनों की छीना-झपटी होती है। कमीजों का नाप-तोल शुरू होती हैं। वह नाम-ब-नाम सबको चीजें बाँटता है। जमील फातिमा को यह सब अच्छा नहीं लगता। वह उसे बुरी तरह फटकारने लगती है। वह खामोशी से सुनता रहता है। जमील फातिमा बिना उसे देखे कहे जा रही है—"मां कैसी भी हो, औलाद के लिए एक नेमत है। आखिर वह नौ महीने पेट में रखती है। दुःख-दर्द सहती है। मां से ज्यादा और कौन अपना होगा? जो अपनी मां का नहीं वह और किसी का क्या होगा? वह इस सारे सामान को वापस करने और पैसों को उसकी मां को भेजने की ताकीद करती हैं। छुट्टू को पहली बार गुस्सा आता है। वह जो जमील फातिमा के सामने कभी सिर नहीं उठाता था, आज उनकी आंखों में आँखें डालकर जो मुंह में आये बोले जा रहा है।"

"मां! कैसी मां! किसकी मां! मैं किसी वेश्या का बेटा नहीं हूं। मुझे पैदा करके उसने जुर्म किया है, दूसरे की सजा मैं क्यों भुगतूं? पैदा करके मुझे क्या दिया है उसने? बदनामी, जहालत, बदकिस्मती; मैं भी मुस्तफा, मुक्तदा की तरह हूं मगर कितना फर्क है मुझमें और इनमें? मैं इज्जत से जीना चाहता हूं और आप हैं कि···" बोलते-बोलते उसे खाँसी का दौरा पड़ता है और उसका गला रुंध जाता है। सारे अनकहे अल्फाज उसकी आँखों में आँसू बनकर टपकना शुरू हो जाते है। वह आँखों से आंसू पोंछकर बिस्तर पर करवट लेकर लेट जाता है और जब्त करने के बावजूद बच्चों की तरह बिलख-बिलखकर रोने लगता है। सारे बच्चे उसे इस हालत में देखकर अपनी-अपनी जगह सहमकर सिमट जाते हैं। जमील फातिमा रोने की आवाज सुनकर किचन से बाहर आती हैं और शायद पहली बार उसके सिर पर हाथ रखती है और वह इस हाथ के नशे में रोते-रोते

खामोश होकर बिना खाये ही सो जाता है। खाने के वक्त उसे जगाया जाता है तो वह खाकर आने का बहाना करके करवट बदल लेता है। जमील फातिमा बच्चों को खाना खिलाने के बाद एक नजर सोते हुए छुट्टू को देखती है और फिर कुछ सोचते हुए पाएँती पड़ी चादर खोलकर उसे उढ़ा देती है। रात को लालटेन की रोशनी में वह मुर्तुजा हसन के खत का जवाब लिखती है। खत खत्म करने के बाद आखिर में एक जुमला अलग से बढ़ाती है—"छुट्टू अच्छा लड़का है। घर का बहुत ख्याल रखता है। कभी-कभार उसके नाम भी खत लिखकर उसकी खैरियत पूछ लिया कीजिए।"

बैरागढ़ के गैर-आबाद इलाके में बहुत दिनों के बाद चहल-पहल हुई है। पेड़-पौधों की सरसराहट से गूंजते हुए वीरान मकानों के जंगल में आदमजाद आहटें फैल रही हैं। आसमान की उजली नीलाहटें धीमे-धीमे मन्द पड़ती जा रही हैं। बैरकों से चिड़िया, कबूतर और दीवारों पर लिखे अन्जान नाम रुखसत हो रहे हैं और इनमें नये लोग दाखिल हो रहे हैं। कोने खुदरों में पड़ी शराब की बोतलें, टूटे हुए हियर पिन···अधलिखे कागज, मैले कंघों में उलझे हुए बाल खामोशियों की जुबान में नयी-नयी कहानियाँ सुना रहे हैं। लेकिन लोगों के पास इनको सुनने का समय नहीं है। सब अपनी उलझनों में उलझे हुए हैं। निदा अपनी माँ और भाइयों के साथ जिस क्वार्टर में है उसके साथ एक बड़ा-सा नीम का पेड़ है। उसमें दिन-भर अजनबी परिन्दे फड़फड़ाते हैं। उसका चेहरा-मोहरा और हुलिया ग्वालियर के मकान के पीछेवाले पेड़ जैसा है। वही लम्बा-चौड़ा शरीर मोटे-तगड़े हाथ-पाँव ! निदा को लगता है जैसे यह पेड़ भी उसकी तरह वहाँ से उखड़कर यहाँ आ गया है। वह इसका जिक्र अपनी माँ से करता है तो वह मुस्कराने लगती है। बड़ी बहन कहती है—पागल, वह पेड़ भला यहाँ क्यों आने लगा। पेड़ों में हिन्दू-मुसलमान थोड़े ही होते हैं जो एक शहर छोड़कर दूसरे शहर में पनाह लें। बड़ी बहन का यह तर्क निदा की समझ में नहीं आता और इस नासमझी ने उसे इस पेड़ के और करीब कर दिया है। वह भी ग्वालियर की तरह उससे बुजुर्ग की तरह पेश आता है। जब भी माँ अपनी जेहनी परेशानियों से तंग आकर उस पर गुस्सा उतारती है या वह खुद जब ग्वालियर के अपने दोस्तों को याद करता है तो इसी की छाँव में देर तक बैठा रहता है।

बैरागढ़ में देखते-ही-देखते कई छोटी-बड़ी दूकान खुल गयी हैं। टीन और लकड़ी की बनी दूकानें, हर दूकान की पेशानी पर कोई बोर्ड चिपका है। बिस्मिल्लाह होटल, गरीब नवाज टेलर, रब्बानी शर्बत, मौला अली तन्दूर··· इन दूकानों के साथ बच्चों के लिए लड़की के घोड़े, हाथी और लोहे के बड़े झूले भी मैदानों में आ गये हैं। घरों में खाने-पकाने की सहूलतें न होने के बराबर हैं। ज्यादातर लोग तन्दूर से रोटियाँ लगवाकर वहीं से कबाब या सालन खरीद लाते हैं। सूरज ढलते ही इन दूकानों के इर्द-गिर्द लालटेनों या गैस की रोशनी में अच्छे-खासे लोग जमा हो जाते हैं। ताश, शराब, हाथापाई और कव्वाली रोज के नजारे हैं। जरूरतों ने हर चीज की कीमतों को दुगुना-चौगुना कर दिया है। कुछ दिन से एक टैंक भी बाल्टियों के हिसाब से पानी बेचने लगा है। यह सारा कारोबार बाहर से आये हुए परेशान लोगों के लिए भोपाल के रहनेवालों ने फैलाया है। दूसरे धर्मवालों से लुटे हुए लोगों को अपने धर्मवाले लूट रहे हैं। नेवला साँप का शिकार करता है। साँप छिपकली पर मुंह मारता है। छिपकली झींगुर को खुराक बनाती है और झींगुर मक्खी से पेट भरता है। जिन्दगी ही जिन्दगी की गिजा है। यूँ ही जिन्दगी चलती रहती है। रास्तों में बिजली नहीं है। शहर जानेवाले इसलिए शाम से पहले घर लौट आते हैं। जिन्हें वक्त पर बस नहीं मिलती उन्हें जरूर देर हो जाती है। अँधेरे रास्तों में चोरियाँ और मारपीट आम है। छीना-झपटी से पूंजी साम्यवादी विभाजन का अमल जोरों पर है। लेकिन इसमें वह ही ज्यादा लुट रहे हैं जिन्हें खुद लूटनेवालों में शामिल होना चाहिए :

अभी-अभी जो गया है धकेलकर तुमको
उसे बुरा ना कहो
अपने पैर मत रोको
जो चल सको तो चलो वरना रास्ता छोड़ो
तुम्हारे पीछे भी कुछ लोग आ रहे होंगे···

रोज-रोज की शिकायतों की रोकथाम के लिए अब एक पुलिस-चौकी भी कायम हो चुकी है। लेकिन सुर्ख साफे और खाकी वर्दियाँ पुलिस-चौकी पर कम और चौराहों की दुकानों पर ज्यादा दिखाई देती हैं। इनकी लम्बी ताबदार मूँछों और मोटी-मोटी भोपाली गालियों की हैबत सब पर तारी है। आबादी के साथ कुछ दादा किस्म के लोग भी पैदा हो गये हैं। पुलिसवाले उन्हीं से बस्ती की खैरियत पूछकर सरकार को अमन-शान्ति की रिपोर्टें भेजते रहते हैं। इन दादाओं में एक ग्वालियर का भी है, जो भोपालियों के साथ काम करता है। वह जब भी निदा को आते-जाते देखता है तो किसी भी दूकान से कुछ भी उठाकर उसे दे देता है। जमील फातिमा को जब इसका इल्म होता है तो वह निदा की खूब खबर लेती है। उस डांट के बाद अब उसे जो चीज मिलती है उसे घर लाने के बजाय रास्ते

में ही ठिकाने लगा देता है। माँ के नैतिक मूल्यों से विद्रोह करने की अनैतिकता उसको आने लगी है।

रातों की वारदातें अब कम होने के बजाय ज्यादा बढ़ गयी हैं। हर रोज शिकायतें दर्ज करायी जाती हैं लेकिन उनका कोई हल निकलने की जगह उलटे शिकायत करनेवाले परेशान किये जाते हैं। बार-बार चौकी पर सवालोजवाब की मुसीबत से बचने के लिए अब मुसीबतजदा हर आफत को खुदा की कुदरत और अपनी किस्मत समझने लगे हैं।

इन्हीं परेशान लोगों में लुंगी-कुरता और खमखशी दाढ़ीवाले एक बुजुर्ग भी हैं। उनके लड़के एक-दो बार ग्वालियर के दादा के हाथों मार खा चुके हैं। वह उससे कपड़ों की सिलाई के उधार का तकाजा करते हैं और पछताते हैं। इन बुजुर्ग को सब सूफी साहब के नाम से पुकारते हैं। सुना है जहाँ से यह आये हैं, वहाँ इनकी दरजी की दूकान थी। लुटी हुई दूकान से दो मशीनें छिपाकर अपने साथ ले आये हैं। उन्हीं से घर चला रहे हैं। छुट्टू ने पहले इन्हीं के साथ काम करना शुरू किया था। लेकिन काम की कमी की वजह से यह सिलसिला ज्यादा दिन नहीं चल सका।

उनके घर में ढलती उम्र की बीवी के साथ दो कम-उम्र लड़के और एक लड़की है। आसपास से कपड़े लाकर सीते हैं और मुश्किल से गुजारा करते हैं। उनका लड़का घरों के चक्कर काटता रहता है और जमील फातिमा हमदर्दी के तौर पर हर बार उसे कुछ-न-कुछ पीने के लिए थमा देती है। लड़की जवान है। शादी की उम्र से दो-चार कदम आगे निकल चुकी है। घर के हालात देखकर अब वह भी काम में हाथ बँटाने लगी है। लड़की काफी चौंचाल है। उसकी वजह से कई नये ग्राहक बन गये हैं। सिले हुए कपड़ों को अब भाइयों के बजाय वह ही घरों में पहुँचाती है और वही पैसे वसूल करती है। जब से साबिरा ने (लड़की का नाम) यह जिम्मेदारी सँभाली है न कभी उधार डूबा है, न ग्राहक सिलाई की मजदूरी पर बहस करते हैं। माँ साबिरा के बेपर्दा होने और बाहर आने-जाने से नाखुश है, लेकिन बाप और भाई बहुत खुश हैं। साबिरा की तिजारती सूझबूझ ने सारे घर में उसका रोब जमा दिया है। वह कपड़े भी तड़क-भड़क के पहनने लगी है।

उसके बारे में इधर-उधर कई बातें होती हैं। लेकिन बाप की नमाजें उन पर ध्यान नहीं देती—माँ जरूर घर में बड़बड़ करती है। कुछ दिन के बाद अचानक एक दिन साबिरा बीमार पड़ जाती है। उसका बाहर आना-जाना बन्द हो जाता है। घर की दवा-दारू से कोई फायदा नहीं होता तो माँ उसे बुर्का पहनाकर शहर ले जाती है। साबिरा को बुर्के में देखकर सबको ताज्जुब होता है। माँ उसे शहर लेकर चली जाती है। कई दिनों के बाद शहर के हस्पताल में साबिरा तो अच्छी हो जाती है। लेकिन उसकी माँ को सफेद बालों के बुढ़ापे में मजबूरन एक और बच्चे

की मां बनना पड़ता है। अब साबिरा दो की जगह तीन भाइयों की बहन बन गयी है। सूफी साहब साबिरा के छोटे भाई को घर के सामने लिये बैठे रहते हैं और हर आने-जानेवाले को खुदा का करिश्मा दिखाते रहते हैं। इस बच्चे का नाम उन्होंने अल्लाहबख्श रखा है। इस खुदाई करिश्मे ने सूफी साहब को ज्यादा ही खुदा के करीब कर दिया है। अब दूकान में उनका जी नहीं लगता। पहले की तरह सिलाई-कटाई उनसे नहीं होती। जो भी थोड़ी-बहुत मजदूरी मिलती है, वह लड़के ही करते रहते हैं। सूफी साहब घर के बाहर अजान देते हैं। देर तक वजीफा पढ़ते हैं। रात को देर तक अकेले घूमते हैं। एक दिन एक ख्वाब में कोई इस इलाके में दफन पीर उनसे अपनी तनहाई की शिकायत करता है तो वह कुछ दूर एक पेड़ के नीचे किसी अन्जान कब्र पर डेरा जमा लेते हैं। उनके बीवी-बच्चे उन्हें पागल समझकर छोड़े हुए हैं। कब्र की रोज सफाई करना, चिराग रोशन करना और अगरबत्ती सुलगाना उनके रोज के काम हैं। उनका ज्यादा वक्त इसी कब्र की खिदमत में गुजरता है। इसी गुमनाम कब्र के पास एक सुबह वह मरे हुए मिलते हैं। उनको इसी कब्र के पास दफना दिया जाता है। इस घटना ने बस्ती के लोगों में उनके प्रति आस्था पैदा कर दी है। हर दिन दोनों कब्रों पर फूल और पैसे नजर आने लगते हैं। साबिरा के भाई ने यह देखकर वहाँ एक पेटी रख दी है और सुबह-शाम मजारों की सफाई भी कर आता है। ग्वालियर का वह दादा जो निदा को किसी भी दूकान से कोई चीज उठाकर दे देता था, जेल से किसी बड़े अपराध से बरी होकर आता है। वह अपनी बहाली को सूफी साहब की देन समझता है। उसने मजार के इर्द-गिर्द लोहे के तारों का अहाता खींचकर एक छप्पर तान दिया है। कब्रों से आस्था रखनेवालों के साथ कई फ़कीर भी यहाँ बैठने लगे हैं।

सूफी साहब के इस नेक-दिल पुजारी से साबिरा की शादी हो जाती है। सूफी साहब का अल्लाहबख्श अब उसका बेटा बन चुका है। साबिरा फिर से दो भाइयों की बहन है। पति साबिरा के घर में ही रहता है। बड़ा लड़का अब अपना ज्यादा वक्त मजार की देखभाल में गुजारता है। उसने दाढ़ी बढ़ा ली है। उसके छोटे भाई को बड़े भाई ने नयी दूकान खुलवा दी है। घर में अब कोई तकलीफ नहीं है। सूफी साहब खुदा के करीब होकर भी घर से दूर नहीं हैं!

पानी की किल्लत और तेज गर्मी परेशान किये हुए है। आये-दिन घर में कोई-न-कोई बीमार रहता है। बारी-बारी सब बीमार हो चुके हैं। निदा के बाद अब उसके छोटे भाई सलीम की बारी है। वह दिन-ब-दिन दुर्बल होता जा रहा है।

भूख कम है और प्यास बढ़ गयी है। छुट्टू शहर में डॉक्टर को दिखाकर दवाई लाता है लेकिन फायदा होने के बजाय हालत और बिगड़ती है—जमील फातिमा को चुप-सी लग गयी है। बच्चों की पढ़ाई के नुकसान के साथ इन रोज-रोज की बीमारियों ने उन्हें बौखला दिया है। वह रात को देर तक बरामदे में टहलती है या जानमाज बिछाकर नमाज पढ़ती है। बस्ती में सब अपनी उलझनों के शिकार हैं। कौन किसकी खबर लेता है। यूं भी अजनबियों में जान-पहचान बनाना उनके मिजाज के खिलाफ है। ग्वालियर के मुर्तुजा हसन के खत के मुताबिक अभी माहौल पहले-जैसा ही है। अभी तक वह सरकारी गाड़ी में ऑफिस आते-जाते हैं। शहर में हर दूसरे-तीसरे दिन कर्फ्यू लग जाता है। वह घबराकर दिल्ली में अपनी माँ के घर जाने का इरादा करती है। सामान तैयार होता है। छुट्टू को रुपये देकर रेल के टिकट मंगाने के लिए भेज दिया जाता है। टिकट आ भी जाते हैं, लेकिन ग्वालियर से आया हुआ नया खत सारे किये-धरे पर पानी फेर देता है। दिल्ली में अब कोई नहीं है। उनकी माँ और दूसरे रिश्तेदार घरों को खाली करके पाकिस्तान जा चुके हैं। पाकिस्तान में वह कहाँ हैं, किस हाल में हैं, किसी को पता नहीं है। यह खत पढ़ते ही उनका सिर चकराता है। वह जहाँ खड़ी होती है वहीं सहारा लेकर बैठ जाती है। बड़ी बहन, जो सलीम के पास बैठी पंखा झल रही है, माँ की तरफ देखकर डर-सी जाती है। वह फौरन उनके पास उठकर आ जाती है और उनके ठंडे होते हाथों को अपने हाथों में लेकर गर्म करती है। काफी अरसे बाद उन्हें फिर से दौरा पड़ता है। आँखें खुली हैं लेकिन जिस्म में कोई हरकत नहीं है। वह इसी हालत में दो-ढाई घंटे रहकर होश में आती है। चेहरा जर्द है, आँखें वीरान हैं। निदा अब बड़ा हो गया है। पाकिस्तान का मतलब अब वह समझने लगा है :

जाने क्या-क्या बोल रहा था
सरहद प्यार किताबें खूब
कर मेरी नींदों में छिपकर
जाग रहा था जाने कौन !

सलीम की तबीयत आज कुछ ज्यादा ही खराब है। उसकी साँसों की रफ्तार होती जा रही है। सुबह से उसने कुछ खाया-पिया नहीं। सलीम निदा का चौथे नम्बर का भाई है। इन दोनों में दोस्ती भी ज्यादा है। बड़ी बहन बड़ी होने के नाते जब देखो हुक्म चलाती है और बड़े भाई अपने दोस्तों में उसकी शिरकत पसन्द नहीं करते। वह अपने अकेलेपन को घर से बाहर के नीम के पेड़ या सलीम के साथ ही बाँटता है। आज उसने सूफी साहब के मजार पर सलीम के लिए दुआ भी माँगी है। वह वहाँ से उसके लिए फूल भी लाया है। लेकिन फूल और दुआ

कुछ काम नहीं आते और वह जमील फातिमा की रान पर सिर रखे बड़ी बहन की जबानी यासीन शरीफ सुनते हुए एक हिचकी के साथ हमेशा के लिए बहुत दूर चला जाता है। उसके मरने का दुःख निदा के जेहन में इस तरह घर कर लेता है कि वह सोते-जागते उसी के बारे में सोचता रहता। सलीम को करीब के कब्रिस्तान में अकेला मनों मिट्टी के नीचे दबा दिया जाता है। जमील फातिमा दिन-भर खामोश रहती है, लेकिन रात को जब सब सो जाते हैं और चारों तरफ गूंजती हुई इन्सानी आवाजें खामोश हो जाती हैं तो वह अपने और अपने खुदा के दरमियान खुदा का कलाम रखकर जानमाज पर देर तक रोती रहती है। सलीम के हिस्से का खाना और कपड़े महीनों पाबन्दी के साथ खैरात किये जाते हैं। वह मरने के बाद भी कुछ दिन तक घर का सदस्य बना रहता है और फिर माँ के दिल में दाग बनकर छिप जाता है। कहते हैं—कयामत के रोज की भीड़ में इसी दाग की खुशबू से मरे हुए छोटे बच्चे अपनी माँओं को पहचानेंगे। मुर्तुजा हसन ग्वालियर से एक हफ्ते की छुट्टी पर आते हैं। 'गांधी मर्डर प्लान' ग्वालियर में तैयार होकर मुकम्मल हो चुका है। गांधी की हत्या की खबर रेडियो से प्रसारित होती है। खबर में हत्या की सूचना दी गयी है लेकिन कातिल का नाम नहीं बतलाया जाता।···मुसलमानों में इस अधूरी खबर ने दहशत पैदा कर दी है। जमील फातिमा नमाज के बाद कातिल के मुसलमान न होने की दुआ माँगती है। रेडियो खुशकिस्मती से उनके खुदा की बात मान लेता है और कातिल का नाम हिन्दू ही एनाउन्स करता है। इस खबर से मुसलमान चैन की सांस लेते हैं। उनके उदास चेहरों पर मुस्कराहटें चमकने लगती हैं। गोडसे अपराधी जरूर है लेकिन हजारों मुसलमानों की जान बचाने का उपकार भी उसी के नाम से जुड़ा है।

मुर्तुजा हसन के आते ही सारे रुके हुए काम शुरू होते हैं। भोपाल शहर में कई छोटे-बड़े मकान देखे जाते हैं। कहीं मुल्की-गैरमुल्की का सवाल है। कहीं शिया-सुन्नी का भेदभाव है और कहीं भाव-ताव में बात अटक जाती है। कीमतें जरूरतों की अँगुली थामे चल रही हैं। कई दिन की दौड़-धूप के बाद एक आधा बना मकान, किसी तंग गली में किराये पर ले लिया जाता है। मकान का मालिक, मकान की तामीर अधूरी छोड़कर पड़ोस के कब्रिस्तान में शिपट हो चुका है। उसकी एक बेवा और दो छोटे लड़के इस अधूरे बने मकान के किराये से जिंदगी जी रहे हैं। नीचे के हिस्से में वह रहते हैं ऊपर बिना मुँडेरी की खुली जगह है जिसके एक कोने में बिना दरवाजे का एक कमरा है। बैरागढ़ के मुकाबले में यहाँ पानी और रोशनी की सहूलियत है, लेकिन रंग-ढंग अब तक मुसाफिराना है। घर का सारा सामान पहले की तरह अब भी बँधा हुआ है। (जिस चीज की जरूरत होती है वह थोड़े वक्त के लिए बाहर निकाली जाती है और इस्तेमाल के बाद फिर से सन्दूक या गठरी में महफूज कर दी जाती है। छोड़े हुए घरों में फिर से

बसने की उम्मीद हर दिल में रोशन है। यहाँ दीवारों पर छत जरूर है। लेकिन न मिट्टी में मानूस सुगन्ध है और न पत्थरों और इर्द-गिर्द के दरख्तों से शनासाइयाँ हैं। सितारे, हवाएँ, परिन्दे, दीवारें, छतें सब कागज पर छपी तस्वीरों की तरह ठहरी हुई हैं। हर तरफ अजनबीपन है। खामोशी है। इस खामोशी को तोड़ने के लिए दोपहर के वक्त नीचे के मकान की विधवा कभी ऊपर आ जाती है और देर तक अपने अतीत को दोहराती है—

"मरनेवाला (उसका पति) हिन्दू से मुसलमान हुआ था। उसके घरवाले हमारी शादी के खिलाफ थे, लेकिन उस पर ऐसा इश्क चढ़ा कि मजहब के साथ उसने बाप की जायदाद को भी ठुकरा दिया···" यह कहते हुए वह जरा शरमाती है, फिर बात आगे बढ़ाती है—"देखो ना आज वह जायदाद होती तो उस मुसीबत में काम ही आती। मजहब तो इन्सानों का होता है। ईंट-पत्थरों में जात-पात कहाँ होती है। मैंने बहुत समझाया बीवीजी (वह जमील फातिमा को बीवीजी कहती है), मगर वह जब तक जिया न अपने बाप से मिला, न वह मिले। हाँ उसकी छोटी बहन, अपनी शादी से पहले तक राखी के दिन छिपकर आती थी। वह राखी पर अपने हाथ से 'अल्लाह' काढ़कर लाती थी और भाई के हाथ पर बाँधती थी। पहले बच्चे अल्ताफ की पैदाइश पर बहन के साथ उसकी माँ भी आयी थी। वह जब तक रही बेटे के घर न पानी पिया न कुछ खाया, बस पोते को उठ-उठ कर बार-बार देखती रही। जाते समय अपने बेटे से बोली तेरे घर तेरे पिता की आत्मा ने जन्म लिया है। जीते-जी वह तुझसे भले ही खफा रहा हो लेकिन मरने के बाद आया तेरे ही द्वारे··· आँखें, नाक, पेशानी सब उसके-जैसी हैं। अपने तो दोनों बच्चे बाप की तरह पक्के मुसलमान हैं। अब देखो बुढ़िया की बातें—मैं मुसलमान, वह भी मुसलमान हो गया था—फिर घर में हिन्दू कैसे जन्म ले सकता है। सुना है उसका भाई उसकी कब्र से मुट्ठी-भर मिट्टी लेकर गंगा में बहा आया है। इससे क्या होता है! कयामत के रोज वह कब्र से उठेगा तो मुसलमान ही···"

घर के सामने एक पुरानी हवेली है। इसमें मुर्तुजा हसन के दोस्त सुहा साहब रहते हैं। वह भोपाल के बाअसर लोगों में है। शायर हैं और गालिब की एक टीका के लेखक भी। दुबले पतले तीन फिट से भी कुछ कम कद के हैं। दूर से देखने में

किसी कमउम्र छोकरे-से लगते हैं। पास से चेहरे की झुर्रियां, जोश, नियाज फतहपुरी, फानी और मानी जायसी के समकालीन होने का पता देती है। उन्हें देखकर फिल्मों का एक बौना कैरेक्टर आर्टिस्ट रिड़कू याद आ जाता है। कीमती कपड़े की छोटी-सी शेरवानी, अलीगढ़ काट का पाजामा, हाथ में कद के हिसाब से छड़ी, आवाज में मिनमिनाहट बातों में जहानत की जगमगाहट··· शादीशुदा हैं। पत्नी उनके जिस्म से चौगुनी और कद से ढाई गुना हैं। पढ़ी-लिखी हैं। मोहल्ले के बच्चों को शौकिया उर्दू पढ़ाती हैं। सुहा अपने कदो-कामत से कहीं ज्यादा रंगीन-मिजाज हैं। मुजरे सुनने का नवाबी शौक भी है और अंगूर की बेटी से शायराना दोस्ती भी है। नशे की झोंक में कभी लहराते हैं तो सारा आसमान अपने छोटे हाथों पर उठा लेते हैं। बीवी का इस्लाम बर्दाश्त की हद तक शौहर का आदर करता है लेकिन जब नशा इस मजहबी वफादारी पर हावी होने की कोशिश करता है तो पति-पत्नी का शारीरिक अन्तर उभरता है और पति जबर-दस्ती जमीन से उठाकर मचान पर बिठा दिये जाते हैं। सुहा आसमान और जमीन के बीच खुद को पाकर घबराते हैं और फिर लगातार कई बार माफी माँगकर इस अजाब से पीछा छुड़ाते हैं। बीवी उनसे बहुत प्यार करती है। यह और बात है कि इस प्यार को कभी दो से तीन होने की इजाजत नहीं मिली।

गली में उन पर फिकरे कसने वाले मोहल्ले के लड़कों में निदा भी शामिल है। लेकिन जब वह मुर्तुजा हसन से मिलने घर आते हैं तो गालिब के शेरों की विशेषताओं में ऐसे खोये हुए होते हैं कि किसी को देखकर भी नहीं पहचानते। छोटे से मुंह में बड़ा-सा पान रखे वह जबड़े घुमा-घुमाकर गालिब के गुनगान करते रहते हैं।

साल के बीच में बच्चों का स्कूल में दाखिला मुश्किल होता है। लेकिन माँ जिद करती है तो मुर्तुजा हसन सुहा को लेकर इन्स्पेक्टर ऑफ स्कूल के पास जाते हैं। उन्हें देखते ही वह और उसका सारा स्टॉफ आदर में खड़े हो जाते हैं। इन्स्पेक्टर सुहा के लिए अपनी कुरसी छोड़कर उन्हें उठाकर वहाँ बिठा देता है। सुहा हुक्म के अन्दाज में बच्चों के दाखिले के लिए कहते हैं और बगैर किसी जाँच के निदा और उसका भाई स्कूल में भरती हो जाते हैं। जो काम कई दिनों से टल रहा था, वह सुहा के दो जुम्लों से हो जाता है। निदा स्कूल जाने लगा है। माँ बहुत खुश है। एक ही दिन में नयी-नयी किताबें खरीद ली जाती हैं। लेकिन नया माहौल, नयी किताबें, जो पढ़ाया जाता वह सिर से गुजर जाता है। दूसरे विद्यार्थी आधे से ज्यादा कोर्स खत्म कर चुके हैं और निदा अभी किताबों के शुरू के पृष्ठ से भी कोसों दूर है। सवाल कुछ जवाब कुछ। उस्तादों की झिड़कियाँ बढ़ती जा रही हैं। लड़कों को हँसने-हँसाने का एक विषय मिल गया है पूरे स्कूल में ग्वालियर के जहाँकदर चुगताई के अलावा कोई दूसरा जाननेवाला नहीं है।

जमील फातिमा छमाही परीक्षा के नतीजे से परेशान होकर उन्हें बुला भेजती है। वह आते हैं और स्कूल में निदा के गार्जियन बन जाते हैं। लेकिन वह स्कूल के वार्षिक उत्सव में पेश किये जाने वाले ड्रामे और गीतों में इतने व्यस्त हैं कि उन्हें दूसरी बातों का ध्यान ही नहीं आता। एक दिन स्कूल में आमना-सामना हो जाता है तो अपने साथ रिहर्सल में ले जाते हैं और शमा के विषय पर डेढ़ पेज के संवाद थमा देते हैं। इसमें शमा को जिन्दगी का प्रतीक बनाकर पेश किया गया है।

वार्षिक उत्सव के स्टेज पर यह सारे संवाद हाथ में जलती हुई मोमबत्ती रखकर निदा ड्रामाई अन्दाज में दोहराता है। आधे से ज्यादा संवादों को ठीकठाक कह ले जाता है लेकिन जब मोमबत्ती का मोम पिघलकर हाथ पर रखी माचिस की डिबिया से उतर के हथेली को छूता है तो घबरा जाता है। जलन से उसकी आँखों में आँसू आ जाते हैं, आवाज में दर्द भर आता है। संवाद जैसे-तैसे खत्म होते हैं लेकिन मजमा इन आँसुओं और आवाज की गमगीनी को उसका आर्ट समझकर और ज्यादा तालियाँ बजाता है। वह इनाम की किताबें लेकर घर आता है। घर में सब खुश होते हैं। वह किसी से कहे बिना सारी रात करवटें बदलकर काटता है। हाथ में फफोले पड़ जाते हैं। फफोले फूटकर जख्म बनते हैं और कई दिन तक इनाम का दर्द साथ रहता है। दूसरे दिन चुगताई साहब घर आकर निदा की तारीफ करते हैं। इस जलसे के बाद मास्टर चुगताई की सिफारिश परीक्षा में पास तो करवा देती है, लेकिन नयी क्लास में भी पहली-सी दिक्कतें मौजूद हैं।

स्कूल में निदा काफी उचाट रहने लगा है। वह स्कूल जाने के बजाय इधर-उधर भटकना शुरू कर देता है। उसके साथ इस भटकाव में मकान के नीचेवाली विधवा का लड़का अल्ताफ उसका साथी है। वह भी निदा के स्कूल में ही है। उम्र और अनुभव में निदा से चार-पाँच साल बड़ा है। गोरा-चिट्ठा तन्दुरुस्त बदन का है। स्कूल में लड़ाई-झगड़ा करने की सजा में वह अकसर क्लास के बाहर कर दिया जाता है।

उसकी सोहबत में निदा पर पहली बार वह राज बेनकाब होने लगे हैं जिनको जानने के लिए कुदरत ने एक खास उम्र की नाबन्दी आइद की है। वक्त से पहले इन राजों की जानकारी ने उसे अचानक अपनी उम्र से बड़ा कर दिया है। एक नयी दुनिया उसके सामने फैल रही है। इस जानकारी ने उसकी चाल-ढाल और बोलचाल में तब्दीली पैदा कर दी है। लड़कियाँ चलते-फिरते खजाने बन गयी हैं जिनमें सोना-चाँदी, हीरे-मोती और न जाने क्या-क्या भरे हुए हैं। रात-दिन इन अनदेखी दौलतों के सुराग लगाए जाते हैं। पते-ठिकाने मालूम किये जाते हैं और इन्हीं चक्करों में सुबह से शाम होती रहती है। इस लगातार तलाश के

खर्चे ने माँ के पर्स में रसोई हासिल कर ली है। झूठ के साथ अब चोरी भी उसकी आदत है। पुरानी दास्तानों के किरदारों की तरह दोनों दिन-भर भटकते हैं और स्कूल खत्म होने के वक्त थक-थकाकर लौटते हैं। इस तलाश या इन्तजार का अभी कोई खास नाम नहीं है। रकाबत का जज्बा भी अभी नहीं उभरा है। अल्ताफ उम्र में बड़ा है। वह इस बड़ाई का हर जगह फायदा उठाता है। निदा के लिए यही काफी है कि वह वक्त से पहले अनोखे राजों का हमराज है। अल्ताफ की शहर में एक जवान उम्र के दूकानदार से भी दोस्ती है। वह इसे अपने रिश्ते का चचा बताता है। लेकिन भतीजे और चचा की बेतकल्लुफी दो हम-उम्रों जैसी है। वह जब भी उसकी दूकान पर जाता है इधर-उधर हाथ चलाता है और चचा हँस-हँसकर उसके बाजू या गर्दन पर अपनी दाढी या दाँत गड़ाकर उसे उसकी शरारतों से रोकते हैं। अल्ताफ की उछल-कूद से अकसर उनके बदन के किसी हिस्से में दर्द होने लगता है। उनकी आहों-कराहों पर अल्ताफ को दया आ जाती है और फिर अन्दर कमरे में जाकर वह मालिश करके उन्हें इस दर्द से निजात दिलाता है। मालिश के दौरान कमरा अन्दर से बन्द कर दिया जाता है। लेकिन आवाजों से बाहर दर्द का पता लगता रहता है। जब वह दर्द कम करके बाहर आता है तो चचा के साथ भतीजा भी पसीने में सराबोर होता है। और चचा-भतीजे के बीच 'साला, हरामी' जैसे लफ्जों की बेतकल्लुफ़ी निदा को अच्छी नहीं लगती। दूकानवाला चचा अल्ताफ के घर भी आता रहता है। उसके घर में किचन का सारा सामान उसी की दूकान से आता है। वह पड़ोस की मसजिद में शाम की नमाज पढ़कर आता है और रात की नमाज के बाद रुखसत होता है। पाँचों वक्त की नमाजों के साथ वह अपने दोस्त की विधवा और उसके बच्चों की मदद का भी सवाब कमाता है।

शाम हो रही है। शहर में चारों तरफ फैली हुई मसजिदों के मीनारों से अजान उदय हो रही है। जमील फातिमा और बड़ी बहन बोलते-बोलते एकदम खामोश होकर सिरों पर दुपट्टा रख लेती हैं और अजान के खत्म होने पर हाथों को दुआ के लिए फैला देती हैं। ये दुआएँ मुँह ही मुँह में पढ़ी जाती हैं। अरबी अल्फाज अजान के सुरों में एक अजीब-सी रहस्यात्मक फिजा बनाते हैं। यूँ लगता है आसमान की नीलाहटें मेहरबान होती जा रही हैं और सारी जमीनें सूफियों की महफिलें बनती जा रही हैं। हर तरफ माहौल में एक गहरी संजीदगी तारी है। जैसे जीते हुए इलाके में हारे हुए फौजियों के घरों का सन्नाटा। रात और शाम के बीच का यह पल एक बड़ी-सी काली चील की तरह अपने दोनों पंख फैलाये आहिस्ता-आहिस्ता खलाओं से जमीन की तरफ़ उतर रहा है। उसकी चोंच से चाँद किरन-किरन बाहर निकल रहा है। निदा एक कोने में उदास बैठा है। वह आज सुबह से घर में ही है। रोज-रोज की उसकी शिकायतों ने माँ को परेशान

कर दिया है। उन्होंने हर बच्चे के साथ खुद को इस तरह जोड़ लिया है कि उनमें से किसी की जरा-सी गलती भी कई दिनों तक उनको खुद से अलग कर देती है। वह बिना कुछ बोले अन्दर-ही-अन्दर रेत की दीवार की तरह ढहने लगती है। ग्वालियर में डाँट-फटकार से जी का बोझ हल्का कर लेती थी, लेकिन अब उनके मिजाज में नयी तब्दीली हुई है। अब उन्हें जब कोई बात बुरी लगती है तो होठ खामोश रहते हैं और चेहरा जर्द पड़ जाता है और इस हालत में कुछ देर रहने के बाद बीमार पड़ जाती है। यह बीमारी भी अजीब होती है। खाना-पीना छूट जाता है। थोड़ी-थोड़ी देर में सिर्फ पानी से सूखते हुए गले को तर किया जाता है। कमजोरी बढ़ती है, उठना बैठना मुश्किल हो जाता है। बड़ी बहन ऐसी हालत में इलाज के तौर पर कुरान के पृष्ठों पर बार-बार हवा करती है। थोड़ी देर बाद उनकी आँखें खुलती हैं। इधर-उधर देखकर वह उठती हैं और वुज़ू करने के लिए नल तक जाते-जाते चकराकर फर्श पर सिर के बल गिर जाती हैं। बहन दौड़कर उन्हें उठाती है। वह गिरते ही बेहोश हो जाती है। छोटे बहन-भाई रोना शुरू कर देते हैं। उनके सिर से खून निकल रहा है। उन्हें उठाकर बिस्तर पर लिटा दिया जाता है। बर्फ का एक बड़ा-सा टुकड़ा कपड़े में रखकर जख्म पर रखा जाता है। बड़ी बहन आँखों में आँसू भर विदा बरस रही है।

"तू इनको मारकर ही दम लेगा। तेरी ही हरकतों ने इनको इस हालत तक पहुँचाया है। परदेस में इनके सिवा हमें कौन पूछनेवाला है। खुदा न करे, इन्हें कुछ हो गया तो हम कहाँ जाएँगे! बाप को अपनी रंगीनियों से फुर्सत नहीं है और···" बोलते हुए उसकी आवाज डूबने लगती है और आँखों से आँसू बहने शुरू हो जाते हैं।

निदा सहमा हुआ शाम के धुंधलकों में कभी बहन के आँसू देखता है, कभी बेहोश माँ की साड़ी पर खून के धब्बे देखता है; और इसी हालत में बिना कुछ खाये-पिये जहाँ बैठा है वहीं सो जाता है। नींद में ग्वालियर के घर के रोशनदान में कई नस्लों से बसे जंगली कबूतरों के बिना परों के नये बच्चों को फर्श से एक बिल्ली ताकती है। कबूतरों के लाल दीदे और बिल्ली की अँधेरे में टार्च के बल्बों-जैसी चमकती आँखें एक-दूसरे से टकरा रही हैं। रोशनी से रोशनी उलझकर एक अजीब रंग की रोशन लकीर बना रही हैं। इस रोशन लकीर में से, बिना जिस्म के दो हाथ बाहर निकलते हैं। साँप की तरह रेंगते हुए वह दोनों कटे हुए हाथ आगे बढ़ते हैं। एक शिव मूर्ति के पास खड़े हो जाता है और नृत्य करने लगता है और दूसरा खाली मसजिद के वुज़ू के हौज में उतर जाता है। ठहरे हुए पानी में हलचल होती है और कतार में रखे हुए वुज़ू के लौटे आप ही आप चटख-कर टूट रहे हैं।

काली बिल्ली का मुंह खून से सुर्ख है। वह बिना परों के कबूतर के बच्चे को

दाँतों में दबाये इधर-उधर घूम रही है। दोनों बड़े कबूतर बेबसी से उसके आगे पीछे-पीछे चक्कर लगाते है। बिल्ली जहाँ-जहाँ से गुजरती है फर्श पर खून की बूंदें टपकती जाती हैं। मुहम्मद अली का खून, माँ के सिर का खून, गांधी की तसवीर से झाँकता खून, छुट्टू की खांसी का खून, कुर्बानी के बकरों का खून। एक खून कई सूरतों में उभर रहा है। एक के बाद एक चेहरा, सारे चेहरे निदा को घेरे में लिये हुए हैं। बाहर निकलने का कोई रास्ता नजर नहीं आता। खौफ ने गले में आवाज को बे-आवाज कर दिया है। वह चीखता है। मगर बेकार। अचानक वह नींद से चौंककर उठता है। सारे घरवाले सोये हुए हैं। माँ के सिर पर पट्टी बँधी है। पट्टी बीच में खून से लाल है। हर तरफ गहरा सन्नाटा है। वह जागकर फिर दोबारा सोने की कोशिश करता है। लेकिन नींद नहीं आती। उसका सिर चकरा रहा है। वह इस वक्त अपने-आपको बहुत अकेला महसूस करता है। रात के ढाई बज रहे हैं। वह आहिस्ता से कुंडी खोलता है और बिना किसी से कुछ कहे-सुने बाहर निकल जाता है। सर्दी की सुनसान रात है। वह खामोश रास्तों से गुजरता हुआ सीधे रेलवे स्टेशन पहुंच जाता है।

वह पहली बार अकेला सफर कर रहा है। बिना टिकट, बिल्ली के मुँह से कबूतर को छुड़ाने के लिए। रेल की खिड़की से गुजरते हुए हर मंजर के साथ थोड़ा-थोड़ा बड़ा होता जा रहा है। सर्दी से बदन ठंडा हो रहा है जिसे गर्म करने के लिए जैसे ही गाड़ी किसी प्लेटफार्म पर रुकती है वह उछलकर नीचे उतर जाता है। इधर-उधर हैरत से देखता है। करीब बैठी हुई एक बुढ़िया हनुमान चालीसा पढ़ते हुए मुस्कराती उसके सिर पर हाथ फेरती है। उसकी अजनबी मुस्कराहट में अपनाइयत है, जैसे वह बरसों से एक-दूसरे को जानते हों।

"रात बहुत सर्दी थी, मैंने ही अपना कम्बल तुम्हें ओढ़ा दिया। कहाँ जा रहे हो ?"

"ग्वालियर, अपने घर।"

"अकेले हो, कोई साथ नहीं है ?"

"जी नहीं···मुझे रास्ता मालूम है।"

"कोई बात नहीं," वह कहती है ···'स्टेशन तक कम्बल ओढ़े रहो।'

वह फिर से अपने अध्ययन में खो जाती है। स्टेशन पर निदा उतरता है। जाने-पहचाने स्टेशन ने उसकी तनहाई को कम कर दिया है। वह खुद को ज्यादा सुरक्षित महसूस करता है। गाड़ी चलने तक वह प्लेटफार्म पर ही रहता है। गाड़ी के चलते ही वह बुढ़िया की तरफ हाथ हिलाता है। मुसकराते हुए वह भी जवाब में हाथ हिलाती है। वह बुढ़िया कौन है निदा नहीं जानता। शायद वह भी अगले स्टेशन तक उसे भूल जाएगी। लेकिन चन्द लम्हों में बनते-बिगड़ते रिश्ते की महक बहुत देर तक उसके साथ रहती है।

दिसम्बर की सर्द रात। सड़कों के आवारा कुत्ते होटलों की बुझी हुई भट्ठियों के गिर्द सिमटे सिकुड़े बैठे हैं। सर्दी ने उनकी आवाजों को भी ठण्डा कर दिया है। जब कोई पास से गुजरता है तो वह गर्दन घुमाकर देखते हैं और बिना किसी विद्रोह के दोबारा गर्दन को पेट के करीब कर लेते हैं। स्टेशन के लाल वर्दियों के कुली बीच रास्ते पर फटे पुराने कागज, सूखे पत्ते और टहनियों को जमा करके आग रोशन करते हैं और आग पर हाथ गर्म करके चेहरों पर लगाते हैं। आग की लपटें जब कम होती हैं तो वह गन्दी गलियों से ठण्डे होते हुए जिस्मों में हरारत जगाते हैं।

निदा पुल पार करके शहर की तरफ मुड़ जाता है। उसके दायीं ओर फूल बाग है। बायीं ओर सीधे रास्ते पर ख्वाजा खानून की दरगाह है। वह दरगाह को दूर से खामोशी से सलाम करता है। दरगाह की जाली में बंधे नीले-पीले डोरे उसकी आंखों के सामने फैलने लगते हैं। इनमें हर डोरा किसी-न-किसी मन्नत का प्रतीक है। इन्हीं में एक डोरा छुट्टू की माँ का भी होगा जो उसने अपने लड़के की तन्दुरुस्ती और उसके वापस ग्वालियर लौट आने के लिए बाँधा होगा। लेकिन भोपाल के सरकारी हास्पिटल की रिपोर्ट ने उसके मर्ज को लाइलाज बताया है। वह टीबी के आखिरी स्टेज में मौत और जिन्दगी की कशमकश से गुजर रहा है। इसकी सूचना शायद उसकी माँ को अभी तक नहीं है। जमील फातिमा छुट्टू की देखभाल के साथ उसकी माँ को भी मुसलसल ढाढ़स बँधाने की पूजा में व्यस्त हैं। छुट्टू की माँ अपने छोटे लड़के के साथ यहीं है। छोटा लड़का भी दरजी की दूकान पर काम सीख रहा है। फूलबाग की मसजिद के मीनार पर बल्ब रोशन है। मसजिद के आगे ऊँचे-ऊँचे सरियोंवाला एक गहरा चौकोर गार है। इसमें एक जालीदार कटरे के पीछे जंगल का राजा कैद है। हर रविवार को इस गार में एक जिन्दा बछड़ा उतारा जाता है और शेर की खिड़की खोल दी जाती है। राजा अपनी प्रजा के साथ जंगल के राजा और उसके शिकार की इस भागदौड़ का नजारा करता है। बछड़ा अपनी जान बचाने के लिए इधर-उधर डरकर भागता है और जब थक जाता है तो शेर के पंजों के नीचे आकर तमाशाइयों की तालियों में साँस छोड़ देता है। शेर अपनी मूँछों पर लगे खून को जुबान से चाटता हुआ शाहाना अन्दाज में शिकार से दूर बैठ जाता है। ग्वालियर के जागते मंजरों ने निदा को पहचान लिया है। छोटे-बड़े पेड़, बिजली के तारों में अटकी पतंगें सड़कों पर चौकीदारों की तरह घूमते हुए नन्दी बैल, होटलों के तख्तों पर थकन उतारती जगारें, ताँगों में जुते घोड़ों की घंटियाँ। यह सब जैसे वह इन्हें छोड़कर गया था अब तक वैसे ही हैं। इतने दिनों के बाद भी यह उसे भूले नहीं। यह सब अपनी-अपनी जुबान में इससे बातें करते हैं। इनमें कुछ निदा के हम उम्र हैं और कुछ बुजुर्ग। जैसे सफेद गुलाबी रंग का बैल या पुराने महल के सामने रखी जंग

लगी तोप। उसे इस समय घर से बाहर देखकर यह दोनों हैरत-भरी नाराजगी का प्रदर्शन करते हैं। इन्हें माँ की इजाजत के बगैर इसका अकेला यहाँ आना मुनासिब नहीं लगता। निदा शर्मिन्दा होकर अपनी गलती पर पछताता है। माँ का उदास चेहरा उसकी आँखों में भीगने लगता है। चलते-चलते उसके पाँव अचानक थम जाते हैं और वह पास की एक पत्थर की बेंच पर बैठ जाता है। चारों तरफ खामोशी है। इक्का-दुक्का साइकिल या ताँगों के गुजरने की आवाजों से खामोशी किसी बूढ़े आदमी की तरह थोड़ा-सा खाँसती है और फिर चुप हो जाती है। पहाड़ी के पीछे से दिन का सूरज निकलकर बाहर आ रहा है। माँ की सिर की पट्टी पर जमे खून की तरह गुलाबी सूरज धीमे-धीमे पत्थरों पर बिखर रहा है। इस पहाड़ी पर एक दरवेश छिंगे शाह का मजार है। उनके हाथ की छठी अँगुली ने उन्हें इस नाम से मशहूर किया है। रात के वक्त उनके शरीर का हर अंग, शरीर से अलग होकर, अलग-अलग इबादत करता था और सुबह होते ही वह फिर दोबारा एक-दूसरे से जुड़कर जिस्म बन जाता था। वह दूसरे विश्वयुद्ध में सिपाही थे। जंग से लौटने के बाद कुछ दिन माँ की कब्र पर डेरा डाला, फिर इधर पहाड़ी की तरफ चले आये। जब देखो पहाड़ पर नंगे पाँव भागते नजर आते और आसमान की तरफ मुँह करके गालियाँ बकते। जिस दिन से लौटे आबादी में नहीं गये। माँ की कब्र से सीधे पहाड़ पर आ गये। हाथ की लकड़ी को बन्दूक बनाकर यूँ ही निशाना साधते और कहकहे लगाते।

एक दिन रियासत का कोई बड़ा जागीरदार इधर से गुजरता है। यह उसे देखकर अपनी रौ में उसे आवाज लगाते हैं। वह जागीरार अपनी शान में सुनी-अनसुनी करके आगे बढ़ जाता है। दरवेश को गुस्सा आ जाता है। वह तो खैरियत गुजरी, साथ में उसकी पत्नी थी, उसके हार में फिरोजे का नग इस सारे गुस्से को अपने ऊपर ले लेता है। फिरोजे पर एक सीधा बल पड़ जाता है। दरबार के ज्योतिषी नग के ऊपर आये इस बल को बदशगुनी बताते हैं और होता भी यही है। एक दिन सवेरे स्नान करते हुए तालाब की सीढ़ी से उसका पाँव फिसलता है और देखते-देखते रानी और उसके पेट में होनेवाले जानशीन दोनों विदा हो जाते हैं। दरबार में अँधेरा छा जाता है। बढ़ती हुई उम्र कई जवान और नौजवान औरतों से जवानी उधार लेकर भी जब इस नुकसान को पूरा करने में नाकाम रहती है तो फिक्र बढ़ती है। कई वैद्य-हकीम, सोने-चाँदी और कीमती जवाहरात को नुस्खों में तब्दील करके दौलत और वक्त की लड़ाई में जागीरदार से वफादारी निभाते हैं लेकिन मैदान वक्त के हाथ ही रहता है। मायूस होकर वह एक दिन पहाड़ी पर आता है और दरवेश की गालियों को वरदान के रूप में अपने साथ ले जाता है। यह गालियाँ नयी पत्नी की कोख से जानशीन के रूप में जन्म लेती हैं। दरवेश के मजार का तामझाम इन्हीं गालियों की बरकत की देन है। गालियों की

रिवायत का सिलसिला तब से अब तक जारी है। इस मजार पर कोई-न-कोई फकीर हमेशा तकिया जमाये रहता है और अकीदतमन्दों के अभावों को गालियों से फायदा पहुँचाता है। अफीम गाँजा पीना इन फकीरों की आध्यात्मिक लटक है, जिस पर न समाज की पाबन्दी है न कानून का दबाव।

मुर्तुजा हसन के दफ्तर खुलने में भी अभी देर है। निदा का पेट उसकी जेब की तरह खाली है। वह इधर-उधर भटकता हुआ स्कूल के रास्तेवाले शिव मन्दिर के सामने खड़ा है। मन्दिर के चारों तरफ अब लोहे का कटघरा लगा हुआ है। कटघरे के अन्दर पक्का फर्श और फर्श पर सीढ़ियाँ भी नयी तब्दीलियाँ हैं। सामने भिखारियों की कतार है। ये भी नया दृश्य है। लम्बे-लम्बे बाल और सफेद दाढ़ीवाले पुजारी की जगह अब कोई दूसरा मूर्ति के पास बैठा है। हाथ में मोरपंख लिये सिर झुकाये···मूर्ति वही है पुजारी बदल गया है। आदमी गोश्त पोस्त का होता है और मूर्ति पत्थर या धातु की। दोनों की उम्र भी इसी लिहाज से कम-ज्यादा है। भगवान की बनायी हुई मूर्ति से आदमी की गढ़ी हुई रचना ज्यादा मजबूत होती है। नया पुजारी आरती करने के बाद निदा पर एक नजर डालता है और फिर अपनी जगह बैठकर मन्दिर में आनेवालों के चढ़ावों में व्यस्त हो जाता है। उसके पास दो बड़े कनस्तर रखे हुए हैं। एक मिठाई के लिए, दूसरा पैसों के लिए। मिठाई और पूरियों की सुगन्ध हवाओं में बसी है। भिखारियों में सुगन्ध उनकी आवाजों को तेज करने का काम करती है। बार-बार घंटियाँ बजती हैं। पुजारी निदा को देखकर भी उसे नहीं देखता। उसे उसका यह रवैया अजीब लगता है। वह आगे बढ़कर पूछता है—

"वह जो यहाँ के पहले बाबा हैं कब आएँगे ?"

"वह अब यहाँ नहीं आएँगे।"

"क्यों ?"—निदा हैरत से पूछता है।

"उनको शिवजी ने अपने पास बुला लिया है।"

लेकिन शिवजी के पास तो···"

वह पुजारी की तरफ देखते हुए जुमले को अधूरा छोड़कर पूछता है—

"वह कहाँ मिलेंगे ?"

"उनका देहान्त हो गया है," वह मुस्कराते हुए जवाब देता है।

निदा कुछ देर वहीं खड़ा शिव की मूर्ति देखता है और फिर बेध्यानी में आगे बढ़ जाता है। पुराने पुजारी शायद भूल गये थे। उन्होंने नये पुजारी को निदा के बारे में कुछ भी नहीं बताया था।

निदा उन सारे फूलों को अपने जेहन में हिसाब लगाता है जो विभाजन ने उससे छीन लिये हैं। वह साल के 365 दिनों को तीन से गुणा देता है और गुजरे हुए वक्त को ढेर-सारे खोये हुए गुलाबों में परिवर्तित कर देता है। इतने बड़े

नुक़सान से वह उदास है। गुलाब और जख्म कितने मिलते-जुलते हैं। खून और गुलाब का रंग एक-सा है। वक्त और इन्सान के बीच गुलाब का होना कितना जरूरी है। उसका जेहन उलझते हुए रेशम की तरह उलझता जाता है। इस उलझाव में उसे शहर कुछ बदला हुआ-सा महसूस होता है। पुराने रास्तों ने नये नाम अपना लिये हैं। कई खाली मैदानों को दीवारों और दरवाज़ों ने विभाजित कर दिया है। ग्वालियर का रियासती राज खत्म हो चुका है। ग्वालियर, भोपाल इन्दौर कई छोटी-बड़ी रियासतों को एक-दूसरे से मिलाकर मध्य भारत बन चुका है। लेकिन जीवाजी चौक पर माधव राव काले सीसे की प्रतिमा के रूप में उस तरह तलवार हाथ में लिये, मुँहजोर घोड़े के मुँह में लगाम दिये खड़े हैं। इतना जरूर हुआ है, घोड़े के खुले मुंह की खाली जगह में एक जंगली चिड़िया ने घोंसला बनाकर अपनी नस्ल बढ़ाना शुरू कर दिया है। चिड़िया अण्डों पर बैठती है और चिड़ा नीचे से दाना दुनका चोंच में भरकर उसे खिलाता है। चिड़ा सीधा मुंह में बने घोंसले में जाने के बजाय अपनी उड़ान का पहला मुकाम तलवार के कब्जे को बनाता है और फिर वह दम लेकर घोंसले में प्रवेश करता है। पहले इस प्रतिमा की दो बार धुलाई होती थी, हर हफ्ते राजा यहाँ आता था। सुना है राजा की प्रतिमा के स्थान पर अब यहाँ कोई दूसरी प्रतिमा लगनेवाली है। किसी नेता की प्रतिमा। इसकी तैयारी में कई मजदूर लगे हैं। एक बुत की जगह दूसरा बुत।···

सामने पीपल के नीचे बैठा हुआ फकीर एल्यूमिनियम का एक टेढ़ा-मेढ़ा कटोरा हाथ में पहने कड़े से बजाकर लोगों को आकर्षित कर रहा है। पहले वह सिन्धिया का प्रशंसक था और अब कांग्रेस सरकार का दुआगो है। कड़े से बजता हुआ कटोरा इस बाजार की पुरानी पहचान है।

अपने आफिस से निकलते समय मुर्तुजा हसन बेध्यानी में जीने से फिसल जाते हैं। पिंडली की हड्डी टूट गयी है। वह हॉस्पिटल के प्राइवेट वार्ड में दाखिल हैं। उनकी देखभाल जेबन कर रही है। उसके दो भाई और घर के दूसरे सदस्य भी साथ हैं। इनके अलावा ऑफिस के क्लर्क और चपरासी हैं जो दिन-भर सेवा में लगे रहते हैं। रेलवे के छोटे-बड़े ठेकेदार नये-नये तोहफों के जरिये ताल्लुकात को मजबूत करते हैं। रेलवे के बड़े अफसर को सब अपनी-अपनी तरह से खुश करने

में लगे हुए हैं। बीमारी से ज्यादा यहाँ पिकनिक का माहौल है। जब देखो महफिल जमी है। गजल, संगीत, कहकहों से फिजाँ रंगीन है। रोज के आनेवालों में बेतकल्लुफ यार-दोस्तों के साथ, शहर की मशहूर गानेवालियाँ भी हैं। मुर्तुजा हसन की नयी गजलें (जिनमें 'दाग़' की शोखियाँ ज्यादा बेहिसाब हैं) और जेबन और दूसरी गायिकाओं की सुरीली आवाज़ें हर वक्त गूंजती हैं। जाम छलकते हैं। साज खनकते हैं। मरीज के जल्द अच्छा होने के लिए रिश्वत की आमदनी से दरगाहों पर चादरें चढ़ाई जाती हैं।

जमील फातिमा को इस हादसे की इत्तिला नहीं है। तीन महीने में प्लास्टर खुलता है और वह पहले से ज्यादा स्वस्थ होकर पुराने घर में शिफ्ट हो जाते हैं। नये सामान से पुराने घर को सजा दिया गया है। दीवारों और मेहराबों पर बलवाइयों के हाथों से लगे जख्मों को ऑफिस के मजदूरों ने भर दिया है। जेबन और उसके घरवाले पूरी तरह मुर्तुजा हसन के घर पर कब्जा जमाये हुए हैं। निदा भी इन्हीं के साथ है। उसे यहाँ ज्यादा आजादियाँ हासिल हैं जिन्हें वह अपने तौर पर इस्तेमाल करता है। भरी हुई जेब शहर के अनजाने इलाकों की तलाश में खोयी हुई है। शाम को स्कूल के दोस्त बीर कुमार के साथ किसी शराबखाने में शराब पीने की मश्क करना और दिन-भर साइकिलों पर इधर-उधर आवारगी करना रोज का प्रोग्राम है! बीर कुमार अपने बड़े भाई के साथ रहता है। उसका मँझला भाई बाप की छोड़ी हुई जायदाद से अपना हिस्सा लेकर अलग हो गया है। लेकिन बीर कुमार, जो भाइयों में सबसे छोटा है, अपने बड़े भाई और भाभी से ज्यादा निकट है। इन दोनों के प्यार-भरे बरताव ने खानदानी दौलत को और ज्यादा विभाजित होने से बचा लिया है। निदा की तरह उस पर भी कोई रोक-टोक नहीं है। शराब के साथ जुआ और जुए के साथ और भी बहुत-कुछ तक रसाइ हो चुकी है। बहुत-कुछ के इस रास्ते में एक मोहल्ले की तंग गली के नुक्कड़ पर बना एक बड़े से आँगन का कच्चा मकान भी है। इस मकान में तीन सदस्य हैं—एक बड़ा भाई, एक बेवा माँ और इन दोनों के बीच में भरते जिस्म और खुलते रंग की हाजिरा है। बड़ा भाई सवेरे ठीक दस बजे अपने काम पर निकल जाता है और दस बजकर एक मिनट पर ये दोनों उसके दरवाजे पर होते हैं। पहले माँ दरवाजा खोलती थी अब लड़की कुंडी बजाने के अन्दाज को पहचान गयी है। अब वह ही दरवाजा खोलती है और मुस्कराते हुए दड़बे से चार अंडे निकालकर ले आती है। इन अंडों के लेने और पैसे देने के बीच के समय में हाथ से हाथ की मुखतसिर-सी गुफ्तगू ही मुमकिन हो पाती है। इस गुफ्तगू को कभी माँ की खाँसी बीच में खत्म कर देती है, कभी किचन में जलती रोटी की बू रोक देती है। हर रोज बाहर आकर इन अंडों को बाहर नाली में फेंक दिया जाता है और मुखतसिर-सी गुफ्तगू के नये-नये अर्थ खोजे जाते हैं। हाथ से हाथ की इस खामोश बातचीत

को होठों के लफ्ज बनने तक कई दिन लग जाते हैं। छोटी बस्तियों में लड़के और लड़की के करीब होने की यही रफ्तार होती है। प्यार की इस सुस्त रफ्तार से तबीयत तो नहीं ऊबती, हाँ यह जरूर होता है कि दूरियों के नजदीकियाँ बनने की इस मुद्दत में प्यार करनेवालों के बीच मोहल्ले की कई और गलियाँ भी आ जाती हैं। हर गली का एक गैर-कानूनी रक्षक होता है जिसे आम ज़ुबान में दादा कहते हैं। वह कोई काम नहीं करता। उसके साथ हर वक्त उस-जैसी उम्र के कुछ लड़के होते हैं जो दूसरों पर उसका रोब जमाये रखते हैं।

हाजिरा शादी की उम्र में नयी-नयी दाखिल हुई है। उसकी चाल-ढाल की लचक और आवाज की खनक घर की दीवारों से छन कर बाहर निकलने लगी है। मोहल्ले के दादा की उस पर नजर है। लेकिन हाजिरा की तनहाइयों में पहले से ही अंडों की गोलाइयाँ आबाद हो चुकी है। हाजिरा एक दिन कई बार की वादाखिलाफी के बाद पिक्चर हाउस तक आती है। वह अपने साथ एक सहेली को भी लाती है। निदा और बीर कुमार के दर्मियान दोनों लड़कियाँ हैं और अँधेरे में स्क्रीन पर पिक्चर चल रही है। एक टाकीज में दो तस्वीरों के एक साथ चलने से आगे-पीछे की कुर्सियों में सरगोशियाँ होती हैं। लेकिन वह दोनों इर्द-गिर्द के माहौल से बेखबर सियासी नेताओं की तरह अपनी कुर्सियों तक सीमित हैं। बीर कुमार की पहले की जान-पहचान, जल्द ही अनौपचारिक होकर सिमटने-सिकुड़ने की सीमाओं को पार करने लगती है। लेकिन निदा अपने करीब बैठी हुई लड़की को सिर्फ अपने बाज़ू या कन्धे से ही देख पाता है। इससे आगे बढ़ने की उसमें न हिम्मत है और न उधर की इजाजत है। इंटरवल की रोशनी में बीर कुमार अपनी जगह पर नजर नहीं आता। उसे महसूस होता है कि सारे लोग उसे घूर-घूरकर देख रहे हैं। वह अपराधी की तरह सिर झुकाये हुए है। जब देखनेवालों की नजरें ज्यादा अखरती हैं तो वह बाहर जाने के लिए उठता है। लेकिन पास बैठी हुई लड़की उसकी कमीज पकड़कर बिठा देती है। वह धीमे-से कहती है—हाजिरा रो रही है। क्यों क्या हुआ ? निदा ताज्जुब से पूछता है। कहीं से पेन्सिल या और कुछ मिल जाए तो ले आओ···हाजिरा की शलवार का इजारबन्द टूट गया है। वह सरगोशी में बोलती है। पिक्चर शुरू होने के काफी देर बाद बीर कुमार फलांगता हुआ आता है और इसके थोड़ी ही देर बाद वह सब पिक्चर खत्म होने से पहले ही हाल से निकल जाते हैं।

लड़कियाँ ताँगे में बैठकर चली जाती हैं। लेकिन इन दोनों को चार-पाँच लड़के जो पहले से इनकी ताक में थे, घेर लेते हैं। इन लड़कों का नेता हाजिरा के मोहल्ले का दादा है। इस घेराव में निदा के सिर पर चोट आती है। इस मारपीट की रिपोर्ट पुलिस में दर्ज़ कराने के बजाय, सर्राफ़े के एक इलाके में जुए के अड्डे के मालिक मंजू के सामने पेश की जाती है। बीर कुमार का घर इसी इलाके में

है। वह यहाँ अक्सर किस्मत आजमाने आता है और पैसे गँवाता है। मंजू और उसके दोस्त कालू भंगी के बड़े लड़के मुट्टन की धाक पूरे शहर में है। मंजू मजबूत जिस्म का एक ऊँची जात का नौजवान है। कई धार्मिक और सामाजिक संस्थाओं को इसके अड्डे से पाबन्दी से चन्दा दिया जाता है। मंजू और मुट्टन बीर कुमार की शिकायत को अपने इलाके का अपमान समझते हैं। वह इसे अपने क्षेत्र के मान-सम्मान का प्रश्न बनाते हैं, और इस बेइज्जती का बदला लेना इलाके की साख के लिए जरूरी है। हाजिरा के मुहल्ले की नाकाबन्दी होती है। सोडावाटर की बोतलों और लकड़ियों से दोनों तरफ के कई लोग जख्मी होते हैं। पुलिस के आते-आते मंजू और मुट्टन अपने अड्डे पर पहुँचकर जीत का जश्न मनाते हैं। स्थानीय अखबार इसे हिन्दू-मुस्लिम दंगे का रूप देते हैं। शहर में तनाव की-सी फिजा है। पुलिस सरकारी खानापूरी करके दो-तीन लोगों को ले जाकर बन्द कर देती है। इनमें हाजिरा के भाई के साथ गली का दादा रशीद भी होता है।

कई दिनों तक उधर आना-जाना बन्द रहता है। जब बात ठंडी पड़ जाती है तो फिर से चक्कर शुरू होते हैं। कुछ दिनों के बाद एक रोज अचानक हाजिरा नजर आती है; लेकिन वह रशीद के साथ होती है। हाजिरा के भाई और रशीद की पुलिस लॉकअप में हुई मुलाकात साले-बहनोई के रिश्ते में बदल चुकी है। हाजिरा के अंडे अब नाली में नहीं फेंके जाते। वह अब इनका आमलेट बनाकर रशीद को खिलाती है। बीर कुमार हाजिरा की बेवफाई को भूलने के लिए ज्यादा जुवा खेलने लगा है। ज्यादा शराब पीने लगा है। जमील फातिमा भोपाल में अपने बच्चों का तालीमी भविष्य सँवारने में व्यस्त है। निदा के बारे में वह शुरू में जरूर परेशान होती है, लेकिन जब मुर्तुजा हसन के खत से उन्हें मालूम होता है कि उसका स्कूल में दाखिला करा दिया गया है तो वह मुतमइन हो जाती है। उन्हें इस बात की भी खुशी है कि निदा के वहाँ जाने से मुर्तुजा हसन की तनहाइयाँ गुम-राहियों से किसी हद तक दूर रहेंगी। हर दूसरे-तीसरे दिन उनके खत आते रहते हैं। हर खत में पढ़ने-लिखने पर ध्यान देने और अच्छी तरह से रहने की ताकीद होती है। विषय और अन्दाज हर खत का एक-सा ही होता है। ऊपर 786 लिखा होता है और नीचे तुम्हारी गमजदा माँ लिखा होता है।

"मैंने जिन्दगी में बहुत दुःख उठाये हैं। अब तुम खुदा के करम से बड़े हो गये हो। उम्मीद है। मेरे दुःख में और इजाफा नहीं करोगे और अपनी पढ़ाई-लिखाई पर ध्यान दोगे, देश की हालत तो खुदा के हाथ में है। उसके भेद वही जाने। मैं तो यह मानती हूँ कि वह रहीम है, करीम है। वह जो भी करता है अपने बन्दों की भलाई के लिए ही करता है। उसकी तरफ से कभी मायूस नहीं होना चाहिए। स्कूल से सीधे घर आया करो और अपने बाप का ख्याल रखा करो।" —ये खत आड़ी-तिरछी लिखाई में होते हैं। जिस कागज पर वह लिखती है

उसका पूरा उपयोग करती है। ऊपर-नीचे आगे-पीछे जहाँ भी जगह मिलती है उसे नसीहतों और दुआओं से भर देती है। सोने-जागने के वक्त से लेकर खाने-पीने के तौर-तरीके तक सब इसमें होते हैं। मुर्तुजा हसन की बीमारी को जान-बूझकर उनसे छिपाया गया है। निदा भी बाप के कहने पर यहाँ की कोई खबर उन तक नहीं पहुँचाता। इस राजदारी के सिलसिले में उसे जेबन और अपने पिता से कुछ-न-कुछ मिलता रहता है। उसके रात-दिन का खर्चा भी इसी हिसाब से बढ़ता जा रहा है।

जेबन अब सिन्धिया दरबार में नहीं है। हुकूमत बदलते ही दरबार के स्टाफ में जो भारी कमी आयी है, इसमें उसका नाम भी शामिल है। जेबन की उम्र अभी ज्यादा नहीं है। आँखों में शरारत और उठने-बैठने में नजाकत अभी बाकी है। लेकिन जब से उसकी भतीजियों ने कोठे पर गाना शुरू कर दिया उसे आईने से डर लगने लगा है। वह अब मुजरा नहीं करती। छोटी लड़कियों के साथ बैठकर गाना उसे पसन्द नहीं है। खाली फुरसतें दिन-ब-दिन चेहरे से आत्मविश्वास की चमक छीन रही हैं। वह वक्त से पहले अपने ही कोठे पर नायिका बनने के बजाय गृहस्थ बनकर जीना चाहती है। बच्चों की माँ बनना चाहती है। वह अपने और मुर्तुजा हसन के आजाद रिश्ते को कोई कानूनी शक्ल देने की फिक्र में है। मुर्तुजा हसन अजीब उलझन में हैं। जेबन की जिद बढ़ती जा रही है। वर्षों के सम्बन्धों ने दोनों को एक-दूसरे की जरूरत बना दिया है। लेकिन बड़े होते हुए बच्चों का ख्याल भी उनके जेहन में घर कर चुका है। वह जेबन की जिद को तरह-तरह से बहलाने की कोशिश करते हैं। लेकिन वह नारी हठ से हटने को तैयार नहीं है। जेबन मुर्तुजा हसन की खामोशी से डरी हुई है। दोनों में एक खामोश कशमकश जारी है।

उसके कोठे के अच्छे दिनों में कई आनेवालों में एक शख्स का नाम श्यामलाल पांडवी है। जिन दिनों की यह बात है उन दिनों वह कांग्रेस पार्टी के एक साधारण-से सदस्य थे। ब्रिटिश और रियासती राज दोनों से उनकी लड़ाई थी। अंग्रेजों ने देश पर कब्जा किया था और राजा इन लुटेरों का साथी था। अच्छे-खासे खानदान के सदस्य होते हुए फकीराना जीवन को अपनाये हुए थे। आजादी की लड़ाई और उसकी सजा में जेल जाने के बीच उनके पास जो भी वक्त होता तो वह उसमें हुस्न और संगीत की महफिल में चले आते। महफिल में उनके आने पर न किसी को कोई खुशी होती, न जाने पर कहीं से दोबारा आने का इशारा होता। यह दिल का सौदा था। कभी आग दोनों तरफ लगने के बजाय एक ही तरफ का रुख किये रहती है। श्यामलाल जी भी अपनी आग में खामोशी से जलते रहते हैं, और दूसरों के मजाक का निशाना बनते हैं। तवायफ का दिल मोहने के लिए जिन चीजों की जरूरत होती है वह भारत माता की मूर्ति पर चढ़ाई जा चुकी थी,

कभी पैसा कमाने की ओर ध्यान ही नहीं दिया।

वक्त अकसर राजा को रंक और रंक को राजा बनाने का खेल रचता रहता है। पहला इलेक्शन होता है तो सियासी वफादारों की सूची में इनका नाम भी नजर आता है। जनता के प्रतिनिधि के रूप में राज्यसभा में पहुंचते हैं और वहाँ से सीधे मन्त्रिमंडल में ले लिये जाते हैं। वह मन्त्री बन जाते हैं। छोटी रेलवे का डिपार्टमेंट जिससे मुर्तुजा हसन सम्बन्धित हैं, उन्हीं के तहत है। दोनों के बीच पहले ही से कोठे का मनमुटाव है, जिसके इजहार करने का अब मौका आया है। तीन महीने से वह मुर्तुजा हसन की एक जरूरी फाइल, जिसमें उनके प्रमोशन का एक केस है, अपनी मेज पर रखे हुए हैं। एक दस्तखत के लिए इतनी लम्बी मुद्दत नये अन्देशों को जन्म देती है। वह श्यामजी से राबिता कायम करने की कोशिश करते हैं लेकिन हर बार नाकाम होकर लौटते हैं। जेबन को जब मुर्तुजा हसन की परेशानी का इल्म होता है तो वह एक दिन बिना कहे वजीर के विजारत के खाने तक पहुंच जाती है। मिलनेवालों की लम्बी कतार में से पहले उसे ही अन्दर बुलाया जाता है। पुराने दिनों की आग खामोश शिकवा-शिकायत से गुजरकर दस्तखत में बदल जाती है। मुर्तुजा हसन की तरक्की हो जाती है। लेकिन वह दस्तखत उस दिन से उनके और जेबन के रिश्ते में हाइल होकर बरसों की नजदीकियों में दूरियां पैदा करने लगा है।

निदा ने ग्वालियर के वीसी हाईस्कूल से मैट्रिक बोर्ड का इम्तहान दिया है। रिजल्ट आने में अभी देर है। कामयाबी की उम्मीद अपनी जात से कम अल्लाह की जात से ज्यादा है। इम्तहान से चंद रोज पहले ही माँ की मुसलसल नाराजगी की वजह से, किताबों से परिचय हुआ था। लेकिन किताबें कई महीने की बेरुखी से खफा हैं। वह आसानी से हमकलाम नहीं होतीं। हर साल परीक्षा से एक-दो महीने पहले स्कूलों के पुराने उस्ताद हर विषय पर इम्पॉर्टेंट प्रश्नों के कई परचे तैयार करते हैं और उनके उत्तर छोटी किताबों के रूप में प्रकाशित करके पैसा कमाते हैं। अपनी नाराज किताबों को सलीके से मनाने के बजाय निदा भी इसी किस्म की कुंजियों से परीक्षा के ताले खोलने की कोशिश करता है। एक पेपर और दूसरे के बीच दो-तीन दिन का गैप होता है। रात-रात भर जागकर बिना सोचे-समझे चुने हुए प्रश्नों के जवाब हर्फ-ब-हर्फ रट लिये जाते हैं। और वैसे ही

प्रकाशन की गलतियों के साथ सही-सही इम्तहान की कॉपियों पर उतार दिये जाते हैं। इम्तहान की सुबह माँ एक कटोरी दही खिलाती है और मुहल्ले के ताजिये से उतारा हुआ कलावा गले में डालकर खुदा की अमान में रुखसत करके मुतमइन हो जाती है। वह अपनी हर कठिनाई को खुदा को सौंपने की आदी है। खुदा से उनके सम्बन्ध उनकी रात-दिन की नमाजों की वजह से कुछ ज्यादा ही अच्छे हैं। वह कहती है—दिन के चौबीस घंटों में एक पल ऐसा भी आता है जब खुदा दूसरे कामों से आजाद होकर दुआ का द्वार खोलता है और उस वक्त मानवीय मुरादें और आरजुएँ ईश्वर की निकटता प्राप्त करती हैं। इस नेक पल में माँगनेवाला जो भी माँगता है वह उसे मिल जाता है। जमील फातिमा चौबीस घंटों में उस एक पल (जिसका कोई समय निर्धारित नहीं है) की तलाश में कई दिनों तक सोने और जागने के फर्क को भूले रहती है। यह सिलसिला परीक्षा के बाद से शुरू होता है और रिजल्ट तक लगातार जारी रहता है। बड़ी मुश्किल से वह लम्हा आता है और वह अपने खुदा से जिद करके अखबार में सफल उम्मीदवारों की फेहरिस्त में निदा का रोल नम्बर भी शामिल करवा देती है। इस फेहरिस्त में शायद नम्बर काफी देर में शामिल होता। फर्स्ट क्लास और सेकेंड क्लास के कॉलम भर चुके होते हैं। थर्ड डिवीजन में जहाँ जगह मिलती है वहीं उसका नम्बर लगा दिया जाता है!

पढ़ाई-लिखाई से निदा का अलगाव और बाहर की मुसलसल आवारगियों ने उन्हें ज्यादा फिक्रमंद कर दिया है। दूसरे बच्चे सीधे रास्ते में आहिस्ता-आहिस्ता उनके प्रोग्राम के मुताबिक कामयाबियों की तरफ बढ़े जा रहे हैं, लेकिन निदा का दुःख उनकी हर खुशी को बेसुकून किये हुए है। इन बेसुकूनी ने उनकी इबादत में तेजी पैदा कर दी है। नतीजे का अखबार मुंह-अंधेरे बड़ा भाई बाहर से लाता है और निदा के रोल नम्बर पर निशान लगाकर जानमाज पर तस्बीह पढ़ती हुई जमील फातिमा के आगे रख देता है। वह अखबार देखती है और फौरन सिजदे में गिरकर रोना शुरू कर देती है। वह खुदा के हर एहसान का कर्जा आँसुओं की सूरत में चुकाती है और हर खुशी को आँसुओं से पाक साफ करके ही कबूल करती है। सिजदे से उठकर वह निदा को खींचकर लिपटा लेती है और देर तक कुरान की आयतें उस पर दम करती रहती है! निदा की आवारगियों के लिए वह उसे अपराधी ठहराने के बजाय खुद को दोषी समझती है और उन्हें खुदा के साथ अपनी गलतियों की सजा मानती है। विक्टोरिया कॉलेज में फर्स्ट इयर साइन्स में निदा का दाखिला होता है। साइन्स का चयन जमील फातिमा का है। वह निदा के लिए डॉक्टरी का ख्वाब महफूज किये हुए है। उनको हर काम का प्लान पहले से बना होता है। हर बच्चे की तालीम कैसी होगी, पेशा क्या होगा यह सब पहले से तय है। यह और बात है कि उनके मनसूबों में, कुदरत

हस्तक्षेप करके उनके सपनों को तोड़ता रहता है। लेकिन यह हस्तक्षेप कुदरत और उनके सम्बन्ध को कमजोर नहीं करता बल्कि पहले से ज्यादा मजबूत बना देता है। दु:ख हो या सुख, दोनों उसके वजूद के सबूत हैं। दु:ख देकर वह खुशी के ख्वाब दिखाता है और खुशी देकर वह आने वाले गम से डराता है।

साइन्स में निदा का दाखिला उसकी मरजी के खिलाफ होता है। बाप की शायरी के जर्म्स इसमें जाहिर होने लगे हैं, जिसका प्रमाण दो साल बाद एफ० एस-सी० के नतीजे की सूरत में जाहिर होता है। मास्टर रियाज चलते-फिरते जहाँ मिल जाते हैं, यह उनके साथ हो लेता है। यह चलते-चलते शेर सुनाता रहता है, वह चलते-चलते इस्लाह करते रहते हैं और इस तरह उसकी डायरी के कई पृष्ठ काले हो चुके हैं। गोष्ठियों में शामिल होना पाबन्दी से जारी है। दो साल इस तरह बरबाद करने के बाद मजबूरन साइन्स को छोड़कर आर्ट्स ले लिया जाता है। कॉलेज का नाम इस दौरान विक्टोरिया से महारानी लक्ष्मीबाई हो जाता है। पहले अँग्रेज मलिका के नाम पर था और अब झाँसी की रानी के नाम से जुड़ा हुआ है। अवाम नामों की इस तब्दीली को आजादी की नेमत समझते हैं मध्य भारत बनने के बाद कॉलेज आगरा से टूटकर विक्रम विश्वविद्यालय उज्जैन से जुड़ गया है। आजादी ने इमारतों के नाम और तालीमी संस्थाओं के रिश्ते ही नहीं बदले जुबानों को भी नये मजहब अदा किये हैं। फोर्ट विलियन कॉलेज से भाषाओं के विभाजन की जो सियासत शुरू हुई थी उसे आजाद भारत की पहली लोकसभा में राजेन्द्र प्रसाद ने अपने वोट से हमेशा के लिए विधान का हिस्सा बना दिया। गांधी की हिन्दुस्तानी को दो भाषाओं में तकसीम करके उर्दू को जबरदस्ती मुसलमान, और हिन्दी को हिन्दू बना दिया जाता है। महारानी लक्ष्मीबाई कॉलेज में उर्दू एक मजमून की सूरत में जरूर है, लेकिन पूरे उर्दू विभाग में सिर्फ एक ही उस्ताद से काम चलाया जा रहा है। और वह भी विद्यार्थियों से ज्यादा कॉलेज में उर्दू पढ़नेवालों की तादाद पर ध्यान देते हैं। उर्दू पढ़ने वालों की कमी हर साल उर्दू के उस्ताद की रोटी-रोजी के लिए खतरा बनी रहती है। वह ऐडमीशन के दिनों में खुद घर-घर जाकर उर्दू और इस्लाम के पुराने रिश्ते की जरूरत को दोहराते हैं और इस तरह लड़कों के माता-पिता को सीधे रास्ते पर लगाते हैं। वह ऐसे ही विद्यार्थियों की तादाद बढ़ाते हैं। कॉलेज में कोर्स की किताबें मँगवाने और उन्हें जैसे-तैसे पढ़ाने के साथ यह मेहनत भी उनकी जिम्मेदारियों में शामिल है। कानूनन हर क्लास में पाँच विद्यार्थियों का होना जरूरी है। उर्दू के उस्ताद आमतौर से शायर या आलोचक होते हैं। जैसे कव्वाल गाते-गाते स्वयं शायर बन जाता है इसी तरह उर्दू का उस्ताद भी होता है। रजी साहब को भी शायरी का शौक है और वह भी शायरों को पुरानी रियायत के मुताबिक शहर में किसी दूसरे को अपना हमपल्ला नहीं समझते। कोर्स

में शामिल शायरों को पढ़ाने में अपने शेर भी बीच-बीच में टाँकते हैं और अपना नाम लेकर सुनाते जाते हैं। अपना नाम लेते वक्त अपने मरतबे और मुकाम का खास ख्याल रखते हैं। गालिब और मीर के शेर समझाते हुए गालिब कहता है कि ···मीर कहता है कि···लेकिन जब किसी दलील के सबूत में अपना शेर दोहराते हैं तो शेर से पहले 'जनाब रजी फरमाते हैं' जरूर कहते हैं। मीर, गालिब के शेर खामोशी से सुन लिए जाते हैं लेकिन जब खुद उनके शेरों के साथ भी यही संजीदगी बरती जाती है तो वह इसे गैरसंजीदगी समझकर डाँटना शुरू कर देते हैं। 'तुम लोगों का पढ़ाई में ध्यान नहीं है। माँ-बाप के पैसे और अपना वक्त यूँ ही बरबाद कर रहे हो।' लड़के जब इस डाँट-फटकार से शर्मिन्दा होकर उनकी तरफ खामोश होकर देखते हैं तो वह गद्य में कही हुई बातों को दोबारा किसी शेर की सूरत में बयान करते हैं। जैसे—

इल्म दुनिया में खुदा की देन है इस्लाम को
इल्म से रोशन करो यारो खुदा के नाम को

यह और बात है कि नसीहतों भरे ये शेर भी उन्हीं के होते हैं। वह बार-बार के सुनाये हुए शेर जब भी पढ़ाई के दौरान सुनाते हैं तो अदायगी में चेहरे के उतार-चढ़ाव इस तरह शामिल कर लेते हैं कि पुराने शेर भी नये महसूस होते हैं। यह जिस मेहनत से कहते हैं उसी मेहनत से सुनाते भी हैं। वह इन शेरों को सुनाते समय लड़कों को श्रोता और खुद को मंच पर खड़ा कर लेते हैं।

रजी साहब, जिनका पूरा नाम रजीउद्दीन है, बदायूँ के रहने वाले हैं। उर्दू परीक्षाएँ प्राइवेट पास करके लेक्चरर हुए हैं। लिबास को वह समाजी जरूरत के तौर पर इस्तेमाल करते हैं। एक शेरवानी है जिसका असली रंग कई आते-जाते मौसमों के पर्दों में महीनों से एकराज है। इस वक्त वह ऐसे रंग की है जिसे कोई नाम आसानी से नहीं दिया जा सकता। यह राजदार शेरवानी उनके हर राज को जाहिर करती रहती है। इस पर रोज बनते-बिगड़ते निशान उनके खाने-पीने की सूचना दूसरों को देते रहते हैं। निदा उन्हीं निशानात के जरिये उनसे दो-बार शर्त जीत चुका है और इस जीत के बदले में पूरी क्लास उनसे दही-जलेबी खा चुकी है। कॉलिज आते वक्त वह किस दिन किस दूकान से क्या खाकर जाते हैं, इसकी इत्तिला देने में उनका अलीगढ़काट पाजामा भी शेरवानी का मुसलसल साथ निभाता है।

रजी साहब ग्वालियर में अकेले हैं। बीवी अल्लाह को प्यारी हो गयी है। यूपी के किसी शहर में एक विवाहित लड़की है जो कभी-कभार खत लिखकर उनकी खैरियत मालूम कर लेती है। ये खत वह अपने किसी बच्चे की पैदाइश या किसी बच्चे की तकरीब पर लिखती है। रजी साहब जवाब में छोटी-बड़ी रकम

का मनीआर्डर भेजकर अपनी खैरियत से सूचित कर देते हैं। बीवी की एक बड़ी-सी तसवीर अपने सिरहाने लगाए हुए हैं। जब लड़की का खत आता है तो खुद पढ़कर इस तसवीर को भी सुनाते हैं और उसी से सलाह करके अपनी मेहनत की कमाई में से कुछ खर्च करने पर राजी होते हैं। खुर्जावालान के मुहल्ले में एक कमरा किराये पर लिये हुए हैं। मास्टर रियाज भी यहीं रहते हैं। दोनों एक-दूसरे को पसन्द नहीं करते। इस इख्तिलाफ की वजह कॉलेज की लेक्चररशिप है, जिस पर मास्टर रियाज की 1936 की एम० ए० की डिग्री होते हुए भी रजी साहब की नियुक्ति हुई है। मास्टर रियाज इसको अपने हक में नाइन्साफी समझते हैं।

रजी साहब को इसका मुजरिम ठहराते हैं। मास्टर रियाज के जानने वाले इस नाइन्साफी को देस-परदेस का मसला बनाकर रियाज साहब की शायरी और तालीम के गुन गाते हैं और रजी साहब का मजाक उड़ाते हैं। एक गोष्ठी में मास्टर रियाज के एक पुराने शागिर्द रजी साहब के ही सामने उनकी गजल में जुबान-बयान की कमजोरियों पर अँगुली उठा बैठते हैं। रजी अपनी दलीलों से नकारते हैं, लेकिन नक्कारखाने में तूती की आवाज कोई नहीं सुनता। मास्टर रियाज ने उन्हें नीचा दिखाने के लिए यह महफिल सजायी थी। रजी ने उस दिन से यहाँ की महफिलों में आना-जाना छोड़ दिया है। इस गुस्से में उन्होंने अपने करीब की मसजिद में नमाज पढ़ना भी छोड़ दिया है। बड़ों के इख्तिलाफ ने छोटों को भी दो ग्रुप में बांट दिया है। ये दोनों की बातों को इधर से उधर पहुँचाने और सर्द होती आग को भड़काने का रोल अदा करते हैं। कॉलेज के नये साल में इस आपसी भेदभाव की वजह से विद्यार्थियों की तादाद पहले-जैसी नहीं होती। पहले रजी लड़कों के वाल्देन को समझा-बुझाकर पांच की गिनती पूरी कर लेते थे, मगर अब वह शहर में आने-जाने के बजाय दरगाहों में ज्यादा वक्त गुजारते हैं। सरकार की तरफ से उन्हें नोटिस मिलता है। इस नोटिस के अनुसार उनका ट्रांसफर एक हाईस्कूल में कर दिया जाता है। कॉलेज से स्कूल में जाने की तरक्की को यह अपनी शान के खिलाफ समझते हैं और त्यागपत्र देकर हमेशा के लिए कहीं चले जाते हैं। उनके जाते ही कॉलेज में उर्द विभाग बन्द हो जाता है।

बी० ए० के पहले साल में निदा को मजबूरन उर्दू के बदले हिन्दी लेनी पड़ती है। इसका खाली वक्त अब कॉलेज की लायब्रेरी में गुजरता है। लायब्रेरी में भी उन किताबों के साथ जिनका सम्बन्ध शाइरी से है। ये शाइरी की किताबें दाग, उनके समकालीन और उनके शागिर्दों तक महदूद हैं। भाषा के चटखारे के साथ सीधी-सादी शोख बातें अच्छी लगती हैं। उसे इन शायरों के बहुत से शेर याद हो गये हैं जिन्हें यह अकसर कॉलेज के दोस्तों को सुनाता रहता है। इन शेरों

की वजह से लड़कों पर उसका अच्छा-खासा रौब जम चुका है। इन शेरों को सुनकर लड़के अपनी कॉपियों में नोट कर लेते हैं और अपने कच्चे-पक्के इश्कों में इनका इस्तेमाल करते हैं। यह शेर सुनने-सुनाने में बहुत लुत्फ देते हैं मगर इनकी सामूहिक लय व्यक्तिगत जज्बों का साथ नहीं दे पाती। इसका दायरा कोठे की तवायफ और उसके तमाशबीनों की नोक-झोंक से आगे नहीं बढ़ता। इसका अहसास निदा को कॉलेज की ही एक लड़की मिस टंडन को देखकर होता है। मिस टंडन से निदा की पहचान सिर्फ इतनी है कि वह अँग्रेजी के प्रोफेसर की बड़ी लड़की है। वह रोज कॉलेज के रास्ते पर बने एक छोटे से मन्दिर के सामने आती है। अपनी साइकिल खड़ी करके पहले वह मन्दिर की चौखट छूती है और फिर हाथ बढ़ाकर घंटी बजाती है। खाली पीरियड में वह सबसे अलग-थलग बाग में पीपल के नीचे कोई पत्रिका या किताब पढ़ती रहती है। अँग्रेजी और हिन्दी के पीरियेड्स में वह और निदा एक ही रूम में होते हैं। वह हर पीरियड में निदा के स्थान से मुखतकिफ दिशाओं में बैठती है। हिन्दी की क्लास में यह 45 का जाविया होता है और अँग्रेजी में दो कुर्सियों के पीछे ठीक 90^0 का ऐंगल बनता है। उसकी कमर का एक हिस्सा ऊँचे ब्लाउज और नाभि से नीचे बँधी साड़ी के बीच आईने की तरह झिलमिलाता है। उसके हिलने-डुलने से इस आईने में सिलवटें सी उभरती-डूबती हैं। वह जिस दिन जो साड़ी और ब्लाउज पहनकर आती है वह उस दिन के मौसम के मिजाज के मुताबिक होते हैं। उसका चुनाव प्रकृति के प्रयोजन में हस्तक्षेप नहीं करता। उसकी यही सलीकामन्दी निदा को आकर्षित किये हुए है। वह कॉलेज के बाग में बिलकुल बाग का हिस्सा महसूस होती है। सड़क पर चलते हुए सड़क के इर्द-गिर्द के नजारों की कमी को पूरा करती दिखाई देती है। वह जहाँ नहीं होती वह दृश्य अधूरा-सा लगता है।

मिस टंडन कॉलेज आते-आते एक दिन अचानक गायब हो जाती है। न मन्दिर में घंटी बजती है, न बाग के पीपल को हवा छूती है। रास्ते भी पहले से ज्यादा लम्बे हो जाते हैं।

कॉलेज के बोर्ड पर उसकी मौत की इत्तिला लगी है। सुबह कॉलेज आते वक्त मन्दिर के पास उसकी साइकिल एक कार से टकराती है और वह सिर के बल गिर जाती है। उसे उठाकर हॉस्पिटल ले जाया जाता है लेकिन वह रास्ते में ही खत्म हो जाती है···।

इस खबर ने कॉलेज के माहौल में एक कमी-सी पैदा कर दी है। बाग का पीपल, क्लास, मन्दिर सब अधूरे-से लगने लगे हैं। कुछ दिन यह अधूरापन महसूस होता है और फिर धीरे-धीरे हर चीज पहले जैसी हो जाती है। लेकिन जब भी निदा तनहाई में उसके बारे में सोचता है तो उसकी याददाश्त में महफूज कोई शेर उसका साथ नहीं देता। वह अपने-आप ही में उलझने लगता है। पीपल, मन्दिर

में घंटी बजाते हुए हाथ, 45 और 90 के एंगिल्स और ब्लाउज और साड़ी के बीच चमकता हुआ आईना, जिसमें अब मौत भी शामिल हो चुकी है, जेहन में एक-साथ उभरकर किसी अजीब से अहसास में ढल जाते हैं। यह अहसास कभी खाली आसमान बनकर उभरता है, कभी पहाड़ी की धूप बनकर जागता है। परदेस की शाम, घने जंगल, हल्दी, चूड़ियाँ, ईरानी कालीन, ईसाई कब्रिस्तान, डूबता सूरज सब इसी जज्बे की हल्की गहरी परछाइयों-सी महसूस होती है। एक बिना शक्ल का-सा अहसास, जो महसूस तो होता है लेकिन कोई रूप नहीं ले पाता। वह सारे शेर, जो पहले उसे शोख और खूबसूरत लगते थे, उसकी अभिव्यक्ति का साथ नहीं देते। निदा और मिस टंडन का यह रिश्ता एक बेनाम-सा रिश्ता है। लेकिन इसने निदा के जेहन में शेर की नयी जुबान की तलाश जगा दी है। इस तलाश ने लायब्रेरी में उसकी किताबों का चयन ही नहीं बदला, ग्वालियर की एक साहित्यिक संस्था 'आलोकन' के भी करीब कर दिया है।

कॉलेज में सरदार सिरी साहब का लड़का खुसरो भी है। उसके रईसाना ठाट-बाट ने कई लड़कों को उसके करीब कर दिया है। वह नयी-नयी कारों में आता-जाता है और कॉलेज के कैंटीन में जितने लड़के उसके साथ होते हैं उन सबका बोझ अकेले उठाता है। कॉलेज की कई लड़कियाँ उसकी दोस्त हैं। क्लास-रूम में कभी-कभार ही उसके दीदार होते हैं। एक दिन उसकी शिकायत करने पर उसके बाप निदा से पूछते हैं :

"तुम कहाँ तक पढ़ोगे ?"

"एम० ए० तक।"

"एम० ए० के बाद क्या करोगे ? कहीं नौकरी करोगे यही ना।"

"जी हाँ।"

"कितने रुपयों की नौकरी होगी, हजार, दो हजार, तीन हजार, मियाँ खुसरो क्लास में बिना जाए, बिना पढ़े-लिखे लाखों का अकेला वारिस होगा—पढ़ाई-लिखाई से क्या होता है ? सब किस्मत का खेल है। वह ऊँची किस्मत लेकर आया है ?"—निदा उनकी दलीलों से अपना-सा मुँह लेकर रह जाता है। खुसरो के बाप कई पुश्तों पीछे एक सूफी फकीर के रिश्ते से जुड़ते हैं। कहते हैं ग्वालियर के राजा की राजगद्दी मंसूर शाह की दुआओं का करिश्मा है। इस फकीर के मजार की शान-शौकत राजा की एहसानमन्दी का जीता-जागता सबूत है। खुसरो के वालिद इसी मजार के सज्जादा हैं। तीन-साढ़े तीन फुट के छोटे से पतली आवाज के रईस। सरकारी खजाने से माहाना वजीफे के अलावा एक बड़ी जागीर ने भी उनकी सूफियाना इज्जत में इजाफा किया है। निदा उनके बेटे का दोस्त बनकर वहाँ जाता है। लेकिन एक-दो मुलाकातों के बाद बाप उसे अपने दरबारियों में शामिल कर लेते हैं। अब उसकी शामें उन्हीं की महफिलों में गुजरती हैं। सूरज

ढलते ही माहौल बदलता है। शराब शुरू हो जाती है। वह अपनी खास-कुरसी पर शाहाना अन्दाज में बैठे होते हैं। महफिल के सारे लोग उनकी हर बात को निहायत तवज्जो से सुनते हैं। नशे की अनौपचारिकता उनकी कामशास्त्रीय सफलताओं और उनसे सम्बन्धित अजीबोगरीब नुस्खों की तैयारी और उनके इस्तेमाल की तरकीबों की हर रोज एक नयी दास्तान सुनाती है। विषय रियासत का हो या सियासत का, इतिहास का हो या शिक्षा का, हर बात घूम-फिर कर इधर ही आ जाती है।

"पचास अच्छी नस्ल के मुर्गे हों। उन्हें सुबह-शाम जाफरान और मेवे खिलाये जाएँ। सात दिन के बाद इस तरह पाला हुआ एक मुर्गा हलाल करके उसका गोश्त बाकी के मुर्गों को खिलाते जाइए। यह अमल आखिरी मुर्गे तक जारी रहे और फिर जो पचासवाँ बचे उससे आधा ग्लास सूप बनाकर पीजिए और फिर देखिए किस तरह जमीन आसमान के सितारों का सफर करती है। अपनी जागीर में उन्होंने इसका बन्दोबस्त किया हुआ है। वहाँ दो-चार आदमी इसी काम के लिए हैं। उनकी हकीमी सलाह के अनुसार जानवरों को पाला जाता है और पचास मुर्गे से एक मुर्गा या पचास बटेरों से एक बटेर बनाकर रोजाना उनके पास भेजा जाता है जो शराब के साथ उनके छोटे से शरीर में पहुँचकर बुढ़ापे में जवानी का चमत्कार दिखाता है। दिन में वह अपने अकीदतमन्दों के लिए साहिबे-दरगाह के सिलसिले के सूफी हैं। उनकी दी हुई ताबीज और दुआएँ पुरअसर होती हैं। लेकिन शाम होते ही वह शैतान को मारने की नित नयी तरकीबें सोचते रहते हैं। इस नेक काम में कभी-कभार निदा को भी शामिल किया जाता है। वह इस मामले में बहुत खुले जेहन के हैं। उनकी कोठी के अन्दर कई घर आबाद हैं। ये सब उनकी रइयत हैं। उनमें से कुछ उनकी जागीर की देखभाल करते हैं, कुछ घर में काम करते हैं। इन घरों में एक लड़की काफी चौचाल है। इस चौचाली को उम्र ने और आकर्षक बना दिया है। सत्रह-अठारह बरस की यह लड़की इस कोठी के चौकीदार के घर का उजाला है। एक शाम उस अहाते में उसे हिरनी की तरह चौकड़ी भरता देखकर वह निदा की तरफ देखते हुए मुसकराते हैं। निदा पहली बार उसको देखता है और आते-जाते इशारों की जुबान में उससे बातचीत शुरू कर देता है। यह इशारे कुछ दिन में मुसकराहटों में बदलते हैं और मुसकराहटें जल्द ही कागज के पुर्जों के लेन-देन में जगमगाने लगती हैं। सिरी साहब एक अनुभवी आशिक की तरह इस नये इश्क की जगह-जगह रहनुमाई फरमाते हैं और निदा इस रहनुमाई में महीनों का सफर दिनों में तय कर लेता है। दोनों स्कूल के रास्ते में एक-दूसरे का इन्तजार करने लगे हैं। एक शाम वह तयशुदा प्रोग्राम के तहत इस कोठी की एक सूनी जगह में निदा से मिलने आती है। अकेले में यह दोनों की पहली मुलाकात है। लेकिन इससे पहले कि

मुलाकात हाथों और होंठों की हदों से आगे बढ़े, सिरी साहब के कदमों की आहट एक को दूसरे से अलग कर देती है। लड़की उन्हें वहाँ देखकर बुरी तरह सहम जाती है। वह करीब आकर मुस्कराते हैं और उसके गालों को हाथ से छूते हुए—'कोई बात नहीं, डरो नहीं' कहकर आगे बढ़ जाते हैं। उनके जाते ही लड़की तीर की तरह भागती हुई अपने घर चली जाती है। यह निदा से उसकी आखिरी मुलाकात होती है। इस इश्क के हर राज से शुरू से सिरी साहब वाकिफ होते हैं। वह निहायत चालाकी से उनका इस्तेमाल करते हैं और दूसरे के शिकार को अपनी विजय की सूची में शामिल कर लेते हैं। वह कई दिनों तक अपने बाप और बदनामी के डर से मजबूरन उनके नुस्खों की प्रयोगशाला बनी रहती है। उनकी बेगम को जब इसकी भनक पहुँचती है तो वह चौकीदार को बिला मकसद नौकरी से अलग करके अपने शौहर को गुनाहों से दूर करती हैं। चौकीदार नयी चौकीदारी की तलाश में अपनी लड़की को साथ लेकर कहीं दूर चला जाता है।...

रेशम के डोरों की तरह हर डोरा दूसरे में उलझा हुआ है। लफ्ज और एहसास की दूरी को इस कशमकश ने उसके शेर गढ़ने को करीब-करीब खत्म कर दिया है। वे सारे लफ्ज जो उसके साथ हैं, जिनके साथ वह छोटे से बड़ा हुआ है उनसे इस जेहनी कशमकश का कोई सम्बन्ध नहीं है। पहले ये खुद एक लय में ढलकर शेर का रूप धर लेते थे, जिधर लफ्ज ले जाते थे उधर जेहन मुड़ जाता था, मगर अब जज्बा और एहसास इनमें खुद को खोजने लगे हैं। शाइरी की जुबान उसे झूठी महसूस होती है। इसमें अपने इर्द-गिर्द की मानूस फिजा दिखाई नहीं देती और कहीं इसकी झलक मिलती भी है तो इजहार के राइज ढाँचे इसमें अजनबियत सी उभार देते हैं। घर और घर से बाहर की परछाइयाँ शाइरी की जगह अफसानवी अदब में ज्यादा गहरी और जानी-पहचानी नजर आती हैं। रूसी इन्कलाब से पहले का कथा साहित्य जिसमें टॉलस्टॉय, चेखव, तुर्गनेव, गूगोल, गोर्की, दास्तोवस्की आदि हैं, जेहन की बेचेहरा पेचीदगियों को मुनासिब शक्ल देने लगे हैं। इनके किरदारों के विरोधाभास और सोच का विश्लेषणात्मक अन्दाज उसे अपने-आपसे करीब किये हुए है। इन पात्रों के साथ वह खुद को अजनबी महसूस नहीं करता। इनमें से अकसर उसे शहर के गली कूचों में चलते- फिरते दिखाई

देते हैं। अदब में आसपास के जाने-पहचाने मंजरों की इसी तलाश ने निदा को बोलियों के क्लासिकी कविता की घरेलू फिजा से जोड़ दिया है।

अलगनी पर सूखे कपड़े, गलियों में खेलती किलकारियाँ, शाखों में चहचहाते परिंदे, टेढ़ी-मेढ़ी शाखें, नमाज पढ़ते दालान, लालटेन रोशन करते हुए हाथ, ठेला खींचते पसीने, चाबुक खाते हुए ताँगों से बँधे घोड़े, रोशनदानों में आबाद कबूतर, सोती दोपहरें, धुली-उजली शामें और ऐसे ही दूसरे मंजरों से निदा के शबोराज जुड़े हुए हैं। उसके दुःख-सुख उन्हीं से हमरिश्ता हैं। वह इनकी जुबान समझता है। ये उसके संवाद समझ लेते हैं। इनसे अलग होकर न वह कुछ सोचता है न सोच सकता है।

एक डूबती हुई शाम को, वीरान पहाड़ों के एक पुराने-से मन्दिर में, सूरदास की राधा-कृष्ण के वियोग में हरे-भरे दरख्तों से शिकायत कर रही है। पुजारी का चिमटा उसके वियोग की उदासी को चारों तरफ फैली हुई खामोशी पर फैला रहा है। स्वर और शब्द के साथ इधर-उधर भटकती हुई गायें, पास में बहता हुआ पानी, ढलते सूरज में गम्भीर होती चट्टानें, सूना पहाड़ी रास्ता सब उसके दुःख में शरीक हो जाते हैं।

मधुबन तुम कित रहत हरे
विरह बियोग श्याम सुन्दर के ठाड़े क्यों न जरे
कौन लाज खड़े रहे बन में क्यों न उलटि परे

मधुबन के पेड़, फल, पशु-पक्षी खामोशी से राधा के दर्द को सुनते हैं और दुःख से उदास हो जाते है। मानव और प्रकृति का यह संवाद—जिसमें वृक्ष, पशु, जल और इन्सान एक-दूसरे के दुःख-सुख के साझेदार हैं, निदा को चौंका देता है। इस भजन के बोल धीमे-धीमे उस गाँठ को खोलने लगते हैं जो कई दिनों से जेहन में कहीं उलझी हुई थी। उसे लगता है—मिस टंडन के कॉलेज से अचानक खो जाने और राधा के श्याम से बिछड़ने में कोई अनदेखा रिश्ता है। अपने जाहिरी चेहरों के पीछे हर दुःख एक जैसा ही होता है।

अगर कब्रिस्तान में अलग-अलग कुतबे न हों।
तो हर कब्र में
एक ही गम सोया हुआ होता है
किसी माँ का बेटा
किसी भाई की बहन
किसी आशिक की महबूबा
तुम किसी भी कब्र पर फातिहा पढ़कर चले आओ।

सूरदास के शब्दों में निदा को उस अन्जान बेशकल सूनेपन की झलक नजर आती है जो आहिस्ता-आहिस्ता उसमें कहीं गहरे उतर चुका है। सूर उसका परिचय रहीम, कबीर, मीरा, दाऊद, तुलसी से करा देते हैं। और उनकी छाया में वह अपनी धूप सुखाने लगता है। इस जेहनी निकटता से उसकी भाषा को तसवीरी और जमीनी बना दिया है! कई महीनों की खामोशी के बाद वह एक-साथ कई नज्में लिखता है। यह कविताएँ शुरू की कोशिशों-जैसी हैं। उनमें एक की दो पंक्तियाँ यूँ है :

साये को छूना साये को खोना है
सुन्दरता का प्यार जनम का रोना है।

यह कविता सुन्दरता के शीर्षक से मासिक सरिता के उर्दू एडीशन के पहले अंक में प्रकाशित होती है! इसका प्रकाशन पत्रिका को रास नहीं आता और एक-दो अंकों के बाद उसे बंद कर दिया जाता है। ऐसी कविताएँ दुआ साहब, रियाज साहब और उनके साथ के दूसरे स्थानीय उस्ताद शायरों के मैयार पर पूरी नहीं उतरतीं और हास्य का विषय बनती हैं। ग्वालियर में दाग और नूह के अन्दाज में जिस तरह की शाइरी का रिवाज आम है, उनसे इसकी कहन का कोई तालमेल नहीं बैठता। विषय, भाषा, मुहावरे सब तयशुदा हैं। इनसे जरा-सा भी अलगाव विद्रोह में शुमार होता है। लेकिन हिन्दी के कवियों को इस बदले लहजे को कबूल करने में कोई कठिनाई नहीं होती। उर्दू में जिसे विद्रोह समझा जाता है वह देवनागरी की रिवायत का हिस्सा है। यह परम्परा खुसरो, कुली कुतुब शाह, वली के बाद उर्दू से शऊरी तौर पर दूर होती जाती है। इसमें दरबारों का बनाव-सिंगार तो आ जाता है—लेकिन चलती-फिरती धूप-छाँव से दूर हो जाती है। हिन्दी साहित्यकारों में निदा का उठना-बैठना ज्यादा है। इनमें विनोद शुक्ल, नरेश सक्सेना, ओम प्रभाकर, मुकुटबिहारी सरोज और बहुत से दूसरे हैं। हिन्दी में आधुनिक कविता की गद्यात्मकता की प्रतिक्रिया में नवगीत का अंकुर फूटता है। ये गीत छायावादी परम्परा और प्रगतिवाद की सपाटबयानी से अलग होकर नये सिरे से अपना रिश्ता बोलियों की जिन्दा रिवायत से जोड़ता है। इसमें उपदेश और खयाली कल्पना की जगह रात-दिन के निजी तजुर्बे, लम्हों में बँटा हुआ समय, जानी-पहचानी फिज़ाओं से जुड़कर चलता है। निदा भी ओम, शलभ, सोम ठाकुर, नरेश सक्सेना आदि के साथ इस आन्दोलन में अपनी तरह से शरीक है। इसके गीत भी उन्हीं के साथ धर्मवीर भारती के सम्पादन में 'धर्मयुग' में प्रकाशित होते हैं। यही गीत लिपि की तब्दीली के साथ उर्दू पत्रिकाओं में भी छपते हैं। गीतों की इस जमीनी जुबान का प्रभाव निदा की गजलों और कविताओं पर भी पड़ता है :

खत है कि बदलती रात या भीगा हुआ सावन
इठलाती हुई गलियां शरमाते हुए आंगन
सिमटी हुई चौखट पर इक धूप की बिल्ली सी
नींबू की कियारी में चांदी के कई कंगन···

हिन्दी की तरह उर्दू में भी नयी शायरी की चहल-पहल है। हर तरफ अपनी बात को अपनी तरह कहने की छटपटाहट है। कबीर के शब्दों में अनुभव गावे सो रागी है, हर रचना की कसौटी है। उर्दू में नयी आवाजें मुखालिफतों की कठिनाइयों से जूझ रही हैं, जबकि हिन्दी में इन्हें ऐतिहासिक हकीकत के रूप में स्वीकार किया जा चुका है।

मुर्तुजा हसन और जेबन के ताल्लुकात में जो दरार पड़ी वह अब ज्यादा फैल चुकी है। जेबन कुछ दिन इस दरार को पाटने की कोशिश करती है लेकिन दूरियां और दूर होकर नजदीकियों को करीब नहीं होने देतीं। जब वह पूरी तरह मायूस हो जाती है तो बदले की भावना के साथ, एक सैयद नामी शख्स से निकाह करके गृहस्थ जीवन अपना लेती है। उसके शादी करते ही, उसके घरवालों ने मकानों और दूसरी चीजों का बंटवारा कर लिया है! अपने हिस्से को बेचकर भाई मथुरा में अपनी लड़कियों के मुजरों की दूकानें सजा लेते हैं। छोटी बहन नन्हीं शुरू से खानदानवालों से रिश्ता तोड़े हुए है। मां-बाप मर चुके हैं। औलाद कोई है नहीं। जेबन की दुनिया अब सैयद के घर तक महदूद है। सैयद के चार लड़के ही अब उसका ख्वाब हैं। इस ख्वाब की ताबीर में वह अकेलेपन को बहला रही है। लेकिन लड़के सौतेली मां को पसन्द नहीं करते। वह मां बनकर जब उनकी आजादियों पर पाबन्दी लगाती है तो बात बहुत आगे बढ़ जाती है। वह हरदम उनके लानतान का शिकार बनी रहती है। जरा-जरा-सी बात पर टकराव होता है। वह सैयद से शादी करने के बाद सैयद के बच्चों की मां बनने पर बजिद है और लड़के उसे यह दर्जा देने को तैयार नहीं हैं। लेकिन इस सबके बावजूद वह अपनी जिम्मेदारी निभाती रहती है। सैयद शराब तो पहले भी पीता था, लेकिन पत्नी की लायी हुई दौलत ने इस शौक को अब रोज की आदत बना दिया है। मुसलसल शराबनोशी ने उसकी सेहत खराब कर दी है। घर की देखभाल के साथ अब शौहर की तीमारदारी भी उसका फर्ज है। हालत ज्यादा बिगड़ती है तो

सैयद को अस्पताल में दाखिल करा दिया जाता है, जहाँ वह चन्द दिन के बाद, घर-बार को जेबन की निगरानी में देकर, हमेशा के लिए आजाद हो जाता है। बीवी और माँ बनने की तरह, विधवा होने का भी उसका पहला अनुभव है। अस्पताल का सारा खर्चा जेबन ही उठाती है। पति की मौत के बाद वह एक वफादार बेवा की तरह कई दिनों तक अपने आँसुओं से वफादारी का सबूत देती है और रंगीन साड़ियाँ और मेकअप त्याग कर सफेद लिबास में 'इद्दत' (धार्मिक नियम के अनुसार मुस्लिम विधवा को पति के देहान्त के बाद तीन महीने घर की चारदीवारी में रहना पड़ता है) के दिन पूरे करती है और मरनेवाले की सारी रस्में पूरी करती है। चालीसवें में शहर के मशहूर बावर्ची बुलाये जाते हैं और गम करनेवालों की पेटपूजा एक-साथ कई देगों से की जाती है।

बीवी और माँ बनने की उसकी बरसों की दबी-घुटी आरजू पूरी तो हो जाती है, मगर उसकी जिन्दगी का सुख उसकी किस्मत से कोसों दूर रहता है। मुर्तुजा हसन का इश्क उनके बच्चों की उम्रों के साथ बालिग हो जाता है। वह उसकी वफादारी पर शक करके उससे अलग होने का बहाना ढूंढ़ लेते हैं। श्यामलाल पांडवी हिन्दू मैरेज ऐक्ट की मजबूरी से सियासी किरदार को पाक-साफ रखते हैं। आईने की साफगोई जब ज्यादा सताती है तो वह मायूस होकर चार बच्चों के एक रंडवे से रिश्ता जोड़ लेती है। इस रिश्ते के जरिये वह मुर्तुजा हसन की बेवफाई से इन्तकाम ही नहीं लेती, अपनी अर्थहीनता में किसी अर्थ की खोज भी करती है। उसके निकाह ने मुर्तुजा हसन के शक को यकीन बना दिया है। वह अपने जमीर के सुकून के लिए एक नज्म लिखते हैं जिसकी एक पंक्ति यूँ है :

"जिसे मैं नेक समझा था वह इक आवारा औरत थी···"

जेबन को इस घर में बच्चे, शौहर, गृहस्थी सब रेडीमेड मिल जाते हैं। वह इन सबकी अपने नाप के अनुसार काट-छांट करने में पूरी तरह खो जाती है। बड़े लड़के को अपने पुराने प्रशंसकों से सिफारिश करके नौकरी से लगवाती है। छोटे का स्कूल से कालेज तक का सफर उसी की वजह से आसान होता है। दरबार की पुरानी गायिका होने के नाते शहर में उसकी जान-पहचान का दायरा बहुत फैला हुआ है। सैयद के बड़े लड़के की शादी की तैयारियों में वही बढ़-चढ़कर हिस्सा लेती है। कपड़ों का चुनाव, गहनों की खरीदारी, दावतनामों की छपाई, हर काम वह खुद करती है। ये सारा खर्चा उसी के सिर पर है। कई दिन मुहल्लों की औरतों के साथ ढोलक पर शादी के गीत गाती है। उसकी आवाज का जादू अब भी सुननेवालों को मुग्ध कर देता है। लेकिन बारात में शामिल होकर वह लड़कीवालों के यहाँ नहीं जाती। दुल्हन के माँ-बाप की नजर में दूल्हा और तवायफ का रिश्ता नये रिश्ते के लिए खतरा साबित होता है। दुल्हन की रुखसती में देर होने की समस्या यूं हल होती है कि जेबन हमेशा के लिए बहू-बेटे को दूर से

आँसू-भरी दुआएँ देती हुई, विदा हो जाती है। वह अपने पहनने-ओढ़ने का सामान लेकर अपनी बहन नन्ही के पास चली जाती है। नन्ही अपने मिजाज के लिहाज से शुरू से अपनी बहन से अलग है। उसने न कभी मुजरा किया और न अपनी बहन की तरह दिल की राजधानी से शरीअत को बेदखल किया। वह जितनी बार घर छोड़कर जिन-जिन के साथ गयी उनकी सारी तारीखें और नाम शहर काजियों के रजिस्टरों में सिलसिलेवार दर्ज हैं। इन कई नामों में एक नाम पंजाब के शायर अलताफ मशहदी का भी है। नन्ही का पहला निकाह शहर के एक जागीरदार मुहम्मद अली से होता है। कुछ दिन निकाहनामे से फायदा उठाकर उसे मन्सूख कर दिया जाता है। इस निकाह की यादगार एक लड़के की सूरत में उसके साथ है जिसकी उम्र अब दस-ग्यारह साल है। बाद की शादियाँ उसके बंजरपन में कोई शादाबी नहीं ला सकीं। अपने मौरूसी पेशे से नन्ही बाई की नफरत की वजह वह राज है जिसको उसकी माँ ने कभी जाहिर नहीं किया था।

इस राज के मुताबिक उसके शरीर में दूसरे बहन-भाइयों से अलग खून है। वह किसी शरीफ पठान की शबगुजारी का फल है। खून की विरासत अपना असर दिखाती है और वह इस सूचना के साथ इसकी सुरक्षा में जुट जाती है। मुर्तुजा हसन उसके मुँह-बोले भाई हैं। जेबन से अलग होने के बाद भी इस रिश्ते की पाकीजगी बरकरार है। वह जेबन की बहन होने को किस्मत का खेल मानती है, लेकिन उसे अपने और अपने लड़के के शरीफ खून हर रिश्ते से ज्यादा अजीज हैं। अपने घर में जेबन की आमद को वह पहले तो बरदाश्त कर लेती है लेकिन जल्द ही उसे अपने गुमनाम शजरे की शराफत परेशान करने लगती है। जेबन और उसका सम्बन्ध तो खैर किस्मत का खेल है जिसे वह पैदाइश से अब तक झेल रही है, लेकिन उसका जागीरदार पति से जन्मा बाइज्जत लड़का भी एक तवायफ को खाला मानने पर मजबूर हो, यह वह कबूल करने को तैयार नहीं है। जेबन ज्यादा दिन उसके साथ नहीं रह पाती। वह मथुरा में अपने भाइयों के पास जाती है, मगर वहाँ से भी परेशान होकर लौट आती है। ग्वालियर से दूर रहना उसे पसन्द नहीं है। यहाँ उसके माँ-बाप की कब्रें हैं। वो अच्छे बारौनक दिन रात हैं जो उसने इस शहर में गुजारे हैं, और जिनके आँखों से देखे गवाह अब भी इस शहर में मौजूद हैं। जैसे-जैसे जिन्दों से उसका ताल्लुक कम होता जा रहा है, मुरदों से उसका रिश्ता मजबूत होता जा रहा है। ख्वाजा खानून की दरगाह के बाहरी हिस्से में उसके माँ-बाप की दो कच्ची कब्रें हैं, जो अब काफी टूटी-फूटी हालत में हैं। इन कब्रों को वह खुद सिर पर जून-जुलाई की धूप रखकर पक्का बनवाती है। कब्रों पर उनके नामों और मुर्तुजा हसन की पहले से लिखी हुई तारीखें संगमरमर पर खुदवाकर लगवाती है। मासिक वेतन पर एक मौलवी कलाम पाक का पाठ से मरनेवालों की आत्माओं को सवाब पहुंचाता है। वह

दिन में दो बार वहाँ फातिहा पढ़ने जाती है। जुमेरात के दिन शाम ढले मीठा तेल ले जाकर बड़ी मसजिद में उनके नाम के चिराग भी रोशन करती है। अब वह सबसे अलग-थलग एक अकेले मकान में उम्र के साथ बढ़ती तनहाइयों के साथ रहती है। दिन के दौरान या तो इबादत करती है या पुरानी यादों को ताजा करने के लिए अपने पुराने रेकार्ड बजाकर सुनती रहती है। भूले-भटके कभी निदा को रास्ते में मिल जाती है तो रोककर सिर पर हाथ फेरती है और बुझी हुई आँखों से शून्य को घूरती हुई कहती है—"बेटा दिल्लीवाली (जमील फातिमा को वह दिल्लीवाली कहती है) को लिखना मेरा कहा-सुना माफ कर दे और मेरे हक में खुदा से दुआ करे। वह सैदानी है। उसकी दुआ में तासीर है।" चेहरे की वीरानी सूखी रेत की तरह बिखरी-बिखरी लगती है। निदा कालेज में कम्युनिस्ट पार्टी की स्टूडेंट फेडरेशन का सदस्य है। पार्टी मीटिंग और लिट्रेचर ने उसे धार्मिक परम्पराओं के घेरे से निकालकर नास्तिक ख्यालात के करीब कर दिया है। नयेपन के नये-नये शौक ने हर पुरानी चीज का आदर कम कर दिया है। हर सवाल का तयशुदा जवाब पहले से मौजूद है। हर समस्या का विश्लेषण फार्मूलों की बुनियाद पर किया जाता है। पैदावारी जरीए रिश्तों के बदलते हुए स्तर निर्धारित करते हैं। निदा की तरह उसके बड़े भाई मुस्तुफा भी विक्टोरिया कॉलेज में हैं।

वह निदा की तुलना में जिन्दगी के सम्बन्ध में ज्यादा प्रैक्टिकल और पढ़ाई-लिखाई में ज्यादा संजीदा हैं। दिन-रात कोर्स की किताबों के साथ सिर खपाने के अलावा उन्हें कोई दूसरा शौक नहीं है। निदा के दो वर्ष व्यर्थ जाते हैं और वह वक्त का वक्त पर इस्तेमाल करके जल्द ही कई डिग्रियाँ हासिल कर लेते हैं। बी० कॉम० के बाद एम० ए० और उसके साथ ही एल० एल० बी० भी पूरा कर लेते हैं। इन सारी डिग्रियों को लेकर एक दिन जब वह कॉलेज के पुराने फाटक से बाहर आते हैं तो बेचारा हिन्दुस्तान उसके लिए मुबारकबाद के हार-फूल लाना भूल जाता है। वह भी क्या करे⋯उसके सिर पर एक-साथ कई काम आ पड़े हैं। पाकिस्तान से आये हुए शरणार्थियों को बसाने, जगह-जगह दंगे-फसाद की रोक-थाम करने, चीन से बिगड़ते ताल्लुकात को सँवारने, बांग्लादेश में शेख मुजीबुर्रहमान के अवामी आन्दोलन का साथ निभाने की दौड़-धूप में उसके जेहन से मुस्तुफा हसन के तालीम मुकम्मल होने के बाद कॉलेज से बाहर आने का वक्त निकल जाता है। वह वक्त पर उधर नहीं आता, और यह बिना और इन्तजार किये पैदल घर आ जाते हैं। उन्हें देश की इस बेरुखी पर गुस्सा कम और ताज्जुब ज्यादा होता है। उनका यह एहसास उस समय और तीव्र हो जाता है जब कई महीनों की कोशिशों के बाद उन्हें एकाउंट ऑफिस में एक मामूली क्लर्की पेश की जाती है। इस ऑफिस में उनके कई जाननेवाले हैं। उनमें कइयों के पास

उनकी-जैसी डिग्रियां भी हैं, मगर उनमें और इनमें जमीन आसमान का फर्क है। इनकी पैदाइश मुसलमान घर में हुई है। इनका धर्म इस्लाम है। इनके परिवार ने पाकिस्तान बनने के बाद, पाकिस्तान न जाकर भारत के सेक्युलर संविधान को नयी साख दी है और ऑफिस के दूसरे क्लर्क बहुसंख्यक वर्ग के हैं। वे शुरू से ही शिकवा-शिकायत की आजादी से वंचित हैं। इसलिए और सब तो अपनी कुर्सियों से चिपके रहते हैं मगर मुस्तुफा हसन को दो देशों में से किसी एक के चयन की रियायती स्वतन्त्रता हासिल है। यह स्वतन्त्रता उन्हें जल्दी ही इस नौकरी से उबा देती है और वह भारत में अपने भविष्य से मायूस होकर सरहद पार करके पाकिस्तान के शहरी बन जाते हैं। उनके जाने से मुस्तुफा हसन के एक दोस्त सुशील कदम की छोटी बहन बहुत परेशान है। इस परेशानी के इजहार की आजादी से वह विवश है। वह तीन महीने के गर्भ से है। उसके घरवालों को जब हिन्दू जिस्म में इस्लाम के गैरक़ानूनी अस्तित्व की सूचना मिलती है तो उसके माँ-बाप उसका जीना हराम कर देते हैं। उसका कॉलेज छुड़ा दिया जाता है। घर से आने-जाने पर पाबन्दी है। लेकिन औरत की जिन्दगी में अपने पहले मर्द का विश्वास इतनी जल्दी हार नहीं मानता, उसके विश्वास की सख्ती घरवालों की धार्मिक साम्प्रदायिकता को नर्म कर देती है। लड़की का बड़ा भाई खुले दिमाग का है। उसके बीच में पड़ने से माँ-बाप लड़की की जिद और अपनी बदनामी के डर से होनेवाले बच्चे के बाप को अपनाने को राजी हो जाते हैं। लड़की का बड़ा भाई मुर्तुजा हसन से इस सिलेसिले में बातचीत करने आता है। बात जमील फातिमा तक पहुंचती है। वह अपने बेटे की पाकबाजी पर शक करने के बजाय, लड़की को ही दोषी ठहराती है। वह इस रिश्ते को खुदा और रसूल के आदेशों के खिलाफ मानती है।

शरीयत उन्हीं धर्मों में रिश्ते की इजाजत देती है जो साहिबेकिताब हैं (जिन पर इस्लाम के अनुसार खुदा ने किताब भेजी है)। ईसाई और यहूदी ही इस शर्त को पूरा करते हैं। ईसा और मूसा के माननेवालों ने भले ही अपनी आसमानी किताबों में तब्दीली करने का पाप किया हो, लेकिन इन पवित्र पुस्तकों से उनका ताल्लुक ही उन्हें दूसरों से ज्यादा महत्त्वपूर्ण बनाता है और वे इस्लाम से ज्यादा करीब हैं। खुदा ने अपनी आसमानी किताबों के लिए धरती का जो क्षेत्र निर्धारित किया है उसमें भारत शामिल नहीं है। इन सोची हुई सीमाओं की सजा लड़की को भुगतनी पड़ती है। जमील फातिमा की खामोशी के बाद यह दो-चार खत पाकिस्तान में मुस्तुफा हसन को भी लिखती है। लेकिन जवाब नहीं आता। कुछ दिन वह अपनी भूल पर रोती-धोती है और फिर किसी दूर के हॉस्पिटल में जाकर अपने वजूद को दूसरे धर्म की गन्दगी से हमेशा के लिए पाक साफ कर देती है।

मुस्तुफा हसन घर में सबसे बड़े लड़के हैं। मुर्तुजा हसन उनको बहुत चाहते हैं। मुलाजमत से रिटायर्ड होने और जेबन से अलगाव के बाद उनकी चाहत में शिद्दत आ जाती है। मुस्तुफा के पाकिस्तान चले जाने के बाद उनके ख्यालों में अचानक तब्दीली आती है। लड़के की जुदाई ने उनकी परेशानी में इजाफा करके उनकी आजाद-ख्याली को पाबन्द कर दिया है। वह पूरे परिवार के साथ पाकिस्तान जाने की योजना बना रहे हैं। उनके बचपन के दोस्त डॉक्टर कोलेकर और रामनारायण उनके इस फंसने से खफा हैं, लेकिन वह अपनी जज्बाती दलीलों से अपने-आपको सन्तुष्ट किये हुए हैं। देश का विभाजन, जो पहले उनकी नजर में इतिहास की दुर्घटना थी, अब तहजीबी पहचान की जरूरत बन जाती है।

"आजादी के बाद मुस्लिम खानदानों की हिजरत से लड़के-लड़कियों के शादी-विवाह मुश्किल हो गये हैं। उर्दू के साथ राजनीति के सौतेलेपन के सुलूक ने भारत में अल्पसंख्यक की सांस्कृतिक पहचान के लिए खतरा पैदा कर दिया है। सरकारी नौकरियों में भेदभाव होने लगा है।" अपने निर्णय के पक्ष में यह सारी कच्ची-पक्की दलीलें ठीकठाक करके वह एक जुमेरात को दरगाह जाते हैं और मजार को इन तर्कों से सहमत करके इजाजत ले लेते हैं। दूसरे दिन घर के सारे सदस्यों के पासपोर्ट फार्म जमा कर दिये जाते हैं। इनमें निदा का नाम भी शामिल है। रवानगी की तैयारियाँ जोरों पर है। मकान का सौदा होता है, पुराना सामान औने-पौने बेचा जाता है। नया सामान खरीदा जाता है। नये कपड़ों की सिलाई होती है। घर में शादी-विवाह की तरह चहल-पहल है। जमील फातिमा इस फैसले से खुश है। पाकिस्तान में उनकी माँ है। भाई है। बहन है। और फिर बड़ा लड़का भी वहाँ का शहरी बन चुका है। लेकिन निदा किसी से कुछ कहे बिना इसके खिलाफ है। घर के किसी एक मर्द सदस्य के चले जाने की वजह से सबके यहाँ से वहाँ शिफ्ट होने के तर्क से वह खुश नहीं है। वह एम० ए० पहले साल में है। पढ़ाई को अधूरा छोड़कर वह घरवालों के साथ देसी से परदेसी नहीं होना चाहता, रवानगी की तारीख तय हो जाती है। सबके पासपोर्ट और टिकट आ जाते हैं, लेकिन ऐन वक्त पर निदा के न होने से जमील फातिमा को दौरा पड़ जाता है। शहर में चारों तरफ उसकी तलाश की जाती है। वह निदा के बगैर जाने के लिए राजी नहीं है। मुर्तुजा हसन उन्हें समझा-बुझाकर किसी तरह उन्हें रुखसत करने में कामयाब हो जाते हैं और खुद निदा के लिए रुक जाते हैं। उनका टिकट वापस होता है। वीजा की मियाद बढ़वायी जाती है मगर यह सब बेसूद होता है। और अन्ततः वह भी निदा को छोड़कर जाने के लिए मजबूर हो जाते है उनके जाने के कई दिन बाद निदा राजस्थान के विभिन्न क्षेत्रों में भटककर वापस आता है। घर है नहीं, न रहने का इन्तजाम है, न खाने-पीने का बन्दोबस्त। एक-दो रातें इधर-उधर गुजारने के बाद उसे एक कमरा मिल जाता है। सी० पी०

एम० की स्थानीय शाखा के सचिव मोतीलाल अपने ऑफिस के नीचे एक कमरा खाली करवा के उसके हवाले कर देते हैं। दोस्तों में कोई बिस्तर लाता है, कोई सुराही और गिलास देता है और यूं वक्त गुजरने लगता है। रहने का ठिकाना तो हो जाता है, मगर तालीम जारी रखना और दो वक्त पेट भरना कठिन है। दिन का ज्यादा वक्त लालाराम की किताबों की दूकान में गुजरता है। दूकान का नाम साहित्य संगम है। यहाँ दिन-भर साहित्यकारों और कम्युनिस्ट पार्टी के लोगों का जमघटा रहता है। यहाँ किताबें कम बिकती हैं, किताबों पर बहस ज्यादा होती है।

निदा पहली बार एक अकेले कमरे में रह रहा है। इस अकेलेपन ने एक शहर में एक साथ कई शहर पैदा कर दिये हैं। हँसता-गाता शहर, रात के ग्यारह बजे तक तवायफों के इलाके में हार-फूल पहने फिल्मी गीतों और सस्ती गजलों पर झूमता शहर, साम्प्रदायिक भाषणों का शहर, पान की दूकानों पर हाथ फैलाये फकीरों का शहर, आलीशान मकानों का शहर, झोंपड़ियों का शहर और न जाने कितने शहर! एक ही शहर में बसे हुए इतने सारे शहरों में एक उसका भी शहर है। इस शहर में रात देर से होती है और दिन धूप चढ़े जागता है। मजहब, सियासत जंग और साहित्य से उलझते दिन और अकेले कमरे में थोड़ी-थोड़ी देर बाद उठकर लैम्प की मद्धिम रोशनी में बन्द दरवाजे और खिड़की कुंडी और चटखनी को टटोलती हुई रात। दिन में पढ़े हुए समाचारपत्रों में फसादात की सुर्खियाँ रात के सन्नाटे में चलते-फिरते किरदार बन जाते हैं। इनमें किसी के हाथ में चाकू किसी के हाथ में बन्दूक होती है। कभी सिर से चोटी और चेहरे से दाढ़ी निकलकर फिजाओं में एक दूसरे से टकराते हैं। कमरे के करीब यादव टाकीज के सेकेंड शो के खत्म होते ही खुफिया फौज की तरह ये समाचार चारों तरफ फैल जाते हैं। दरवाजा बार-बार खोलने की कोशिश करते हैं। खिड़की की झिरियों से झांकते हैं। बाहर से नकब लगाकर अन्दर दाखिल होने की कोशिश करते हैं। जरा सी आहट पर उसकी नींद टूट जाती है। वह घबराकर लैम्प की रोशनी तेज करके बन्द कमरे में इधर-उधर देखता है और चूहे या हवा की शरारत से तसल्ली करके फिर से बिस्तर पर लेट जाता है। उसके उठते ही कातिलों के हाथ जहाँ होते हैं वहीं थम जाते हैं और जैसे ही आँखों में फिर से नींद भरती है, वे दोबारा अपने काम में लग जाते हैं। इसी तरह आधा सोते, आधा जागते अँधेरा उजाले में बदलता रहता है और उजाला अँधेरे में ढलता रहता है। तारीखें बदलती हैं लेकिन दिन-रात नहीं बदलते। दिन के उजालों की अनास्तिकता रात होते ही धार्मिक बनकर कुरानी आयतों को दोहराकर खुद को बलाओं से महफूज करती है।

एक रात वह देर से लौटता है। जितना वक्त कमरे से बाहर गुजरता है वह

हर डर से दूर रहता है। रास्तों में बिजली के खम्भों की रोशनी और महफिलों का उजाला दूसरों की तरह उससे भी उसका मजहब नहीं पूछता है। वह किसी घर में पैदाइश के इत्तिफाक को अपराध नहीं समझता। देसी शराब सिर से दिमाग और जिस्म से हाथ-पांव छीन लेती है। वह कब कमरे में आता है, कौन इसे कहाँ तक लाता है, उसे कुछ भी याद नहीं है। अचानक सोते-सोते उसकी आँख खुलती है तो वह देखता है कि दरवाजा और खिड़की खुले हुए हैं। वह उठने की कोशिश करता है लेकिन उठ नहीं पाता। छत दीवारों को छोड़कर नीचे आ रही होती है और जमीन पलंग के साथ घूम रही होती है। लैम्प से हाथ का फासला दूर हो जाता है। वह बेबसी से देखता है। उसे ऐसी हालत में देखकर माथे पर तिलक लगाये हाथों में त्रिशूल लिए, बहुत सारे लोग एक साथ उस पर झपट पड़ते हैं। वह अपनी हिफाजत के लिए कलमा पढ़ने की कोशिश करता है लेकिन पवित्र अल्फाज होठों तक जाकर, शराब की बू आते ही रुखसत हो जाते हैं। वह तन्हा बुरी तरह जख्मी होता है। सारे कमरे में खून ही खून फैल जाता है। खुली आँखें और घायल जिस्म, उसकी लाश धूप चढ़े तक यूं ही फर्श पर पड़ी रहती है। साहित्य संगम (किताबों की दूकान) उसकी गैर मौजूदगी का अहसास किये बिना बहसों में उलझी रहती है। बिजली में अटकी पतंगें उसके देखे बिना हवाओं से सरगोशियाँ कर रही हैं। बच्चे उसी तरह स्कूल जाते हैं। आज उनके सिरों पर पीछे से कोई मजाक में हाथ नहीं लगाता, सड़कों से गुजरती हुई धुली-धुलायी लड़कियों को दूसरी आँखें देखती हैं, पसन्द की किताबों को दूसरी आँखें पढ़ती हैं। शहर हमेशा की तरह अपने कारोबार में व्यस्त है।···

तीन-चार रोज बाद मुरदा गोश्त की बदबू पुलिसवालों को आकर्षित करती है। पता तलाश किया जाता है घरवाले पाकिस्तान में हैं। उनको सूचना देना मुश्किल है। यूं भी तो वह कुछ ही महीनों पहले गये हैं। अभी तो नयी जमीन में जमने-जमाने के संघर्ष से गुजर रहे होंगे। इतनी जल्दी उनका फिर वापस आना कैसे मुमकिन है? और आने-जाने में भी दिन तो लगेंगे। तब तक···यार दोस्त मजबूरन चन्दा करके मिट्टी को मिट्टी में मिला देते हैं। कफन-दफन से जो पैसे बचते हैं उससे शराब खरीद लाते हैं और दिन-भर की परेशानियों को भुलाते हैं।

यार दोस्तों और शहर की बेरुखी पर उसे गुस्सा आता है। यह गुस्सा उसे कब्र से वापस बिस्तर पर ले आता है। वह आँखें खोलकर अपने हाथ-पांव छूकर देखता है। कमरे के बाहर धूप अपने पंख फैलाये सुस्ता रही है। हवा खिड़की के सामने फिल्मी धुन पर सीटी बजाती गुजर रही है। वह बिस्तर से उठकर, भारी सिर लिये सामने होटल पर चाय पीने चला जाता है। दिन की पहली चाय को सिगरेट से तेज करके अपने जिन्दा होने का खुद को यकीन दिलाता है। जिन्दा

होने के साथ ही फिर शहर जिन्दा होता है और शहर के साथ सारे मसले एक-एक करके उभरने शुरू हो जाते हैं।

आज कॉलिज में फीस भरने का आखिरी दिन है। अगर आज भी फीस नहीं भरी गयी तो पूरा साल खराब हो जाएगा। वह कई दिन से इसके लिए कोशिश कर रहा है। लेकिन कहीं से कोई उम्मीद नहीं पैदा हुई। निदा तैयार होकर अपने बचपन के दोस्त बीर कुमार के पास जाता है। उसने रात को नशे के दौरान सुबह फीस का बन्दोबस्त करने का वादा किया था। आजकल वह अपने भाई के घर से अलग शीला नाम की एक वेश्या के साथ रहता है। शराब और जुए के साथ अब उसने अफीम भरी सिगरेट की भी तरक्की कर ली है। नया शौक उसे शीला की सोहबत से मिलता है। इस नशे ने उसके शरीर की सारी शक्ति नाभि के निचले हिस्से में उतर आती है। इस अप्राकृतिक अमल ने उसकी रातों को इतना जगाने का आदी बना दिया है कि आधे से ज्यादा दिन बदन की थकान उतारने में गुजारना पड़ता है। शुरू में जो नशा तफरीह के तौर पर किया जाता है वह धीरे-धीरे उसकी आदत बन जाता है। बाप की प्रॉपर्टी से जो थोड़ा-बहुत उसके हाथ लगा था वह इसी किस्म की ऐयाशियों की भेंट चढ़ चुका है। आजकल वह घर में जुए का अड्डा चला रहा है। खुद भी खेलता है और जीतने वालों से नाल भी तोड़कर एक पेटी में जमा करता रहता है। पहले उसका बड़ा भाई उसे घेर-घार के घर ले जाता था। भाभी की रोकथाम और बड़े भाई का एहतिराम इसमें सन्तुलन बना देता था। वह भाई की ठेकेदारी पर जाने लगता था। ढंग के कपड़े पहनने लगता था। फिर किसी दिन भाभी की किसी बात पर या भाई की किसी डाँट से बिगड़कर वापस अपनी पुरानी रविश पर आ जाता। माँ-बाप के मरने के बाद बीर कुमार घर में सबसे छोटा था, लेकिन जब उसके भाई के यहाँ उससे भी छोटे बच्चे आने लगते हैं तो उसकी तरफ तवज्जो कम हो जाती है। भाभी अपनी फैलती हुई गृहस्थी में बँट जाती है और भाई अपनी बढ़ती हुई जिम्मेदारियों में खो जाता है। अब वह बिलकुल आजाद है। इस आजादी के अपराध में वह कई बार जेल भी जा चुका है।

निदा जब उसके घर पहुंचता है तो घर में ताला लगा होता है। रात को पुलिसवाले फिर उसे गिरफ्तार करके ले गये हैं। निदा मायूस होकर जैसे ही लौटता है सामने से शीला आती हुई मिल जाती है। अदालत में बीर कुमार की जमानत की रकम भरने के लिए वह पड़ोस के बनिये के यहाँ अपने गहने पाँच टका सूद पर रखकर आयी है। निदा को देखते ही वह अपने ब्लाउज में से पसीने से भीगा हुआ एक लिफाफा निकाल कर देती है—

"रात को घर से थाने के हरामखाऊ उसे ले गये···साले रोजनदारी भी लेते हैं और पकड़ते भी हैं। यह चिट्ठी तुम्हें देने को बोला था।" लिफाफे में रकम

के साथ कुछ लिखा हुआ भी है, 'निदा, तुम्हारे कालेज की फीस मैं दिये जा रहा हूँ। इस बीच कोई और जरूरत हो तो शीला से कह देना, अपनी पढ़ाई पूरी करना'।

इस बार बीर कुमार की जमानत नहीं होती। केस जुए के साथ मारपीट का भी है। मारपीट में शहर के एक इज्जतदार और रसूखवाले नेता का लड़का है। बात नीचेवालों के हाथ से निकलकर ऊपरवालों के हाथ में चली जाती है। इस बार उसे जेल से लौटने में कई महीने लग जाते हैं। शीला कुछ दिन उसका रास्ता देखती है। माँग में उसके नाम का सिन्दूर भरती है। मन्दिर में रोज शाम को दीया लेकर जाती है। लेकिन जब शरीर के सारे जेवर साथ छोड़ जाते हैं तो वह भी माँग के सिन्दूर और मन्दिर के दीप से विदा ले लेती है। पाँच-दस दिन बाजार में बैठकर पैसा कमाती है और फिर शहर छोड़कर कहीं चली जाती है। बीर कुमार जेल से आता है और यूँ ही बेघर जीवन बिताता है। उसकी हालत दिन-ब-दिन बद से बदतर होती जाती है। जान-पहचानवाले उससे कतराकर गुजरने लगते हैं। सुब्रह से शाम तक शराब और दूसरे नशों में धुत रहता है।

एक दिन सवेरे वह निदा के कमरे में आता है। उसे शायद अपनी अबतरी का एहसास है। वह कमरे में अन्दर आने के बजाय बाहर ही खड़ा रहता है। निदा उसे देखकर बाहर आता है। कई दिनों के मैले कपड़े और शेव ठीक से न होने उसकी हालत का अन्दाजा होता है। वह सिर झुकाये दस रुपये माँगता है और से बिना कुछ बोले खामोशी से चला जाता है। वह हमेशा निदा की मदद करता रहा है। निदा के पास पहले वह जब भी आता था, चुपके से कुछ-न-कुछ तकिये के नीचे रखकर चला जाता था। लेकिन इस बार न वह अन्दर आता है और न निदा के आवाज देने पर वापस मुड़कर देखता है। इस मुलाकात के कुछ दिन बाद, दिसम्बर की एक सर्द रात की सुबह को वह एक फुटपाथ पर मरा हुआ पाया जाता है। निदा के पास बनारस से शीला का खत आता है। उसमें उसकी अपनी नयी तसवीर है और खत में बीर कुमार का पता लिखने की ताकीद है।

फाइन आर्टस कालेज में मकबूल फिदा हुसेन के सम्मान में एक फंक्शन है। निदा को भी इसमें बुलाया गया है। इस जलसे में हुसेन अपने तकरीर के बाद गुजराती लहजे में उर्दू के सस्ते शेर सुनाते हैं और निदा अपनी नयी नज्में पढ़ता है। सुनने वालों में ज्यादा तादाद लड़कियों की है। निदा की घरेलू किस्म की नज्में

जानी-पहचानी 'इमेजरी' और सीधी-सरल भाषा के कारण महफिल को जगाती हैं। इन लड़कियों में एक लम्बे कद और छरेरे बदन की गोरी लड़की निदा के पुराने घर के मुहल्ले की भी है। उसका नाम इशरत है। यह निदा की छोटी बहनों की सहेली है। उसका बाप पुलिस में सब इन्स्पेक्टर है और निदा को कुरान पढ़ाने-वाली उस्तानी का बड़ा भाई है। निदा और उसकी उम्र में पाँच बरस का फर्क है। जब वह पैदा हुई थी तो उसकी छठी के दिन लड़की की दादी एक टोटके के लिए उसे बुलाकर ले गयी थी। निदा ने उस दिन हाथ में नंगी तलवार उठाकर जच्चा के पलंग के सात चक्कर लगाये थे। उसी के बदले में उसे सवा रुपया और मिठाइयाँ दी गयी थीं। यह अमल मुहल्ले एक पंडित के कहने पर, घर में पहली लड़की होने की बदशगुनी को खत्म करने और आइन्दा लड़कों के लिए राह हमवार करने के लिए किया गया था। यह और बात है कि लड़कों के घर से बुलाये गये मँझले लड़के के हाथ में नंगी तलवार देखकर भी बदशगुनी का भूत डरकर भागता नहीं और पहली लड़की के बाद भी चार बच्चे और लड़की बनकर ही जन्म लेते हैं। इनमें बड़ी लड़कियाँ अब पूरी औरतें बन चुकी हैं, छोटी लड़कों से अलग होने की प्रारम्भिक मंजिलों से गुजर रही हैं। कॉलेज में पहली मुलाकात के बाद, इशरत तो पहले से ज्यादा औपचारिक हो जाती है लेकिन उसकी सहेलियों की मुस्कराहटों और आँखों से दोनों का यह रिश्ता चमकने लगा है। निदा की तरह शायद उसने भी अपनी सहेलियों को अपना हमराज बना लिया है। निदा हर दूसरे-तीसरे दिन किसी-न-किसी बहाने उसके घर जाने लगता है, और देर तक यूँ ही बैठा रहता है। खामोशी जुबान बन गयी है। कई लड़कियों के घर में एक लड़के के आने से घर की खामोशियाँ ज्यादा बातूनी हो जाती हैं। छोटी ज्यादा बेतकल्लुफ है। वह जब तक वहाँ रहता है, वह किसी-न-किसी बहाने उसके गिर्द मँडराती रहती है। बिना माँगे पानी ले आती है। थोड़ी-थोड़ी देर बाद चाय ले आती है। उसकी बातों में वह इतनी खोयी रहती है कि घर में अपने जिम्मे का काम अधूरा छोड़ देती है। माँ अन्दर बावर्चीखाने में होती है। उसके बार-बार आवाज देने पर भी वह टस से मस नहीं होती। इशरत से छोटी बहन को, जो उससे एक साल छोटी है, अपनी बड़ी बहन के लिए दिये रहने के अन्दाज और निदा के सामने उसकी नपी-तुली चाल-ढाल में कुछ काला नजर आने लगा है। इस एहसास ने उसमें जलन पैदा कर दी है। वह निदा को तरह-तरह से सताकर उसे अपने होने का एहसास दिलाती है। बाहर आँगन में पेड़ों को पानी देते हुए लेजम का मुँह उसकी तरफ कर देना, पीछे से चुटकी लेकर हँसते हुए भागना, पैर को जोर से झटककर गीली मिट्टी से सफेद कमीज दागदार बनाना उसकी खास शरारतें हैं। उसकी इस किस्म की शोखियों से दोनों बहनों में तनातनी सी रहती है। वह बातों-बातों में एक-दूसरे के सामने मोरचा बना लेती हैं। लेकिन

निदा की मौजूदगी में इशरत छोटी के मुकाबले में अपनी संजीदगी का सन्तुलन खोने में हिचकिचाती है। छोटी बहन उसकी इस कमजोरी का फायदा उठाती है। इशरत उसके लान-तान का जवाब देने के बजाय सिर्फ उसकी तरफ गुस्सैली आँखों से देखती है और थोड़ी देर के लिए अपने कमरे चली जाती है। वह कमरे में जाकर भी निदा की आँखों से ओझल नहीं होती। फ़ासलों की भाषा में वे एक-दूसरे से बातें करते रहते हैं।

कॉलेज जाते और वहाँ से लौटते में वह निदा के कमरे के सामने से गुजरती है। उसके आने का समय उसके आने से एक-डेढ़ घंटे पहले से ही शुरू हो जाता है। हाथ की घड़ी की रफ्तार सुस्त हो जाती है। उसके आने तक गुजरते हुए ताँगों की गिनती, और सामने के मन्दिर में पूजा करने वालों का शुमार कभी रोज जैसा होता है, कभी कम-ज्यादा होता है। लेकिन उसके आने और गुजरने के दरमियान की हल्की-सी मुस्कराहट सारे दिन उसके जिस्म में महकती रहती है। इन दूरियों को पाटने के लिए इशरत ने अपनी एक सहेली को हमवार किया है। इसका नाम विजया है। वह पैगाम लाने ले जाने के साथ दोनों को मिलाने का नेक फर्ज भी निभाती है। वह इशरत से ज्यादा अनुभवी है! इशरत को इस वादी में कदम रखे अभी मुश्किल से पाँच-छह महीने ही हुए हैं, जबकि वह इश्क के कई मौसमों से गुजर चुकी है। उसका नया दोस्त मुरार की फौजी छावनी में कप्तान है। गुजरी हुई हिन्द-चीन और आगे होनेवाली हिन्द-पाक जंगों के बीच की पुरअमन मुद्दत में वह कई बार एक-दूसरे को जीत चुके हैं। लगातार जीतों ने, छोटी बस्तियों की आम लड़कियों के मुकाबले में उसे ज्यादा बेबाक और निडर बना दिया है। पहली बार वही इशरत को निदा के कमरे में लाती है। विजया बाहर के हिस्से में बैठी निगरानी भी करती है और वे दोनों विश्व की सारी जमीन और सारे आसमान को छोटे से कमरे में समेटने का चमत्कार जगाते हैं। चमत्कार के बाद जमीन और आसमान को फिर से अपनी जगह फैलाकर निदा बाहर निकल जाता है। उसके बाहर जाते ही उसका कमरा फौजी कप्तान और विजया की निकटता का हमराज बन जाता है। निदा सामने होटल में बैठा उनके विदा होने का इन्तजार करता है। फौजी इस एहसान के बदले में 'मिलेटरी कैंटीन' से हर दूसरे-तीसरे दिन किसी अरदली के हाथ 'रम' की बोतलें भेजता रहता है, जिन्हें निदा अपने दोस्तों के साथ रात को देर तक खाली करता रहता है।

एक-दो बड़े बाजार, तीन-चार सड़कों और गिनती के चंद मुहल्लों की बस्ती में कोई राज देर तक राज नहीं रहता। वक्त की धीमी गति सबको एक-दूसरे से ज्यादा ही वाकिफ करा देती है। सब एक-दूसरे को, कपड़ों के रंग और डिजाइन और आने-जाने की दिशाओं से जानते हैं। स्टेशन पर उतरने वाले अजनबी मुसाफिरों में नये-पुराने ताँगों के घोड़े बगैर गली-मुहल्ले के पते के भी सही

ठिकानों पर पहुंचाते हैं। खुशी, सोग, पीठ पीछे की बुराई सामूहिक मूल्य हैं। फुरसतें दीवारें फलांगकर दूसरे के आंगनों में घूमने-फिरने की आदी हैं। इशरत के निदा के कमरे तक आने की खबर उसके घर तक पहुँच जाती है। निदा का उसके घर आना-जाना बन्द हो जाता है। लेकिन विजया पहले की तरह अब भी अपने फौजी दोस्त के साथ आती रहती है और दोनों के खतों को इधर से उधर पहुंचाती है। इस तरह कभी पिक्चर हाउस में, कभी विजया के घर में चोरी-छिपे की मुलाकातें जारी रहती हैं। बात अब निदा के कमरे और लड़की के घर से निकलकर हर तरफ फैल जाती है। लड़की के मां-बाप उसके आने-जाने पर नजर रखने लगे हैं। सुबह कॉलेज जाते वक्त छोटा भाई उसके साथ होता है और वापसी पर दूर के रिश्ते का मामू (जो कभी सुभाषचन्द बोस की आजाद हिन्द फौज में शामिल रहा है) अपनी बड़ी-बड़ी मूंछों और छोटी गोल आंखों पर फैली हुई घनी भवों से जवान रास्ते को इधर-उधर भटकने से बाज रखता है। उनका नाम मकबूल है। आजकल सोशलिस्ट पार्टी के सदस्य हैं। रास्ते में हर मिलने-जुलने वाले को राजनैतिक सूझबूझ देना उनकी आदत है। बातों की झोंक में लड़की जेहन से गायब हो जाती है, कुछ देर बाद ख्याल आता है तो साइकिल दौड़ाकर उसे फिर पकड़ते हैं। सारे रास्ते वह इसी तरह रुकते, साइकिल दौड़ाते दिखाई देते हैं। जबसे वह इस काम पर लगे हैं निदा उनकी लम्बी तकरीरों से महफूज है। ये सारे प्रतिबन्ध लड़की का जेहन बदलने में नाकाम साबित होते हैं। वह निदा के साथ शहर से कहीं दूर जाने का प्लान बना रही है। इस योजना में विजया की नसीहत भी शामिल है। कब जाना है और कहां जाना है इसका फैसला निदा के हाथ है। लेकिन उसके आर्थिक हालात लड़की के विद्रोह का साथ नहीं देते। वह वादा तो कर लेता है, सफर की तैयारी भी करता है, लेकिन ऐन वक्त पर वह वहां नहीं पहुंच पाता जहां रात के अंधेरे में दो इन्तजार करती आंखें आसमान के सारे सितारों को कई बार गिनकर थकने लगती हैं। रात के बाद सुबह होती और सुबह फिर शाम में ढल जाती है।

रात के बाद नये दिन की सहर आएगी
दिन नहीं बदलेंगे तारीख बदल जाएगी।

इन दिनों कोई आमदनी का जरिया नहीं है। कमरे का किराया चढ़ चुका है। कॉलेज की पढ़ाई कामकाज की तलाश की नजर हो चुकी है। रोटियाँ चाँद की तरह खूबसूरत होकर दूर से लुभाने लगी हैं। दिन-भर इधर-उधर भटकने के बावजूद, कभी सुबह का नाश्ता दोपहर के खाने से नाराज रहता है, कभी रात का भोजन इन दोनों से अपनी नाराजगी का इजहार करता है। निचले मध्यम वर्ग के वातावरण की परवरिश ने जरूरतों को गूंगा कर दिया है। न होठ परेशानी के लफ्जों में अदा कर पाते हैं, न हाथ मजबूरी बनकर फैलते हैं। हिन्दी के मशहूर कथाकार शानी भोपाल से ग्वालियर ट्रान्सफर होकर आये हैं। उनकी कहानियाँ शहर में उनसे ज्यादा चर्चित हैं। 'काला जल' के चर्चित उपन्यासकार शानी एक सरकारी पत्रिका 'मध्यप्रदेश सन्देश' के सम्पादक मंडल में हैं। दिन में एक-दो बार उनसे मुलाकात होती है। यह निदा के हालात का अन्दाजा उसके चेहरे से लगाते हैं। उनके कहने पर वह एक पूरी रात जागकर 'मध्यप्रदेश सन्देश' के लिए ग्वालियर के एक पुराने उस्ताद शायर स्वर्गीय नारायणप्रसाद मेहर पर लेख तैयार करता है (मेहर 'दाग़' के जानशीन हैं। अपनी सरल सहज भाषा और क्लासिकी रचाव के कारण, शायरी के उस्ताद शायरों में गिने जाते हैं)। ऐसी पत्रिकाओं में कवि या लेखक के जन्म या स्वर्गवास की तारीखों पर ही लेख प्रकाशित किये जाते हैं। लेकिन निदा की जरूरत रात के अँधेरे में जानशीने 'दाग' मेहर ग्वालियरी को उनकी वफ़ात से दो महीने पहले ही मार देती है। लेख लेकर वह सवेरे ही 'सन्देश' के कार्यालय पहुँच जाता है और शानी हस्बे वादा पारिश्रमिक की एडवान्स रकम चालीस रुपये का चैक उसे दिलवा देते हैं। पत्रिका चार-पाँच दिन में उस लेख के साथ बाहर आती है। मेहर साहब के बड़े लड़के बदरी प्रसाद, जो कोर्ट में जज हैं, अपने बाप की बेवक्त हत्या पर 'सन्देश' के सम्पादक को मुजरिम ठहराते हैं। शानी को पहली बार ऑफिस के काम में उनकी बेध्यानी पर नोटिस मिलता है। शानी परेशान हैं। निदा अपनी भूल स्वीकार करने के बजाय बदरी प्रसाद से मिलता है और उनके सामने उर्दू किताबों के किताबत (उर्दू हाथ से लिखकर छापी जाती है) की उलझनों को एक केस की तरह पेश करता है। वह उन दलीलों से कायल होकर निदा को बेवक्त की हत्या के अपराध से बरी ही नहीं करते, बल्कि सम्पादक को फोन करके, अपने पिता की सही जन्म-तिथि पर निदा से एक और मजमून लिखवाने की ताकीद भी करते हैं। शानी आश्चर्य में हैं और निदा को दूसरे लेख की भी पेशगी रकम मिल जाती है। बदरी प्रसाद की सिफारिश पर सम्पादक निदा से इस किस्म के और भी लेख लिखने को कहते हैं लेकिन इन्हीं दिनों उसे 'इरीगेशन' के ऑफिस में एक 'लीव वैकेंसी' पर तीन महीने के लिए क्लर्क बना दिया जाता है।—और इस तरह वह पुराने शायरों को वक्त से पहले मारने या पैदा करने के खुदाई काम से दूर हो जाता है।

यह ऑफिस शहर से दूर एक वीरान इलाके में है। पुरानी खपरैलों की छत दोपहर-भर भट्टी की तरह तपती है। ऑफिस के बूढ़े अधेड़ कर्मचारी हाथों को कलम के लिए कम इस्तेमाल करते हैं, इनसे हाथ-पंखे ज्यादा घुमाते हैं। थोड़ी-थोड़ी देर बाद चन्दा करके चपरासी से बर्फ मँगवाकर मटके में डाली जाती है। एक-दो तो कमीज उतार कर काम करते हैं। निदा को यह मुलाजिमत इस शर्त पर मिली है कि तीन महीनों में एक पूरी पगार एक सौ पैंतीस रुपये बतौर रिश्वत ऑफिस के हेड क्लर्क को दिए जाएँगे। लेकिन पगार के दिन निदा अपना वादा पूरा करना भूल जाता है। हेड क्लर्क एक दिन इन्तजार कर जब दूसरे दिन तकाजा करता है तो वह वादे को ईमानदारी से निभाने के बजाय, इस भ्रष्टाचार के खिलाफ इंजीनियर के ऑफिस में लिखित शिकायत कर देता है। वह अपनी चालाकी पर खुश है। उसने समाजी अन्याय के विरुद्ध आवाज बुलन्द की है। उसकी इस शिकायत से ऑफिस में उसका अच्छा-खासा रौब जम जाता है। हेड क्लर्क भी निहायत नर्म अन्दाज में उससे मिलता है। ऑफिस के दूसरे लोग भी प्रभावित हैं। वह हैरत से उसे देखते हैं और निदा भी हर रोज लंच के समय उनके बीच बैठकर गर्व के भाव में उन्हें समाज में इन्सान के महत्त्व और उसके अधिकारों की जानकारी देता रहता है। रूस की तरक्की की शाब्दिक तसवीर दिखाता है, चीन की खुशहाली का राज बताता है। होची मिन्ह की कविताएँ सुनाता है। लेकिन दूसरे महीने के पन्द्रह दिन गुजरने से पहले ही, इंजीनियर के आदेश के पालन में हेड क्लर्क उसे नौकरी से अलग कर देता है। उसकी जगह पर दूसरा आदमी काम करता है। उससे हेड क्लर्क और इंजीनियर दोनों खुश हैं। वह निदा की तरह अकेला नहीं है। उसका घर है, बाल-बच्चे हैं। वह किताबी इबारत और सांसारिक हकीकत के फर्क से वाकिफ है और निदा से ज्यादा जिम्मेदार भी।

मिट्टी हवा लेकर उड़ी
घूमी फिरी वापस मुड़ी
कब्रों पे कुतबों की तरह
लिखी हुई है जिन्दगी

पड़ोस की मसजिद के ऊँचे मीनार से सुबह की अजान की किरण फूटती है। अल्ला हो-अकबर! खामोशियों के धुंधलकों ने सवेरे की पहली आहटें जगमगाती

हैं। मन्दिर की घण्टियाँ आरती का भजन गुनगुनाती हैं। ताँगों में जुते घोड़ों की गर्दनों में बँधे घुंघरू, दूर सड़क से करीब आते-आते, खनकती हुई सरगोशियाँ बन जाते हैं। प्रकृति किसी अन्जानी ज़ुबान में रोज की तरह आज भी कुछ दोहरा रही है। शहर के एक खामोश इलाके से अँधेरे की चादर हटती है। एक खुले दालान के सामने, पुरानी लकड़ी का दरवाजा आधा खुला आधा बन्द है। रात की नमाज के बाद वह दरवाजा बन्द हो जाता है और सुबह मुसलमान परिन्दों की कलमागोई के साथ खुलता है। हर रोज की तरह दूधवाला, मोहन, राधा का संसार 'वह ही दर्पण वो ही दर्शन वो ही रूप सिंगार' गाता हुआ साइकिल पर आता है और इस दरवाजे के पास रखे हुए चीनी के एक खाली प्याले में दूध निकालकर डालता है और दरवाजे की पीतल की साँकल बजाता है। कुंडी की आवाज सुनकर रोज की तरह आज 'हां भाई' की आवाज नहीं आती। दूध की सुगन्ध पाते ही सिर्फ एक बिल्ली बाहर आती है। आधी काली आधी सफेद। बीच द्वार में खड़ी होकर पहले वह अँगड़ाई लेती है और फिर दूधवाले को घूरती हुई बरतन में मुँह डाल देती है। यह बिल्ली, जिसका नाम रेशम है, पिछले कई महीनों से यहीं रहती है। पैदा होने के दो-तीन दिन बाद ही इसके दूसरे बहन भाई मुहल्ले के अलग-अलग घरों में विभाजित होकर बच्चों का खिलौना बन जाते हैं। इन सबके नाम उन मकानों के धर्मों के लिहाज से हिन्दू, मुस्लिम, ईसाई हो जाते हैं। मगर रेशम अपनी माँ का साथ नहीं छोड़ती। एक दिन सड़क पार करते हुए उसकी माँ एक ताँगे के पहिये में ऐसी उलझती है कि वहीं ढेर होकर रह जाती है। यह बेचारी दिन-भर सड़क के कुत्तों से बचती-बचाती, इधर-उधर भटकती हुई इसी पीतल की साँकल-वाले दरवाले के सामने पेट में मुँह डालकर बैठ जाती है। मकानवाली जब शाम को आती है तो उसे इस पर दया आती है। एक तन्हाई दूसरी तन्हाई का सहारा बन जाती है।

गम है आवारा अकेले में भटक जाता है
जिस जगह रहिए वहाँ मिलते मिलाते रहिए।

रोज की तरह आज भी उसके लिए दूध आता है। लेकिन इस बार इस घर में यह उसका आखिरी दूध होता है। किरायेदार के आते ही, मकान मालिक पानी की कई बाल्टियों से कमरे को मौत के असर से पाक कर देता है। कमरे में ताला डालकर, 'मकान किराये के लिए खाली है' की पुरानी तख्ती फिर से लटका दी जाती है। कल तक इसमें जेबन थी। मुहल्ले का बनिया और दूधवाला अपने खातों में जेबन के नाम पर सुर्ख लकीर फेर देते हैं। मगर रेशम के जेहन में वह शायद कटोरे-भर दूध के रूप में अभी तक जिन्दा है। वह दूध की उम्मीद में इधर आती है और जब निश्चित समय पर दूध का बरतन अपने स्थान पर नहीं

पाती तो बन्द दरवाजे में लगी पीतल की घुंडियों में पंजे लगाकर खुद को जख्मी कर लेती है। आस-पड़ोस का ख्याल है कि वह स्वर्गवासी के प्रेम में ऐसा करती है। जेबन के रुखसत होते ही, रेशम के अतिरिक्त उसकी सारी चीजों को कई ठिकाने मिल जाते हैं। मरने के बाद उसके कई वारिस जाहिर होते हैं। छोटी बहन नन्ही, उसका लड़का आसिफ, सैयद का बड़ा लड़का, उसकी पत्नी और न जाने कौन-कौन ! मुरदे की जिन्दा सम्पत्ति ने जिन्दों से नाता जोड़ लिया है। दूसरे घर के निवास ने रेशम की पुरानी आदत को भी धुँधला दिया है। जेबन को उसी के माँ-बाप की कब्रों के बराबर दफन किया गया है। जेबन की एक गजल का मतला है :

दास्ताँ की दास्ताँ तस्वीर की तस्वीर है
है अदाए अर्जे मतलब, पैकरे खामोश में।

जेबुन्निसा तस्वीर (उपनाम) ने खुद शायरी कम की है, अपने शायराना रख-रखाव से दूसरे शायरों को अधिक प्रभावित किया है। इन प्रभावित होने वालों में मुर्तुजा हसन 'दुआ' (उपनाम) का नाम भी है। 1936 में छपे उनके संकलन का नाम उसी के उपनाम की रियायत से 'तस्वीरे दुआ' है। उसके पहले पृष्ठ पर एक मतला यूँ है :

इसमें रुदादे-मुहब्बत ऐ 'दुआ' तरहीर है
यह मेरा दीवान मेरे हाल की तस्वीर है।

दुआ की ये रुदादे-मुहब्बत (प्रेम कथा) उनके पाकिस्तान जाने से पहले ही खत्म हो जाती है। अब वह नये माहौल में रच-बसकर अतीत को भूल चुके हैं। भारत की अचकनें, वायल और जार्जेट के कुरते, और अलीगढ़काट पाजामे अब पठानी सलवार और लम्बी कमीज में बदलकर इस्लामी हो जाते हैं। उम्र ने मिजाज को धार्मिक बना दिया। पाँचों वक्त की नमाजें और हर नमाज के बाद एक सौ एक दानों की तस्बीह (सुमिरनी) पर खुदा और रसूल के नाम को दोहराते हैं और बीवी-बच्चों की खुशहालियों के लिए दुआ फरमाते हैं, या फुरसत के क्षणों में पुरानी यादों को नये शेरों में ढालते रहते हैं। लड़के-लड़कियों के रिश्तों की चहल-पहल है। हर फैसले में उनकी राय जरूरी है। लेकिन वह आखिरी दम तक अपने अतीत से चिमटी रहती है। मरने से एक दिन पहले वह निदा के सामने से गुजरती हुई रुकती है और वही बार-बार पूछे जानेवाले सवाल फिर से दोहराती है—

"तुम्हारे बाप का कोई खत आया ? वह अच्छे हैं ?"

"जी हाँ अच्छे हैं।"

मुख्तसिर-से सवाल का मुख्तसिर-सा रस्मी-सा जवाब सुनकर, 'मौला का शुक्र है' कहती हुई वह आगे बढ़ती है और दूसरे दिन अतीत और वर्तमान के झमेले से हमेशा के लिए आजाद हो जाती है।

एक मुसाफिर के सफर जैसी है सबकी दुनिया, कोई जल्दी में कोई देर से जाने वाला।

करीब की हर मौत इर्दगिर्द की बेमानी चीजों में कुछ देर को नये अर्थ जगा देती है। सूरज, परिन्दे, फूल, जानवर, जाने-अनजाने चेहरे सब जीवन और मौत की कशमकश और उसके रहस्य के प्रतीक बन जाते हैं। निदा अपने कमरे के सामने बैठा हुआ देखता है कि उसके दायें हाथ को कहीं से आकर, एक काला चींटा अपने किसी सफर में एक पुल की तरह इस्तेमाल कर रहा है। वह थोड़ी देर यूँ ही उसे चलता हुआ देखता है और फिर हाथ की हरकत से जमीन पर नीचे गिर जाता है। नीचे गिरकर भी वह रुकता नहीं है। उसका सफर जारी रहता है। इसी तरह वह चलते-चलते काफी आगे बढ़ जाता है। अब वह निदा से एक गज की दूरी पर है। उसके इस तरह बढ़ते रहने से निदा में उसे देखते रहने की दिलचस्पी पैदा कर दी है। दोनों में तमाश और तमाशाई का सम्बन्ध बन जाता है। लगता है चींटे को कहीं जाने की जल्दी है। अब तक वह कमरे की छज्जे की हद तक था लेकिन अब वह छज्जे के साये से बाहर निकलकर खुले मैदान में आ गया है। जहाँ आने-जानेवालों के पाँव हैं, धरती पर अपना भोजन खोजनेवाले परिन्दों की नोकीली चोंचें हैं, दरख्तों से उतरती हुई बिन आँखों की हवाएँ हैं, और फिर उसके आगे··· चलती हुई सड़क है। जिस पर गाड़ियाँ, साइकिलें, ताँगे, भाजी-तरकारी-वालों के ठेले और गाड़ियाँ लगातार गुजरती हैं। चींटे के आकार की दृष्टि से यह न जाने कितना बड़ा संसार होगा। वह चारों तरफ से खतरों से घिरा हुआ है। लेकिन गति में है। पता नहीं उसे इसका एहसास है भी या नहीं। कहते हैं बहुत से जानदार सोचने-समझने की क्षमता से दूर होते हैं।

एक बच्चा, कन्धों पर स्कूल का बस्ता लटकाये नजर आता है। बच्चे की रफ्तार उसके बचपन की तरह ही बेपरवाह है—आँखें कहीं पाँव कहीं। उसके जूते के तले और चींटे के बीच अब बस एक ही कदम की दूरी है। यह दूरी कम होते ही उसका बच्चे के जूते के नीचे आना यकीनी है। निदा इस हादसे से पहले

बच्चे को रोकना चाहता है, लेकिन उसके उठने से पहले ही बच्चे का पांव रस्ते पर उखड़े हुए पत्थर से उलझता है और वह अपनी किताबों के साथ चींटे की ओर से तिरछा होकर गिर जाता है। उसके घुटने में चोट आती है। वह कुछ देर वहीं बैठ जाता है। रोता रहता है। निदा उसकी किताबें समेटकर उसे उठाकर बहलाता है। लेकिन उसके रोने और जख्मी घुटने की चोट से बेखबर चींटा अपनी धुन में खोया है। वह बराबर निदा की नजरों में है। निदा इस समय अपने बारे में सब-कुछ भूला हुआ है। उसे इस वक्त सिर्फ उसकी रफ्तार से सरोकार है। कभी वह सोचता है कि यह जान-बूझकर आत्महत्या कर रहा है। उसे इस पर तरस भी आता है और इसकी बेवकूफी पर गुस्सा भी आता है। कहीं कोने खुदरे में दुबका होता तो अच्छा होता। कभी उसे ख्याल आता है कि हर जीव का एक समय निश्चित होता है और उस पूर्वनिश्चित समय से पहले मौत खुद जीवन की हिफाजत करती है। चींटा अब रेंगता हुआ सड़क के बिलकुल करीब पहुँच गया है। शायद इसका सफर यहीं तक हो! जिसकी मिट्टी जहाँ होती है वह वहीं आकर जिन्दगी की आखिरी साँसें पूरी करता है। मिट्टी को मिट्टी पुकारती है। अब जैसे ही वह सड़क से जुड़े पत्थर से उतरेगा उसकी रफ्तार भी हमेशा के लिए खामोश हो जाएगी। लेकिन यहाँ तक पहुँचना भी इस नन्ही-सी जान को देखते हुए एक चमत्कार से कम नहीं है।

इन्सानों के अतिरिक्त किसी के अलग-अलग नाम नहीं होते, वह सब अपनी किस्म और नस्ल से, एक ही नाम से जाने जाते हैं—जैसे चींटा कहीं का हो, छोटा हो या बड़ा, सिर्फ चींटा होता है। शेर सिर्फ शेर और हाथी सिर्फ हाथी होता है। गाय दूध दे या बोझ ढोये, एक ही नाम से पुकारी जाती है। शायद इसीलिए इनमें मौत का मातम और पैदाइश का जश्न नहीं होता। ये इकाइयों में विभाजित नहीं होते। चींटे और मिठास का रिश्ता भी अजीब है। दोनों सदियों से अपने रिश्ते की वजेदारी निभा रहे हैं। जिन्दगी की कड़वाहट भी मौत के दायरे में शायद मीठी हो जाती है। मिठास और चींटे को लाख अलग करने की कोशिश करो, लेकिन जब भी मौका मिलता है ये दोनों एक-दूसरे के करीब हो जाते हैं। शायद यह भी किसी मिठास को अपनी मंजिल बनाये हुए हैं। इस मिठास के अतिरिक्त इस पल सारा विश्व उसके लिए अर्थहीन है···चींटा अब पत्थर से उतर चुका है। सामने सड़क है। एक मोटर सामने से आती दिखाई देती है। उसके आगे धूल उड़ रही है। इस धूल में यह भी अपनी चौकड़ी भूल जाता है। इस गुबार में वह जमीन से ऊपर उठता है और करीब से जाते हुए एक पुलिसवाले के बूट पर गिरकर ठहर जाता है। मोटर गुजर जाती है और वह खामोशी से पुलिसवाले के नपे-तुले कदमों की रफ्तार में जूते से नीचे उतरकर पहले की तरह बाकी की सड़क पार करने लगता है। निदा के दायें हाथ से, सामने की सड़क तक

लगातार कई हादसों से बचता हुआ वह यहाँ तक आया है। अब मुश्किल से एक ही फुट का रास्ता बाकी है। जैसे ही वह सड़क पार करके फुटपाथ के पत्थर तक पहुँचेगा, फिर उसे कोई खतरा नहीं है। फुटपाथ से पहले एक नाली जरूर है। इस नाली के पानी से पार उतरना भी बड़ी समस्या है, इसके सूक्ष्म अस्तित्व के हिसाब से तो इतना पानी भी समुन्दर जैसा चौड़ा और गहरा होगा, मुमकिन है यह ही उसकी अन्तिम मंजिल हो ! पानी के बहाव में वह भी बह जाएगा। पानी आगे जाकर किसी नदी में खो जाएगा और नदी समुन्दर में मिलकर स्वयं समुन्दर बन जाएगी।

माला लक्कड़ ठाकुर पत्थर सगरे पानी पानी
रामा कृष्णा मरते देखे चारों वेद कहानी

इतने बड़े संसार और उसकी रंगारंग चहल-पहल में एक चींटे का संघर्ष भला किसको याद आएगा। यहाँ तो हिरोशिमा अथवा नागासाकी की तबाहियाँ भी कुछ दिन बाद इतिहास का अनावश्यक हिस्सा बनकर लायब्रेरियों में बन्द हो जाती हैं। हिन्द-चीन की सीमाओं पर काम आनेवाले कितने सिपाहियों के नाम लोगों को याद हैं। दंगों के समाचारों में चलते-फिरते इन्सान गिनती के रूप में, अखबारों में प्रकाशित होते हैं। यह गिनती भी सरकारी और गैर सरकारी होती है—दस, पचास, साठ, हजार। इन गिनतियों में छिपे हुए नाम, इन नामों में पोशीदा नफरतें, मुहब्बतें, जमीनें, नस्लें, इच्छाएँ कितनी दास्तानें देखते-देखते खामोश हो जाती हैं। न इनसे कोई लोकगीत बनता है न इन्हें कोई दोहराने का कष्ट उठाता है।—और दुनिया यूँ ही चलती रहती है। हिन्दुस्तान से कटकर पाकिस्तान बनता है, पाकिस्तान टूटकर बांग्लादेश अलग होता है, गोवा वापस भारत में मिल जाता है। सरहदी गांधी का बुढ़ापा हिन्दुस्तान से भी खफा है, पाकिस्तान से भी नाराज है। हर साल आजादी का जश्न मनाया जाता है। यहाँ नेताओं की समाधियों पर फूल चढ़ाये जाते हैं। वहाँ कौम के रहनुमाओं के मजारों पर चिराग जलाये जाते हैं। मुरादाबाद, सिन्ध, नोआखली, वियतनाम, लेबनान उभरते रहते हैं, डूबते रहते हैं। इन्सानी तबाही के डायनामाइट ईजाद करने वाला अपने नाम पर शान्ति का 'नोबेल प्राइज' घोषित करता है।

निदा हैरत से देखता है—फुटपाथ के पत्थर से नीचे उतरने से पहले ही सड़क के किनारे खड़े पीपल के दरख्त से, हवा से हिलकर एक सूखा हुआ पत्ता ठीक उसी जगह आकर गिरता है जहाँ चींटा पत्थर से उतर रहा है। वह चींटे की किश्ती बन जाता है। किश्ती पानी के बहाव में किनारे से लगती है और चींटा किसी पावन यात्रा से आये हुए साधु की तरह मुंडेर पर चढ़ता है। वह एक लम्बा सफर पूरा कर चुका है। अब शायद वह उस मिठास के निकट हो जाएगा जिसकी

खुशबू आवाज बनकर देर से उसे पुकार रही थी। वह आगे बढ़ता है लेकिन उसी पल नाली से लगी मुंडेर पर एक पीली चोंचवाली मैना कहीं से आकर अचानक उतरती है। वह अपनी रफ्तार में खोये हुए चींटे पर पहले चोंच मारती है और फिर मुँह में भर कर उड़ जाती है।...

चिड़िया ने उड़कर कहा, मेरा है आकाश
बोला शिखरा डाल से, यूँ ही होता काश !

निदा की जेब में एक छोटी-सी सोने की जंजीर पिछले कई दिनों से उसकी ईमानदारी का इम्तहान ले रही है। यह जंजीर उसे अपने कमरे में पड़ी हुई मिली है। यह शायद इशरत की सहेली विजया की है जो उसके फौजी दोस्त के हमलों का शिकार होकर, पलंग के पाये की आड़ में पनाह लिए हुए थी। इस बीच वह कई बार इशरत से मिल चुका है। हर बार वह इसको वापस करने का इरादा भी करता है। लेकिन ऐसा होता नहीं। जबसे उसकी ईमानदारी ने उसकी तीन महीने की नौकरी की कुर्बानी वसूल की है वह इससे डरा हुआ है। इस ईमानदारी की शोहरत ने छोटे शहर में रोजगार के दूसरे जरिये भी समाप्त कर दिये हैं। लोग मदद करने में डरने लगे हैं। निदा को अपनी गलती का एहसास है। ग्वालियर में अब रहना मुश्किल होता जा रहा है। वह मजबूरन एक दिन अपनी जेब में छिपी ईमानदारी को सर्राफे जाकर नोटों में तब्दील कराता है और मकान का कई महीने का चढ़ा हुआ किराया और दूसरे छोटे-बड़े उधार अदा करके ईमानदारों में अपना नाम लिखाता है। बाकी के जो पैसे बचते हैं उनसे टिकट लेकर दिल्ली की तरफ रवाना हो जाता है। उसने इशरत से जल्द लौटने का वादा किया है। इस सफर में उसके कई खत और दायें हाथ की बीच की अँगुली में उसकी चाँदी की एक अँगूठी जिस पर उसके नाम का पहला अक्षर 'आई' बना है, निदा के साथ है। दिल्ली में निदा की एक खाला रहती हैं। यह उसकी माँ की मामूजाद बहन है। कटरा मेहर परवर में उनका बड़ा-सा दो-मंजिला मकान है। ग्वालियर में जब भी वह आती थीं बहुत टूटकर मिलती थीं। हर दुःख-सुख में उनकी शिरकत थी। निदा स्टेशन से सीधा वहीं जाता है। वह उसे देखकर पहले की तरह बहुत खुश होती है। आँखों में आँसू छलकते हैं। थोड़ी देर में नाश्ते के आने तक पूरे खानदान का इतिहास दोहराया जाता है। इस इतिहास में जमील

फातिमा के दुःख और मुर्तुजा हसन की रंगीनियों की भी पूरी कहानी होती है। इस कहानी के दौरान भीगती आँखों को घड़ी-घड़ी दुपट्टे के पल्लू की बार-बार जरूरत पड़ती है।

"सारी जिन्दगी तो जमीला को चैन नहीं लेने दिया, अब बुढ़ापे में जब थक-हार चुके, तो घर का ख्याल आया। हमारी बहन ने तो तुम्हारे और तुम्हारे बाप के लिए खुद को कुर्बान कर दिया।"

निदा के लिए एक कमरा खोल दिया जाता है। शुरू में मेहमान की तरह खूब आवभगत होती है, लेकिन जब मेहमान नये से पुराना होता है तो मेजबानी मेहरबानी में तब्दील होती है। उनका रवैया बदलने लगता है। एक रात को वह दिन-भर 'दिल्ली जो एक शहर था आलम में इन्तखाब' की खोज-खबर लेकर लौटता है तो मालूम होता है कि उसका सामान करीब की एक मसजिद के हुजरे (कोठरी) में शिफ्ट कर दिया गया है। मसजिद में रहने के अपने आदाब होते हैं। इन आदाब में मुंह अँधेरे की जगार जरूरी शर्त है। रात को देर तक जागने की तरह सुबह पाँच-साढ़े पाँच बजे उठकर खुदा को याद करना रोज का नियम है। कभी इत्तिफाक से जल्दी आना हो जाए तो रात की नमाज के बाद मसजिद के इमाम का वजीफा पूरा होने तक यादे-खुदा में घुटनों के बल बैठना भी पड़ता है। मुसलसल बैठने से घुटनों का दर्द थोड़ी देर बाद सुन्न होकर गायब हो जाता है ऐसी हालत में जब थकन नींद बनकर आँखों से झाँकती है तो इमाम के वजीफे की आवाज तस्बीह के दानों से बाहर निकलकर कानों से टकराती है और नींद खुदा के घर में खुदा के डर से कोसों दूर हो जाती है। यूं तो वह वजीफा खत्म करते ही अपने घर चले जाते हैं लेकिन जब बुढ़ापा घर का फासला बढ़ा देता है तो वह मसजिद में ही रह जाते हैं। ऐसी सूरत में नौजवानों की लानतों और इस्लाम की बरकतों पर उनका देर तक वाज फरमाना जरूरी है। और इन ऊँचे आदर्शों से अपने दीनों-दुनिया संवारना सुननेवालों की मजबूरी है।

मसजिद का हुजरा वुजू के हौज के करीब है। हुजरे की दीवार के साथ वह लम्बा-सा तख्ता टिका है, जिस पर लिटाकर मुहल्ले के मरनेवालों को आखिरी स्नान दिया जाता है। यह तख्ता और दूसरी चीजों की तरह मसजिद की सम्पत्ति है और आमदनी का जरिया भी। ये तख्ता हफ्ते में एक-दो बार किराये पर बाहर जाता है और अपना फर्ज पूरा करके, खुद भी नहा-धोकर अपनी जगह आकर टिक जाता है और मरनेवाले के गम में देर तक बूंद-बूंद आँसू टपकता रहता है। इसकी झिरियों से टपकते हुए आँसुओं ने बिना खिड़की और रोशनी के इस कमरे की फिजा को ही गमनाक नहीं बनाया है। इस गम में खुद भी काला और खुरदरा हो गया है। फर्श पर न जाने कब की बिछी हुई पुरानी दरी भी इस सोग में बराबर शरीक रहती है। मुसलसल सीलन से इसके नक्शोनिगार धुंधला

चुके हैं। इस पर बने हुए गुम्बद और मेहराबें दरी से निकलकर हवाओं में घुल-मिल चुकी हैं। फर्श और दरी के इस मिले-जुले गम ने दोनों का रिश्ता इतना अटूट बना दिया है कि एक को दूसरे से अलग करना कठिन है। दरी को जिधर से उठाओ फर्श भी कराहता हुआ महसूस होता है।

तहज्जुद गुजार (रात-भर इबादत करने वाला) मच्छर खुद भी यहाँ रात-भर इबादत करते हैं और दूसरे सोने वालों को भी खुदा के खौफ से जगाये रखने का नेक काम अंजाम देते रहते हैं। निदा जिस मकसद से दिल्ली आता है वह पूरा होता दिखाई नहीं देता। रोजगार की कोई सूरत पैदा नहीं होती। एक वादे से दूसरे वादे तक वक्त लगातार गर्दिश करता रहता है। दिन-भर काम की तलाश में इधर-उधर भटकना और शाम को देर तक कॉफी हाऊस में नयी गजल और नयी नज्म की चर्चाओं में खुद को उलझाकर थकाना और इस थकन को चन्दे से खरीदी हुई शराब से (जिसे खड़े-खड़े कोकाकोला की बोतलों में डालकर जल्दी-जल्दी शरीर में उँड़ेला जाता है) मिटाना हर दिन का आखिरी काम होता है। कॉफी हाऊस में रोज के आनेवालों में बानी, कुमार पाशी, महमूद हाशमी, शहाब जाफबी, विश्वनाथ दर्द, कृष्ण मोहन वगैरह हैं। महमूद हाशमी नये अदब के हिमायतियों में हैं। वह लिखते कम हैं बोलते ज्यादा हैं, मीरा जी की तरह उनके पास किसी कॉलेज की डिग्री तो नहीं है, लेकिन जब भी कोई मजमून लिखते हैं उसमें अँग्रेजी, फ्रेंच और जर्मन के लेखकों के इतने उदाहरण होते हैं कि उनकी खुद की बात इतनी दूर चली जाती है कि दूरबीन से देखने पर भी करीब नहीं आती। उनकी मौखिक आलोचना हर रोज नये फिक्शन और नयी शाइरी पर नये-नये फतवे सादर फरमाती रहती है। हर रोज नये शायरों और कथाकारों की सूचियाँ तैयार होती हैं। इनमें सूची बनाने वालों के जाती ताल्लुकात का अमल-दखल ज्यादा होता है। हर अदीब और शायर की जेब में अपने करीब के नामों की एक लिस्ट होती है जो ताल्लुकात के उतार-चढ़ाव के साथ बदलती रहती है और यह ही मिलने-जुलने वालों में मतभेद का कारण बनती है। अमीक हनफी नये-नये भोपाल से ट्रान्सफर होकर आये हैं। उन्होंने निहायत संजीदगी से नयी शाइरी का एक संविधान तैयार किया है जिसको मुखतलिफ शहरों में अपने खर्चे से पोस्ट कर रहे हैं। तरक्की-पसन्दों से मोर्चा लेने के लिए उन्हें एक मोर्चे की जरूरत है। काजी सलीम ने भी कई दिनों की मेहनत के बाद नयी शाइरी के लिखने-लिखाने के तौर-तरीकों का एक दायरा बनाया है। इस पर वह कई तकरीरें फरमा चुके हैं। इन तकरीरों में राजनीति और इर्दगिर्द के माहौल को साहित्य से जिलावतन किया जाता है। उनके खयालात कॉफी हाउस की मेजों तक पहुँच चुके हैं। प्रगतिशील अदीबों और शायरों को गालियाँ देना और उनकी अच्छाइयों में भी बुराइयाँ तलाश करना नयेपन की जरूरी शर्तें हैं। प्रगति-

शील नये साहित्यकारों को सी० आइ० ए० का एजेंट समझते हैं। खुशतरगिरामी के 'बीसवीं सदी' और यूनुस देहलवी के 'शमा' में सीधी-सीधी कहानियाँ लिखने वाले सुरेन्द्र प्रकाश को महमूद हाशमी ने नयेपन का फॉर्मूला थमा दिया है। अर्थयुक्त कहानियों में वक्त गँवाने के बाद अब वह अर्थहीन शीर्षक और गद्य लिखकर नयों की सूची में शामिल हैं। इन उलझी हुई कहानियों में आलोचक नये-नये अर्थ तलाश करते हैं। मुहम्मद अलवी अपने एक-दो अरदलियों के साथ दिल्ली में किसी बड़े होटल में आकर ठहरते हैं और आते ही टेलीफोन करके सारे नये अदीबों और शायरों को बुलाते हैं। उन्हें शराब पिलाकर अपनी शान में कसीदे पढ़वाते हैं। इन कसीदों में जहाँ कहीं उन्हें प्रशंसा की कमी महसूस होती है तो कसीदा गो (बादशाहों की प्रशंसा में कविता लिखनेवाला) कभी उनकी गालियों और कभी मारपीट से नवाजे जाते हैं। इस गालमगलौज और हिंसात्मक कार्यों में उनके अरदली भी अपनी भूमिका निभाते हैं। मुहम्मद अलवी की कविताओं का संकलन 'खाली मकान' प्रकाशित हो चुका है। नयी भाषा और जीवन की छोटी-छोटी घटनाओं के सीधे चित्रण ने उन्हें लोकप्रियता दी है। इस पर बंगलोर की एक मैयारी पत्रिका में महमूद अयाज की समीक्षा की धूम है। इस धूम का नजारा करने अलवी शाहाना अन्दाज से, महीने में एक-दो बार राजधानी जरूर आते हैं। जब तक वह यहाँ रहते हैं दिल्ली के नये लिखनेवाले अकसर उनके आगे-पीछे मँडराते हैं। उनकी महफिलों में मोहम्मद अलवी की शाइरी के अतिरिक्त किसी भी दूसरे विषय के प्रवेश पर प्रतिबन्ध है।

सलाम मछली शहरी भी दिल्ली में हैं। वह ऑल इंडिया रेडियो में प्रोड्यूसर हैं। निदा की उनसे जान-पहचान ग्वालियर कॉलेज और नुमाइश के मुशायरों से है। वह निदा की बेरोजगारी पर तरस खाकर, थोड़े-थोड़े अन्तराल से 'कलामे शायर' प्रोग्राम में उससे शेर पढ़वाते रहते हैं। रेडियो पर शेर पढ़ने का पारिश्रमिक पच्चीस रुपयों का चेक होता है, जो रेडियो के सामने के बैंक से ऑफिस टाइम से पहले ही कैश होकर आ जाता है। हर बार चेक की रकम में से कनॉट प्लेस में रीगल के पास से शराब की बोतल खरीदना और फिर टैक्सी में बिठाकर उन्हें घर तक पहुँचाना निदा पर वाजिब है। हर रेडियो प्रोग्राम की ये वे शर्तें हैं जो कंट्रैक्ट फॉर्म में सरकार हर बार लिखना भूल जाती है। सलाम को ही इन्हें बार-

बार दोहराना पड़ता है और जरूरतमन्दों को खामोशी से इन्हें निभाना पड़ता है। सरकार की इस किस्म की गलतियों को सुधारना वह अपना फर्ज समझते हैं। उनकी शराबनोशी इन दिनों उरूज पर है। इस मैदान में दिल्ली में एक नरेश कुमार शाद ही उनके मुकाबले के हैं। फर्क सिर्फ इतना है 'शाद' जहाँ नामचार की मुलाजिमत करते हैं वहाँ के अफसरों के आदर-सत्कार के कारण दिन में भी रात का चाँद बने रहते हैं और सलाम पेशेवराना मजबूरियों के मद्देनजर सूरज और चाँद को अलग-अलग नामों से पुकारते हैं। यह और बात है कि इस नामों के अन्तर को वह समाज की नाइन्साफी मानते हैं, जिसकी शिकायत वह रात-दिन करते रहते हैं। सिर्फ मुशायरों में ही वह रात को दिन और दिन को रात बनाने का चमत्कार दिखा पाते हैं। मुशायरे के बाद वह जितने वक्त जिस शहर में होते हैं वह एक हाथ में सूरज दूसरे में चाँद लिए ही नजर आते हैं। आमतौर से उनकी हर रात देर तक जागती है। रात का खुमार सारे दिन उनकी दफ्तरी जिम्मेदारियों से उलझता रहता है जिसे टालने के लिए वह लगातार चारमीनार का कड़वा धुवां अपने अन्दर उतारते हैं, और जब देखो सोने और जागने की कशमकश में खोये रहते हैं। उनकी सीमित आमदनी में उनकी मदहोशियों के लिए गुंजाइश मुमकिन नहीं है। अपने घर के ताल्लुक से वह निहायत जिम्मेदार इन्सान हैं। रेडियो की मुलाजमत से जो कमाते हैं, उसका बीवी-बच्चों को हकदार बनाते हैं और अपने शौक के लिए दूसरे माध्यम अपनाते हैं। उनकी इस होशमन्दी ने उन्हें भले ही बिखेरा हो, लेकिन उनके घर को बिखरने से महफूज रखा है। इन दूसरे माध्यमों में स्थानीय और बाहर के मुशायरे, रेडियो कंट्रैक्ट्स की जुबानी शर्तें, फिल्मी और पॉपुलर टाइप पत्रिकाओं में फरमाइशी शाइरी सब शामिल हैं। रोज का यह जोड़तोड़ उन्हें हमेशा लेफ्टिस्ट बनाये रखता है और इसी कारण वह पूंजीवाद के कड़े आलोचक हैं। समाज में कलाकार की नाकदरी दिन-भर उनकी बातों का विषय होता है। समाज का यह अन्याय उन्हें इन्तकाम में ज्यादा पीने और खयाली प्रेमिकाओं और काल्पनिक दुनियाओं की रचना पर मजबूर करता है। इन दुनियाओं के वह हीरो होते हैं। उनके आगे-पीछे हमेशा सजे-बने बंगलों की सुशिक्षित सुन्दर लड़कियों का जमघट रहता है। ये लड़कियाँ जो उम्र में कभी उनसे आधी और कभी तीन चौथाई छोटी होती हैं, शायर को अपना 'आइडियल' बनाकर अपने अकेलेपन को आबाद करती हैं।

मुशायरों के स्टेज और पत्रिकाओं के पृष्ठों के जरिये वह उनके ख्याली नामों को काव्यात्मक पत्र भी पोस्ट करते रहते हैं। इन खतों के जवाब भी वह खुद ही लिखते हैं। स्टेज पर वह शेर कम सुनाते हैं, अपने-आपको तमाशा ज्यादा बनाते हैं। हाथ में चारमीनार का सुलगता सिगरेट, कन्धे पर 'इंटेलेक्चुअल बैग,' सिर कहीं पाँव कहीं के आलम में माइक के सामने आते हैं। नयी नज्म के धोखे में एक

बार घर के सामान की फेहरिस्त चीजों की कीमतों के साथ दोहराने लगे। सुनने-वाले क्रीम, साड़ी का फॉल, हेयरपिन, पाउडर और ऐसी ही दूसरी शृंगार की वस्तुओं के नामों और उनकी कीमतों को उनकी आधुनिक स्टाइल समझकर प्रशंसा करते रहे। श्रोताओं से सवाल-जवाब उनका प्रिय मशगला है। नज्म पढ़ते-पढ़ते अचानक किसी लफ्ज पर रुक जाते हैं। जैसे नज्म में पंक्ति आयी—

'अपनी सखियों को भी हर ख्वाब सुनाया न करो'

श्रोता नज्म के आगे बढ़ने के इन्तजार में हैं मगर नज्म रेकॉर्ड पर अटकी हुई सुई की तरह वहीं अटकी हुई है। श्रोता और शायर के बीच सिर्फ एक लफ्ज 'सखियों' टँगा हुआ है, जिसे बार-बार नये-नये अन्दाज से दोहराया जा रहा है। कभी आहिस्ता से, कभी जोर देकर, कभी सिर्फ सिर हिलाकर...और फिर यूँ होता है कि एक बार वह 'सखियों' कहते हैं और उसके जवाब में पूरा हाल कोरस में सखियों बोलता है। यह तकरार जब ज्यादा बढ़ती है तो वह एकरसता से ऊबकर श्रोताओं से संवाद शुरू कर देते हैं—

"जानते हो 'सखियों' का मतलब क्या है?"

"नहीं आप बताइए"—इधर-उधर से दो-चार आवाजें आती हैं।

"मैं शायर हूँ शब्दकोश नहीं। मैं शेर सुनाऊँगा...मतलब तुम..."

"अब बता भी दीजिए साहब"—कोई बनावटी लहजे में कहता है।

"सखियों" झुंझलाकर सलाम कहते हैं।

"सखियों"—सारे सुननेवाले हँसते हुए दोहराते हैं।

इस तरह इस दोतरफा संवाद से संजीदा महफिल कहकहाजार बन जाती है। ऐसे में अगर किसी संयोजक की शामत आती है तो वह बेचारा दखल देने की हिम्मत कर बैठता है और सलाम और उनके श्रोताओं के बीच में पड़कर अपनी और अपनी कई नस्लों की रुसवाई का कारण बनता है। सारा मुशायरा अब सुनने से अधिक देखने की चीज बन जाता है। उनके कहने पर उनके बाद जिस शायर को कलाम सुनाने के लिए बुलाया जाता है वह इस किस्म के माहौल में अपने-आपको अजनबी पाकर वापस लौट आता है। बार-बार उन्हीं को बुलाकर माइक के सामने खड़ा किया जाता है। वह अपने मखसूस अन्दाज में जो चाहते हैं सुनाते हैं। सुननेवाले उनके कलाम से ज्यादा उनकी अदाओं पर दाद का शोर मचाते हैं। मुशायरे की सुबह रात की सफलता के सिलसिले में वह पारिश्रमिक में कुछ इजाफे का भी तकाजा करते हैं। सलाम की दिन-भर की दबी-घुटी शख्सियत हर रात इसी तरह नशे की सीढ़ियों से महानता की ऊँचाइयों पर पहुँच जाती है। कभी-कभी ये ऊँचाइयाँ इतनी ऊँची होती हैं कि वहाँ से खुद उनके लिए उतरना मुश्किल होता है। ऐसे मौकों पर इस मुश्किल को आसान करने के लिए

दूसरों को मदद के लिए आना पड़ता है और उन्हें बाहर ले जाकर दो-तीन घंटों की नींद के लिए मजबूर किया जाता है। रात की हर बात वह सुबह भूल जाते हैं। इसलिए पछतावे का तो सवाल ही पैदा नहीं होता।

फरजाने नशे में हैं दिवाना नशे में है
जब मैं नशे में हूं तो जमाना नशे में है।

उनकी हर रात का नाजबरदार कोई-न-कोई होता है। अकसर तो उनकी शामें बाहर ही गुजरती हैं, लेकिन जब घर जाने के अलावा कोई चारा नहीं होता तो किसी-न-किसी को साथ में लेते हैं। यह साथ का आदमी दफ्तर से ही उनके साथ कनाट प्लेस आता है और वह मेहमान होते हुए भी मेजबान के सारे फर्ज पूरे करता है। इन फर्जों में शराब के ब्रांड से लेकर इससे सम्बन्धित दूसरी चीजों के साथ वह फल भी शामिल होते हैं जो किसी शरीफ घर में किसी शरीफ मेहमान के आने की तहजीब समझी जाती है।

सलाम का घर यूपी के निम्न मध्यवर्ग का नुमाइन्दा घर है। उस संस्कृति के रंग-ढंग हर जगह जाहिर हैं। हर चीज सलीके से अपनी जगह नजर आती है। सलाम के बोहेमियन मिजाज से यहाँ की फिजा बिलकुल अलग है—झुक-झुककर सलाम करते हुए आते-जाते बच्चे, दुआएँ देती बड़ी उम्रें, धीमी आवाज में बोलता जनानखाना, दीवार के रंगों के मुताबिक खिड़कियों के परदे, तकियों पर नींद के विषय में कढ़े हुए शेर। धुला हुआ उगालदान, मेज पर सजा हुआ गुलदान, दीवारों पर लकड़ी पर खुदे हुए अल्लाह और दूसरे बुजुर्गों के पवित्र नाम।

निदा इस घर में पहली बार आया है। आया क्या है, लाया गया है। शराब शुरू होने से पहले घर के छोटे-बड़ों से परिचय कराया जाता है। उसके लिए खाने-पीने के आदेश दिये जाते हैं। फरमाइश करके घरवालों को निदा के शेर सुनवाये जाते हैं। फिर जैसे-जैसे बोतल में चांद नीचे उतरने लगता है सलाम का गम जज्बाती होने लगता है—

ऐ नाकिदाने रिन्दियों आवारगी मुआफ
जब जानूं मेरी तरह दो दिन गुजार लो।

मछली शहर से दिल्ली तक के सफर में उनके साथ, उनके समकालीन और हालात ने जो बदसलूकियाँ की हैं वह एक-एक करके उन्हें याद आती हैं। जमाने की शिकायत—अच्छी शिक्षा न मिल पाने का शिकवा—कम आमदनी का गिला—इन शिकायतों के साथ, वह अपने घरवालों की कुर्बानियों को भी दोहराते जाते हैं। शराब को गुनाह ठहराते हैं। लेकिन गुनाह के एहसास को कम करने के लिए पैग पर पैग बनाये जाते हैं। नशा जब ज्यादा हो जाता है तो वह रोने और

मुस्कराने की दर्मियानी कैफियत में आ जाते हैं। इस आलम में वह अचानक अपनी लड़कियों की बढ़ती हुई उम्रों से बाखबर होते हैं। उनकी शादी से पहले किसी नौजवान मेहमान के साथ घर में शराब पीने की गलती उन्हें परेशान करती है। इस गलती का सारा कसूर मेहमान का होता है। इस कसूर की सजा उसे यूँ दी जाती है कि अन्दर से आता हुआ खाना वापस कर दिया जाता है। उनकी आवाज का वाल्यूम आप-ही-आप बढ़ जाता है और मेहमान का ऐसी हालत में बैठना मुश्किल हो जाता है। वह अपनी आबरू की खातिर ज्यादा बेआबरू होने के डर से, रोशनी से निकलकर अँधेरे में खो जाता है। किसलिए आये थे और क्या कर चले !

हर तरफ हर जगह बेशुमार आदमी
फिर भी तन्हाइयों का शिला आदमी
सुबह से शाम तक बोझ ढोता हुआ
अपनी लाश का खुद मज़ार आदमी !

बरसात शुरू हो चुकी है। दिल्ली में हर मौसम दूसरी जगहों से अलग होता है। इनमें शिद्दतें ज्यादा होती हैं। सरदी में अधिक सरदी, गरमी में अधिक गरमी और बरसात में अधिक बरसात। यहाँ के मौसमों की तरह यहाँ के ताल्लुकात भी कबाइली तेवर लिये होते हैं। खफा होते हैं तो महीनों नाराजगी को पालते-पोसते हैं। तरह-तरह से उसकी देखरेख करते हैं। खुश होते हैं तो किसी को भी लाल किला, चाँदनी चौक या कुतुब मीनार के तोहफों से नवाज देते हैं। दिल्ली के रास्ते रात को देर तक घूमने-फिरने के आदी नहीं हैं, सिर्फ जुमा मसजिद ही एक अपवाद है। यहाँ देर तक पान खाती दूकानों पर कव्वाली सुनती रातें फुटपाथ पर बैठकर कवाब परांठे खाकर ही सुबह की अजान देती हैं। वैसे आमतौर से, दूसरे इलाकों में सारी सियासी, अदबी और तहजीबी बहसें सूरज डूबने के कुछ देर बाद ही खामोश होकर, ताँगों, साइकिलों, रिक्शों या सरकारी बसों में सवार हो जाती हैं। रोज के मिलने-जुलने वाले बँधी टँकी जिन्दगियों के प्रोग्राम में तब्दीली के कायल नहीं हैं। दफ्तर, अदब, घर—सबका समय निश्चित है। इस दिनचर्या में अगर कभी-कभार कोई तब्दीली हो जाती है तो हफ्ते के सातों दिन के शेड्यूल पर इसका असर पड़ता है। सरकारी बाबुओं की इस बस्ती में बाहर से आनेवालों के दिन भी पाँच बजे शाम से शुरू होते हैं और रातें नौ बजे के बाद

खत्म हो जाती हैं। शहर के इस ढाँचे में ढलने में नये लोगों को काफी वक्त लगता है। यहाँ के अदीबों और शायरों में कोई निदा की तरह बेघर और बेरोजगार नहीं है। सबके अपने परिवार हैं, मुलाजमते हैं। हर जगह घड़ी की सुइयाँ और कैलेंडर की तारीखों में समय विभाजित है।

निदा और वक्त के बीच ऐसा कोई समझौता नहीं है। उसकी दिल्ली भी इसी लिहाज से दूसरों के शहर से ज्यादा फैली हुई और बिखरी हुई है। इसमें घर और आफिस के बीच सिर्फ कनाट प्लेस ही नहीं है, दूर-पास की दरगाहें भी हैं। इधर-उधर फैले हुए ऐतिहासिक खंडहर भी हैं। अजनबी रास्तों में भोंकते हुए जाने-पहचाने कुत्ते भी हैं। रास्तों के बीच बने हुए बागों में अविवाहित प्रेम भी है। पेड़ों की छांव में सपने देखती परदेसी दोपहरें भी हैं। बसों में जानवरों की तरह चढ़ते-उतरते बेचेहरा नाम भी हैं।

जब वह ज्यादा थक जाता है तो इन्हीं में से किसी दरगाह में जाकर हाथ-मुंह धोता है और देर तक यूं ही अनजान दरख्तों की चिड़ियों, कब्रों के पत्थरों या फर्श पर बिखरे हुए पीले पत्तों से खामोश संवाद में खोया रहता है। दिल्ली में आये अब उसे कई महीने हो गये हैं। यहाँ रहते-रहते अब वह उकता चुका है :

नक्शा उठा के कोई नया शहर ढूंढ़िए
इस शहर में तो सबसे मुलाकात हो गयी।

सुबह होती है, शाम होती है फिर दूसरा दिन शुरू हो जाता है, और यूं ही वक्त गुजरता जाता है। वह खुद भी अपने बारे में संजीदा नहीं है। यार-दोस्त उसकी मदद करना चाहते हैं। वह अपने तौर पर खुद भी कोशिश करता दिखाई देता है। लेकिन होते-होते कुछ यूं होता है कि कुछ नहीं है। घर से अलग हुए भी अब काफी वक्त हो चुका है। घरवाले पाकिस्तान में नये से पुराने हो गये हैं। एक भाई डॉक्टर बनकर पाकिस्तान की तरफ से सऊदी अरब में डॉक्टरी कर रहा है। बड़े भाई पाकिस्तानी शिपिंग में बड़ी पोस्ट पर है। तस्लीम फाजली फिल्मों के मशहूद गीतकार हैं। एक तीन मंजिल की कोठी नाजिमाबाद में बन गयी है। इसके बाहरी गेट पर दूसरे भाइयों के साथ निदा का नाम भी संगमरमर पर खुदा हुआ है। हर तरह का आराम है। लेकिन जब सिन्धियों को अपनी भाषा, संस्कृति और धरती का प्यार सताता है तो हिन्दुस्तान से आये हुए मुहाजिरीन का कई दिन बाहर आना-जाना मुश्किल हो जाता है। हिन्दुस्तान के हिन्दू-मुस्लिम इलाकों की तरह वहाँ भी मुहाजिर जानवरों की तरह एक साथ रहते हैं। मुहाजिरों के इलाकों में सिन्धी और सिन्धी आबादियों में मुहाजिर मुश्किल से मिलते हैं। हिन्दुस्तान के नक्शे में पाकिस्तान का इलाका एक लकीर से अलग कर दिया गया है। पाकिस्तान में नये सिरे से, जमीनी रिश्तों को सराहा जा रहा है। पाँच

हजार साल की तहजीब सिमटकर 1400 साल की कौमी पहचान का मसला बन गयी है। भारत में भाषाओं को धर्मों और इन्सानों को इलाकों में बाँट दिया गया है। पाकिस्तान में मुसलमान कहीं सुन्नी, कहीं शिया और कादियानी बन गये हैं और कहीं सिन्धी, पंजाबी, बंगाली और मुहाजिरीन में बंट चुके हैं। कितना कुछ बदल चुका है लेकिन निदा अभी तक वहीं ठहरा हुआ है जहाँ सियासत ने अचानक उसे घर से बेघर किया था। वह इस हादसे पर अभी तक काबू नहीं पा सका है। वह घरवालों से दूर होते हुए भी अभी तक उन्हीं के साथ है। इस मानसिक विरोधाभास ने उसके मिजाज और सोच में नयी-नयी उलझनें पैदा कर दी हैं, जो कदम-कदम में उसके और माहौल के दरमियान रुकावट बनी हुई हैं। ऐसा नहीं है कि वह इनसे वाकिफ नहीं है या उनके विश्लेषण से दूर हो। फिर भी वह वही है जो था या है—

देखा गया हूँ मैं कभी सोचा गया हूँ मैं
अपनी नजर में आप तमाशा रहा हूँ मैं
मैं मौसमों के जाल में जकड़ा हुआ दरख्त
उगने के साथ-साथ बिखरता रहा हूँ मैं
ऊपर के चेहरे-मोहरे से धोखा न खाइए
मेरी तलाश कीजिए गुम हो गया हूँ मैं।

इस असहाय स्थिति ने उसमें एक अजीब-सी दयनीयता उभार दी है, जिससे वह शऊरी सतह पर हमेशा संघर्ष करता रहता है। पाकिस्तान वह जाना नहीं चाहता। भारत में 'बेताब है बेख्वाब है मालूम नहीं क्यों' की कशमकश का शिकार है। उसे सारा जीवन एक तमाशा महसूस होता है। इस तमाशे में वह जो है उससे विभिन्न रूप में दूसरों के सामने खुद को जाहिर करता है। उसकी हालत इन दिनों उस अपाहिज जैसी है जो हर ऊँचाई को कल्पना में सिर करता रहता है लेकिन हकीकत में जहाँ है उसी को नसीब मानने पर मजबूर है। मजारों से उसकी निकटता का कारण भी यही है। तरह-तरह के वहम उसमें पैदा हो गये हैं। एक बार वह जिधर से होकर गुजरता है उस राह के बारे में कोई राय कायम करके या तो रास्ता बदल लेता है या फिर कुछ दिन दूर और नजदीक का फर्क किये बगैर उधर से ही आता-जाता है। इसी तरह पेड़, दूकानों के साइन-बोर्ड और जानवर भी शगुन और अपशगुन के प्रतीक बन गये हैं। रोज के पहनने-वाले कपड़ों के साथ भी उसका यही रवैया है। किसी कमीज को पहनकर सब अच्छा होता है, कोई ऐसी बात नहीं होती जो नागवार महसूस हो। दूसरा लिबास इस तरह असर नहीं करता। बनता हुआ काम भी बिगड़ जाता है। पिछले कई दिनों से वह अपनी उलझनों का जिम्मेदारी चाँदी की अँगूठी को बनाये

हुए है। उसके नग ने जो बजाहिर एक रंगीन शीशे का चौकोर टुकड़ा है आसमान के किसी सितारे से साजबाज करके कई दुशवारियाँ पैदा कर दी हैं। मसजिद के हुजरे की मरम्मत होना है, इसलिए जल्दी उसे खाली करके नयी जगह तलाश करना है। दूसरी जगह का इन्तजाम कठिन है। समय से पहले बरसात ने आने-जाने पर पाबन्दी लगा दी है। लगातार दो मुशायरे स्थगित हो गये। एक जगह हिन्दू-मुस्लिम दंगों ने बिला वजह निदा के पारिश्रमिक पर हाथ मारा, दूसरी बार प्रगतिशील मजदूरों ने फैक्टरी में बोनस का मुद्दा उठाकर उसके साथ नाइन्साफी की। इसी दौरान जुबेर रिजवी दिल्ली के एक मुशायरे में आमन्त्रित करते हैं। मुशायरा रामलीला मैदान में है। निदा वहाँ घरेलू किस्म की छोटी-सी नज्म सुनाता है—

उसने अपना पैर खुजाया
अँगूठी के नग को देखा
उठकर खाली जग को देख
आँचल से इक तागा तोड़ा
चारपाई का बान मरोड़ा
भरे-पुरे घर के आँगन में
कभी-कभी वो बात
जो लब तक
आते-आते खो जाती है
कितनी सुन्दर हो जाती है।

श्रोता उसे पुरजोर तालियों से नवाजते हैं। दोबारा पढ़ने के लिए बुलाया जाता है। दूसरी बार वह 'सुना है' सुनाता है—

सुना है मैंने कई दिन से तुम परेशाँ हो
किसी ख्याल में हर वक्त खोयी रहती हो
गली के मोड़ पे जाती हो लौट आती हो
कहीं की चीज कहीं रख के भूल जाती हो
किचन में रोज कोई प्याली तोड़ देती हो
मसाला पीस के सिल यूँ ही छोड़ देती हो
नसीहतों से खफा मशवरों से उलझन-सी
कमर में दर्द की लहरें रगों में ऐंठन-सी
यकीन मानो बहुत दूर भी नहीं वह घड़ी
हरेक फसाने का उनवाँ बदल चुका होगा
मेरे पलंग की चौड़ाई घट चुकी होगी
तुम्हारे जिस्म का सूरज पिघल चुका होगा।···

यह नज्म अभी मुश्किल से आधी हो पाती है कि दिल्ली की एक आदरणीय खातून हमीदा सुलतान को यह अश्लील महसूस होती है और वह बीच मुशायरे में खड़ी होकर अपनी राय का इजहार करती हैं। मसाला, सिल, किचन, प्याली, गली जैसे अलफाज उन्हें गैर तहजीबी लगते हैं। श्रोता नज्म को मुकम्मल किये जाने की जिद करते हैं और वह हाली पानीपती की माँओं, बहनों, बेटियों (हाली की नज्म जिसकी पहली पंक्ति है 'ऐ माँओं, बहनों, बेटियों, दुनिया की इज्जत तुमसे है) की अकेली नुमाइन्दगी करते हुए इसके अधूरा रहने पर अड़ी हुई है। अच्छा-भला मुशायरा शोरगुल की नजर हो जाता है। इसको मखदूम मुहीउद्दीन माइक पर आकर सँभालने की कोशिश करते हैं। वह अपनी तकरीर में निदा की नज्म में अन्दाजे बयान की ताजगी को सराहते हैं। नज्म में जानी-पहचानी इमेजरी की तारीफ करते हैं और हमीदा सुल्तान के एतराज को गलत ठहराते हैं। मगर वह साहित्य की अपनी पहले से तयशुदा परिभाषा को बदलने पर तैयार नहीं होती। मुशायरे में इस अचानक हड़बोंग का रिश्ता भी निदा इसी अँगूठी से जोड़ता है और दूसरे दिन उसे सन्दूक में रखकर ही बाहर निकलता है।

एक रात वह देर से महरौली से दरियागंज के लिए बस में सवार होता है। बस में टिकट लेते वक्त उसकी नजर अँगुली पर पड़ती है। अँगुली की जगह अब उसका निशान है। कई महीनों का निशान है, जिल्द से इस निशान को खत्म होने में कई दिन लगेंगे।

बस में काफी भीड़ है। उसे अपनी सीट के करीब एक जाना-पहचाना चेहरा नजर आता है। अब से पहले भी वह रात के वक्त अलग-अलग स्थानों पर मिल चुका है। इसका नाम रामसरन है। बुलन्दशहर के किसी गाँव से आकर अभी हाल में पोस्ट ऑफिस में चपरासी लगा है। गाँव में एक बूढ़ी माँ और एक छोटा भाई है। बाप ने इलाके के एक डाकू को पकड़वाने में पुलिस की मुखबिरी की और नतीजे में उसके गिरोह ने एक हफ्ते के अन्दर दिन-दहाड़े इसका इन्तकाम लिया। पुलिस ने उसके मरने के बाद मुखबिरी का पुरस्कार गोल कर दिया लेकिन गिरोह के नये सरदार ने अपनी परम्परा को नहीं छोड़ा। गाँव के साहूकार के यहाँ से विधवा और उसके दो बच्चों के लिए कई महीने तक पाबन्दी से अनाज आता रहा। बाद में जयप्रकाश नारायण की डाकू सुधार स्कीम के तहत नये सरदार ने भी जब अपने हथियार सरकार के हवाले कर दिये तो साहूकार ने भी बेखौफ होकर अनाज देना बन्द कर दिया। छोटी उम्र में घर की सारी जिम्मेदारी राम सरन के सिर आयी। छठी कक्षा के बाद स्कूल छोड़कर उसे छोटी-बड़ी मजदूरी में जुट जाना पड़ा। उसका बाप उसे पढ़ा-लिखाकर बड़ा अफसर बनाना चाहता था, लेकिन किस्मत ने चपरासी बना दिया। वह अपनी बदनसीबी को अब अपनी मेहनत से छोटे भाई की खुशनसीबी से बदल रहा है।

वह यहाँ खुद रूखी-सूखी खाकर जो कुछ बचाता है माँ के पते पर गाँव भेज देता है। स्कूल की तालीम खतम करके भाई अब शहर के कॉलेज में पढ़ रहा है। कॉलेज में फीस और पुस्तकों के साथ ढंग के कपड़ों की भी जरूरत होती है। इस बढ़ते हुए खर्चे को पूरा करने के लिए वह ऑफिस के समय के बाद स्टेशन पर कुलीगीरी करने भी चला जाता है।

रामसरन सीधा-साधा गाँव का आदमी है। दूसरों के दुःख-सुख में शरीक होने के उसके कस्बाती स्वभाव पर अभी शहरी मसलहतों की धूल नहीं चढ़ी है। उसकी बातें सुनते निदा की आँख लग जाती है। चाँदनी चौक के स्टाप पर कंडक्टर उसको जगाता है। पूरी बस में वह अकेला होता है। रामसरन अपनी दास्तान के साथ जा चुका है और उसी के साथ ही निदा का पेन और जेब के सारे पैसे भी रास्ते में उसके साथ ही कहीं पीछे उतर चुके हैं। वह खाली जेब बस से उतरता है। उसे यकीन है रामसरन ने जिस मकसद को पूरा करने का बीड़ा उठाया है, उसमें वह जरूर कामयाब होगा। शहर ने गाँव के आदमी को सफलता का रास्ता दिखा दिया है—

सफर में धूप तो होगी जो चल सको तो चलो
सभी हैं भीड़ में तुम भी निकल सको तो चलो
यहाँ किसी को कोई रास्ता नहीं देता
मुझे गिरा के अगर तुम सँभल सको तो चलो।

वह अपनी अँगुली में अँगूठी के निशान को सहलाता हुआ मसजिद में वापस आता है। वहाँ पाकिस्तान से आया हुआ खत उसके इन्तजार में है। खत बड़ी बहन ने लिखा है :

"तुम जैसा पत्थर-दिल शायद ही कोई हो ! साहिब्रा की बीमारी की इत्तला तुम्हें पहले दी गयी थी लेकिन तुम नहीं आये। वह अन्तिम साँस तक आँखें फाड़-फाड़कर तुम्हें तलाश करती रहीं। जब भी बेहोशी में होश का पल आता, तुम्हारा नाम उनकी जबान पर होता। जब तक वह जिन्दा रहीं तुम्हारी जुदाई के सदमे को झेलती रहीं। अपनी हर खुशी को आँसुओं में भिगोती रहीं। लेकिन तुमसे इतना भी नहीं हो सका कि वक्त पर आकर उनसे अपना दूध बखशवा लेते।" यह खत ग्वालियर से 'रिडाइरेक्ट' होकर दिल्ली आता है। खत पर पिछले महीने की तारीख है। पहले के खत शायद पोस्टमैन की नजर में जरूरी नहीं थे। वह उस तक नहीं आते। जमील फातिमा के देहान्त की खबर से उसकी आँखें तो नहीं भीगतीं लेकिन जब वह चिराग बुझाकर सोने की कोशिश करता है तो आँखें पलक से पलक जोड़कर भी नींद से दूर रहती हैं। वह उठकर कमरे में टहलने लगता है। सिर बाहर निकालकर, रात की खामोशी में वुजू करता

है और बेवक्त की नमाज पढ़ने खड़ा हो जाता है। मसजिद में कयाम के दौरान यूँ तो हर सुबह की अजान उसे बिस्तर से उठने पर मजबूर कर देती थी लेकिन आज वह अजान का ही इन्तजार नहीं करता बल्कि खुदा और इन्सान के बीच वक्त को भी जरूरी नहीं समझता। अजीब-सा आलम है। खुदा आसमान से उतरकर मौत की खुशबू की तरह मसजिद की अँधेरी खामोशी में फैल जाता है। एक नशे की-सी कैफियत निदा को उसके वजूद से आजाद करके इस सुगन्ध में हल करती जाती है और वह आज की एक नमाज में आगे-पीछे की सारी नमाजों को अदा कर देता है।

सुबह की चहल-पहल होते ही, खुदा वापस आसमान का फैलाव बन जाता है और निदा हुजरे में वापस आकर अपने बिखरे हुए सामान को सन्दूक में रखने लगता है। उसने दिल्ली छोड़ने का इरादा कर लिया है। वह यहाँ से कहाँ जाएगा यह उसके जेहन में अभी साफ नहीं है। वह चाँदी की अँगूठी जो कुछ रोज पहले उसने मनहूस समझकर उतार दी थी, दोबारा पहनता है और स्टेशन की तरफ रवाना हो जाता है। स्टेशन पहुँचकर वह बम्बई का टिकट लेता है। लेकिन ग्वालियर का स्टेशन आते ही वह बिला इरादा उतर जाता है। वह वहाँ से सीधा उस जगह जाता है जहाँ अपने माँ-बाप की कब्रों के बीच जेबन दफन है। वह जमील फातिमा के लिए उसी से मजार पर फातिहा पढ़ता है। चेहरों और नामों के फर्क जीवन के छल हैं। सिर्फ मिट्टी है जिसका हर जगह एक नाम, एक चेहरा और एक रंग होता है :

पंछी, बादल, फूल, जल
अलग-अलग आकार
माटी का घर एक ही
सारे रिश्तेदार।

माटी में माटी मिले
खो के सभी निशान
किस में कितना कौन है
कैसे हो पहचान ?

जमीनी तकसीम का वह सच जिसकी बुनियाद पर हजारों इन्सानों के खून की स्याही से, नक्शे में सरहदों की लकीरें खींची गयी थीं, विभाजन के चन्द साल बाद ही, वक्त झूठ साबित करने पर तुला हुआ है। 1947 की तबाहियों की दर्द-भरी दास्तान देखते-देखते अपने शीर्षक का एतबार खो चुकी है। धर्म और संस्कृति के टकराव ने ढाका में जन आन्दोलन का रूप ले लिया है। उर्दू बोलने वाले भी मुसलमान हैं ।बंगाली भाषा में अपने दु:ख-सुख को अभिव्यक्त करने वाले भी मुसलमान हैं। एक ही मजहब के मानने वाले सांस्कृतिक मोर्चे पर दो प्रतिद्वन्द्वियों की सूरत में आमने-सामने हैं। एक तरफ हथियारों की ताकत है, दूसरी तरफ अवामी बगावत है। और इन दोनों के बीच बिहारी मुसलमान हैं जो चौतरफा भड़कते हुए शोलों में घिरे, आसमान में अपने-अपने सितारों को तलाश कर रहे हैं। वह हिन्दू-हिन्दुस्तान को छोड़कर इस्लामी पाकिस्तान में अपने ज्ञान-ईमान की सुरक्षा के लिए आये थे, लेकिन उनकी हिजरत (पैगम्बर मुहम्मद का मक्के से मदीने को प्रस्थान) को मदीना अब तक नहीं मिला है।

मुल्के खुदा में सारी जमीने हैं एक-सी
इस दौर के नसीब में हिजरत नहीं रही।

उनका सफर अभी समाप्त नहीं हुआ। यह अभी जारी है। वह फिर से अपने खेमे लपेट रहे हैं किसी अगले पड़ाव के लिए। भारत के अखबार ढाका के जनान्दोलन की हिमायत कर रहे हैं। दोनों देशों में तनाव बढ़ता जा रहा है। इस तनाव को शहर में कई मुसलमानों की हिरासत ने और गहरा कर दिया है। आसमान की वीरानी और चेहरों के सूनेपन से जंग झाँकने लगी है। जिन घरों के पाकिस्तान से रिश्ते हैं या खतों के माध्यम से ताल्लुक है, उन्हें शक की नजरों से देखा जा रहा है। अफवाहें जगह-जगह पाकिस्तानी जासूसों और दुष्कार्यों की मनगढ़न्त कहानियों के साथ घूम रही हैं। मुसलमानों के मुहल्ले शाम होते ही कब्रिस्तानों की तरह खामोश हो जाते हैं। दरवाजों को बन्द करके बड़े-बड़े पत्थर उन पर टिका दिये जाते हैं। जरा-सी आहट से नींद टूट जाती है। पाकिस्तान से आने वाले खत डाकखानों में पहले खोलकर पढ़े जाते हैं, बाद में लिखे हुए पतों पर काफी देर से पहुँचते हैं। शादी की खबर उस समय मिलती है जब पति-पत्नी माँ-बाप की जिम्मेदारी निभाने लगते हैं और मौत की इत्तिला आने तक कब्र से अंजरपिंजर अलग करके दूसरा मुरदा उसमें लिटा दिया जाता है। जब आबादी कम थी और जमीन ज्यादा थी तो जिन्दों की तरह मुरदों की भी तन्हाइयाँ महफूज थीं। सुना है कयामत के रोज हर कब्र से सत्तर मुरदे निकलेंगे। निदा का पासपोर्ट भी इन्हीं राजनैतिक उलझनों का शिकार हो गया। जमील फातिमा ने मरने के लिए समय का सही चुनाव नहीं किया। यूँ तो उनके हर

मनसूबे में सलीका और सोच-विचार शामिल होता है। इसी सोच-विचार ने उनकी कल्पना में बरसों से जो एक घर का सपना था उसे यथार्थ का रूप दिया है, उनका शौहर उन्हें वापस मिल जाता है। इस जागीर में अब कोई दूसरा उनका साझेदार नहीं है। बच्चों की पढ़ाई-लिखाई भी उन्हीं के प्लान के अनुसार होती है। डॉक्टर, प्रोफेसर, मैनेजर सब एक ही घर का हिस्सा हैं। निदा के अलावा उनके सारे लड़के-लड़कियाँ उनके साथ हैं। बड़े भाई और बहन की शादियाँ उन्हीं की पसन्द के घरों में हुईं। खुदा, शौहर, औलाद और सम्पन्नता को एक जगह करने में उन्हें जवानी से बुढ़ापे तक का सफर करना पड़ता है। इस लम्बे सफर में खुदा की जात पर विश्वास ही उनका एकमात्र सहारा रहा है। एक दीवानगी थी जिसने समय के बीतने के एहसास को खत्म कर दिया था। वह हमेशा आज में कल को ही जीती रहीं। एक तरह से वह अपने पूरे अस्तित्व को ईंट-गारा बनाकर इस घर का निर्माण करती हैं और जब सुकून के चन्द लम्हे बरसों की साधना के बाद आसमान से जमीन पर उतरते हैं तो वह इस घर के दीवारोदर में, इसमें रहनेवालों के चेहरों-मोहरों में थोड़ी-थोड़ी हर तरफ नजर आती है, लेकिन पूरी कहीं नहीं होती। मोमबत्ती रोशनी बनकर पिघल जाती है। बड़ी बहन पाकिस्तान से लिखती है : "आखिरी साँस तक उनकी आँखों में इन्तजार रोशन था, हर आहट पर पुतलियाँ फिर जाती थीं।"

उनके पास समय कम था और राजनीति को जंग की जल्दी ज्यादा थी। निदा बावजूद कोशिश के दूसरे बहन-भाइयों के साथ उनके गम में शरीक होने से वंचित रहता है। बरसों का रिश्ता खामोश होकर कब्र बन जाता है।

"मेरे खुदा ने मेरी सारी आरजुएँ पूरी की हैं। मैंने जो उससे माँगा वह उसने दिया। एक तुम्हारा गम है जो पीछा नहीं छोड़ता। शायद यह मेरे ही किसी गुनाह की सजा है जो तुम जीते-जी आँखों से दूर हो। लेकिन मुझे यकीन है मेरा मालिक एक-न-एक दिन मेरे गुनाह को जरूर माफ करेगा और यह जुदाई की घड़ियाँ समाप्त हो जाएँगी।"

लेकिन उनके मालिक को दो मुल्कों के बीच युद्ध की तैयारियों से इतनी फुरसत नहीं मिली कि उनकी प्रार्थना पर ध्यान दें। और वह अपने गुनाह को अपने साथ लिये हमेशा के लिए रुखसत हो गयीं।

मैं रोया परदेस में भीगा माँ का प्यार
दु:ख ने दु:ख से बात की, बिन चिट्ठी बिन तार।

इशरत को उम्र और हालात ने संजीदा बना दिया है। निदा और उसके रिश्ते की दरार इसी का नतीजा है। लेकिन निदा पर इस दरार को पाटने का पागलपन सवार है, वह इसी खातिर यहाँ रुका हुआ है :

चन्द लम्हों की ही बनती है मुसव्वर आँखें
जिन्दगी रोज तो तसवीर बनाने से रही।

वह हर रोज यहाँ से कहीं चले जाने का इरादा करता है लेकिन शाम होते ही दूसरे दिन की उम्मीद में, इरादा बदल जाता है। निदा की बेरोजगारी और लाउबालीपन से मायूस होकर वह अपना रवैया बदलने को तैयार नहीं है। निदा की सोच में अभी ख्वाब और हकीकत की कशमकश का लड़कपन है और उसके अन्दर की लड़की औरत बनकर इस कशमकश से आजाद हो चुकी है। उसका नया दोस्त उसी के कॉलेज का एक सीनियर विद्यार्थी है। इन दोनों की दोस्ती को घरवालों की स्वीकृति प्राप्त है। निदा के प्रेम की तरह 'क्यूपिड' यहाँ अन्धा नहीं है। उसकी आँखें खुली हुई हैं और इनमें घर, बच्चों और रोजगार की तसवीरें रोशन हैं।

इस रूमानी हादसे से समझौता करने में निदा को काफी वक्त लगता है। तनहाई में वह औरत और मर्द के सामाजिक सम्बन्ध को शारीरिक जरूरत के साँचे में ढालकर नज्में लिखता है। महफिलों में नये-नये फार्मूलों से समाज के नैतिक मूल्यों का पोस्टमार्टम करता है और शाम होते ही बिना रोशनी के कमरे में आसमान से उड़ते हुए हर जहाज से इस्लामी बम के गिरने का इन्तजार करता है। हर रात शहर कई बार नष्ट होकर दूसरे दिन नये सिरे से आबाद होता है। इस सामूहिक खौफ ने बस्ती में चोरियों और साम्प्रदायिक दंगों को समाप्त कर दिया है। मसजिद और मन्दिर दोनों की रोशनियाँ सूरज ढलते ही बुझा दी जाती हैं। आसमानी खौफ ने जमीन पर अमन कायम कर दिया है।

इन्हीं दिनों में उसकी मुलाकात बीर कुमार की वेश्या शीला से होती है। बीर कुमार का कुछ दिन गम मनाकर अब वह पाबन्दी से कोठे पर बैठने लगी है। उसके हाथ-पाँव में सोने-चाँदी के गहने हैं और चेहरे पर खुशहाली की चमक है। शीला अपने स्वर्गीय आशिक को इतना समय बीत जाने के बाद भी भूल नहीं पायी है। वह जब भी निदा के साथ होती है तो पुरानी यादों से आँखें जरूर भिगो देती है। इन यादों के सहारे वह दोनों अकसर शारीरिक दूरियों को पार करने के लिए मजबूर हो जाते हैं। वह पेशावर होते हुए इन मिलीजुली यादों के आदर में निदा से कोई फीस नहीं लेती। वह जब उसे पैसे देने की जिद करता है तो वह सूखे मुँह से सिर्फ इतना कहती है—"तुम मेरे मर्द के दोस्त हो। वह तुम्हें बहुत चाहता था। मेरे तुम्हारे बीच गाहकी कैसे होगी ? घर के लोगों से भी

कोई लेन-देन करता है। दूसरी राँड़ों के पास जाओगे तो बीमारी ले आओगे।"

शीला के अपनेपन ने निदा के फ्रस्ट्रेशन को कम कर दिया है। उसमें यथार्थ को स्वीकारने की थोड़ी-सी क्षमता पैदा हो गयी है। उसने मोहब्बत के शीर्षक से एक नज्म लिखी है :

> पहले वह रंग थी
> फिर रूप बनी
> रूप से जिस्म में तब्दील हुई।
> और फिर जिस्म से बिस्तर बनकर
> घर के कोने में लगी रहती है
> जिसको कमरे में घुटा सन्नाटा
> वक्त-बे-वक्त उठा लेता है।
> खोल लेता है बिछा लेता है।

वह इशरत की सहेली विजया से मिलने उसके घर आता है। उसकी माँग में सिन्दूर और पैरों में बिछुवे हैं। उसकी शादी हो चुकी है। उसका पति मिडिल ईस्ट में किसी इंगलिश फर्म में इंजीनियर है। आजकल एक महीने की छुट्टी पर आया हुआ है। विजया अपनी शादी का अलबम दिखाती है। शादी की इन कई तसवीरों में एक तसवीर के नीचे 'विकरम' के नीचे भाई लिखा है। यह उसी फौजी की तसवीर है जिसके साथ वह अपनी कई दोपहरें निदा के कमरे में गुजार चुकी है। विक्रम सरहद पर किसी कबाइली की गोली से जख्मी होकर फौज से रिटायर हो चुका है। वह अब पंजाब में रहता है। वहीं किसी पंजाबन से उसने शादी कर ली है। विजया ने अपने पिता का कहना मानकर अपनी जात के मराठे को जीवन-साथी बना लिया है। विजया और विक्रम अब भाई-बहन हैं। इस नये रिश्ते से उसके पिता की नाराजगी भी खतम हो गयी है और ये दोनों भी अकसर एक-दूसरे के यहाँ कई-कई दिन के लिए आ-जाकर इस रिश्ते की पवित्रता को निभा रहे हैं। विजया का पति साल में एक बार आता है और जाते वक्त पत्नी की आँखों में आँसू देखकर, उसकी वफादारी से खुश होकर वापस लौट जाता है।

विजया कॉलेज छोड़ चुकी है। जब इसे इशरत के बदले हुए रवैये की खबर होती है तो वह बहुत नाराज होती है। वह उसकी बेवफाई पर व्यंग्य करती है। लेकिन निदा बात को आगे नहीं बढ़ाता। वह उससे इस सम्बन्ध में मदद करने को भी नहीं कहता। वह सिर्फ थोड़ी देर वहाँ बैठकर इशरत के लिखे हुए खत और एक अँगूठी उसके पास छोड़कर लौट आता है और दूसरे दिन बम्बई के लिए रवाना हो जाता है।

यह कैसी बस्ती है मैं किस तरफ चला आया
फिजा में गूंज रही हैं हजारों आवाजें
सुलग रही हैं हवाओं में अनगिनत साँसें
जिधर भी देखो
खवे, कूल्हे, पिंडलियाँ, टाँगें
मगर कहीं कोई चेहरा नजर नहीं आता
यहाँ तो सब ही
बड़े-छोटे अपने चेहरों को
चमकती आँखों को
गालों को
हँसते होठों को
सिरों के खोल से बाहर निकाल लेते हैं
सवेरे उठते ही
जेबों में डाल लेते हैं
अजीब बस्ती है इसमें
न दिन
न रात
न शाम
बसों की सीट से सूरज तुलू होता है
झुलसती टीन की खोली में चाँद सोता है
यहाँ तो कुछ भी नहीं
रेल और बसों के सिवा
जमीं पर रेंगते, बेहिस समुन्दरों के सिवा
इमारतों को निगलती इमारतों के सिवा
यह कब्र कब्र जजीरा किसे जगाओगे
खुद अपने-आपसे उलझोगे टूट जाओगे
यहाँ तो कोई भी चेहरा नजर नहीं आता ।···

बम्बई आहिस्ता बेतल्लुफ होती है और जब बेतल्लुफ होती है तो वह अपने सारे रूप बहरूप से परिचित करा देती है । लेकिन इतनी करमफरमाइयों के बाद भी किसी ने उनके साथ अजनबियों-सा व्यवहार किया तो बम्बई नाराज होकर शिवसेना बन जाती है । इसके पोस्टर का कागजी शेर दहाड़-दहाड़कर जीना हराम कर देता है । शिवसेना के साथ बम्बई का अंडरवर्ल्ड भी इस गलती को माफ नहीं करता । शिवसेना नाम से भले ही साम्प्रदायिक पार्टी हो, अपने भाषणों में भले ही इस्लाम दुश्मन नजर आती हो, लेकिन हकीकत इसके बरअक्स है । यह हर भेदभाव

से दूर एक ऐसी सामाजिक संस्था है जो अपने तरीकों से जनसेवा का शुभ कार्य करती है। पंजाब के हिंसात्मक समाचारों से बिगड़े हुए माहौल में ये असुरक्षित सिखों को सुरक्षा प्रदान करती है। मद्रास की इडली-सांभर की संस्कृति की चौकीदारी करती है। डूबी हुई रकमों को बेईमानों से निकलवाती है। जमीन-जायदाद के झगड़ों को निबटाती है और इस मेहनत के सिले में पैसा कमाती है। जब चाहती है, हिन्दू-मुस्लिम फसाद कराती है। जब चाहती है सेक्युलर बन जाती है। फसाद और अमन दोनों के लिए हुकूमत इसकी सेवा से फायदा उठाती है। बम्बई में एक साथ सियासी, समाजी और अंडरवर्ल्ड तीन हुकूमतें राज करती हैं। ये तीनों एक-दूसरे की जरूरत भी हैं और ताकत भी। अंडरवर्ल्ड की नामवर हस्तियाँ ज्यादातर मुसलमान हैं। इनके नाम से शहर की कई मसजिदें और तालीमी संस्थाएँ जुड़ी हैं। ये भी जनसेवा के लिए मशहूर हैं। फर्क सिर्फ इतना है कि शिवसेना के पास एक राजनीतिक मंच है और ये बगैर किसी झंडे के जनता की अगुवाई करती हैं। धर्म का इस्तेमाल दोनों रूप में तिजारत का खेल है। ये दोनों संस्थाएँ अदालत से जल्दी फैसला सुनाती हैं और पुलिस से ज्यादा जिम्मेदारी निभाती हैं। इनका दायरा दूर-दूर तक फैला हुआ है। इनमें साहित्य, कला, धर्म सभी शामिल है। पाकिस्तान से आये हुए शायरे इन्कलाब जोश मलीहाबाद की मेजबानी की जिम्मेदारी भी इसी अंडरवर्ल्ड के एक सदस्य की थी। जोश के लिए जो महफिलें सजायी गयी थीं, उनमें सरदार जाफरी, जोए अन्सारी, कैफी आजमी, बाकर मेंहदी आदि शामिल थे। शिवसेना भी बम्बई के सांस्कृतिक कार्यों से जुड़ी हुई है।

बम्बई के कई चेहरे हैं। किसी एक चेहरे से इसकी पहचान मुमकिन नहीं। यह गगनचुम्बी इमारतों से लेकर फुटपाथों पर टोकरियों में सिर डालकर सोये हुए मजदूरों तक फैली हुई है। ये हजार चेहरा बम्बई आँसू भी है, तबस्सुम भी है, संघर्ष भी है, आत्महत्या भी है, समुन्दर की लहरों में जगमगाती हाजी अली की दरगाह भी है, दादर में सिद्धिविनायक की मूर्ति भी है, मछेरों की लावनी, तुकाराम के अभंग, ज्ञानेश्वर की गीता भी है। और इसी के साथ खून-खराबा, दंगे-फसाद, हिन्दू-मुसलमान भी है।

निदा को बम्बई में चेम्बूर के एक सूने इलाके—पाजरापोल में जगह मिलती है। चारों तरफ धूप में तपती छोटी-बड़ी चट्टानें और दायें-बायें दूर तक फैला हुआ मैदान। इस क्षेत्र में एक दो-मंजिला पक्की इमारत है, इसमें एक बूढ़ा सरहदी पठान अपने खानदान के साथ रहता है। उसे इन चट्टानों को तोड़ने और इनसे पत्थर की गिट्टियाँ बनाने का ठेका मिला हुआ है। थोड़ी-थोड़ी देर में चट्टानों में बारूद के धमाके होते हैं, जिनकी आवाज से पेड़ों के परिन्दे, अपने बसेरों को छोड़कर, घंटों आसमान के विस्तार में बेआसरा भटकते रहते हैं। इन

धमाकों में उड़ते हुए पत्थरों का कोई टुकड़ा, किसी परिन्दे की उड़ान को समाप्त करके धरती पर गिरा देता है और कोई मजदूर लपककर उसे उठा लेता है और फौरन उसकी गरदन तोड़कर अपने झोले में डाल लेता है। इस मैदान में चट्टानों में काम करनेवाले मजदूरों की खोलियाँ हैं। सारे काम की देखभाल बूढ़े पठान के दो जवान लड़के करते हैं। बड़ा लड़का घर में पठानी होते हुए, केरल की एक लड़की को अकेले में पेशावर के लोकगीत सुनाता रहता है। कुछ ही दिन बाद इन गीतों में एक बच्चे की आवाज का कोरस भी शामिल हो जाता है। बच्चे का कोरस तन्हाई के गीत को आबादी में ले आता है तो बूढ़े पठान की नाराजगी के बावजूद उसका लड़का मजदूर लड़की को पक्के मकान के निचले हिस्से में रखने के लिए मजबूर हो जाता है। इसके मकान में आते ही लड़की के रहन-सहन में पठानी झलक और पठानी खानों के नमक-मिर्च में केरल की महक जागने लगती है। पठान का दूसरा लड़का पाँचों वक्त का नमाजी है। बड़े भाई से वह नाराज है। इस नाराजगी का इजहार वह शाम को शराब पीते वक्त करता है। दो धर्मों के मेल को वह अधर्म मानता है।

इन मजदूरों के अलावा इस जमीन को दिल्ली के कुछ व्यापारियों ने घेर रखा है। ये लोग सस्ते दामों के वनस्पति से महँगी कीमत का असली घी बनाने का हुनर जानते हैं। दिन-भर कारखाने के अन्दर भट्टियाँ सुलगती हैं, जिन पर नकली-असली में तब्दील किया जाता है। इस जाली धन्धे का मालिक बूढ़े पठान का एक पुराना दोस्त, दिल्ली का एक खद्दरधारी शख्स है। दूर से यह निदा का रिश्तेदार भी लगता है। साल में वह दो-तीन बार हिसाब-किताब के लिए बम्बई आता है और पठान के यहाँ ठहरता है। इसकी गैरमौजूदगी में एक मुंशी इस काम को सँभालता है। मुंशी रोज सुबह पूजा-पाठ से मुक्त होकर हिसाब-किताब करता है। वनस्पति में मिलाया जानेवाला असली घी भी वही सप्लाई करता है और हर बिकनेवाले जाली कनस्तर पर कमीशन भी वसूल करता है। ये सारे लोग दिल्ली के करीब के गाँव खेड़े के हैं। इस व्यापार का मालिक अपनी बोल-चाल में व्यापारी से ज्यादा दादा लगता है। वह जब तक रहता है उसका रोब हर चेहरे से जाहिर होता है। नयी-नयी गलियाँ तलाशना और भूल-चूक पर हाथ छोड़ देना या गुस्से में किसी का भी सामान अन्दर से उठाकर बाहर फेंक देना रोज के तमाशे हैं। लेकिन इस सख्ती के बावजूद वह फेरीवालों का ख्याल भी बहुत रखता है। इस गैरकानूनी काम में अगर कोई भूल-चूक से कानून की गिरफ्त में आता है तो सम्बन्धित कर्मचारियों को खिला-पिलाकर वह ही इनकी इज्जत-आबरू बचाता है। नकली घी के ये कनस्तर बिक्री के लिए बाहर जाते हैं तो फेरी वाले अपनी धर्मास्थाओं के अनुसार राम या रहीम का नाम लेकर ही कदम बाहर निकालते हैं। और शाम को कामयाब लौटते हैं तो ईमानदारी से मुनाफे में से

एक-दो प्रतिशत पूजा का या नजर-नियाज के लिए निकालकर मुंशी के पास जमा करा देते हैं। रोज की जमा होने वाली इस रकम से कारखाने के अन्दर ही एक छोटा-सा मन्दिर और मसजिद का एक चबूतरा बन गया है। इसी में से करीब के थाने में पुलिस को हफ्ता भी दिया जाता है।

निदा की रिहायश इसी कारखाने से लगी, लकड़ी और टीन से बनी एक खोली में है। इस खोली से करीब थोड़ी दूरी पर कई और इसी किस्म की खोलियाँ हैं। इनमें चट्टानों पर काम करने वाले परिवार रहते हैं। दिन-भर सूरज की किरणों से टूटे-फूटे जिस्म शाम होते ही तेज बू वाली देसी शराब को नमक के साथ पेट में उतारकर घर की औरतों को मारने-पीटने के काबिल होते हैं। हर तरफ गाली-गलौज और लड़ने-झगड़ने का शोर दिन-भर साँय-साँय करते इस वीराने में जिन्दगी का एहसास दिलाते हैं। चिराग जलते ही यह चीख-पुकार यहाँ का दस्तूर है। शुरू में निदा को यह अजीब लगता है। सामने की खोली में गठे हुए हाथ-पाँव की एक लड़की और उसके दुबले-पतले मरियल-से पति के झगड़े में एक बार पड़कर वह ऐसा पछताता है कि फिर दूर का तमाशाई बनकर इन मनाजिर का मौन दर्शक हो जाता है।

इस मैदान से सड़क की तरफ निकलनेवाले रास्ते में एक बड़ा-सा गड्ढा है। इसमें बरसात के ठहरे हुए पानी ने एक छोटा-सा तालाब बना दिया है। इस पानी से गीली साड़ी में निकलती हुई सामने की खोली की इस लड़की ने आते-जाते कई बार अपनी मुस्कराहट से निदा के लम्हे जगमगाये थे। होठों की इस हल्की-सी मुस्कराहट के साथ इसके भीगे बदन के जाविये भी, थोड़ी देर के लिए, अँधेरे में अचानक बल्ब जलने की तरह चमक उठते हैं। सवेरे की इस जगमगाहट के बाद वह दिन-भर कहीं नजर नहीं आती।

उस रात उसके तीर-कमान की तरह कसे हुए सुडौल अंगों पर मरियल से मर्द के खुरदुरे की हिंसा से वह गुस्से से भर जाता है। वह उठकर न सिर्फ बीच-बचाव करता है, बल्कि शराब के नशे में चूर उसके मर्द को धक्का देकर एक-दो हाथ भी जड़ देता है। लड़की अपने पति को गिरता देखकर, लाल-पीली होकर निदा की तरफ देखती है और पल-भर आँखों में आँखें डालकर अपने मर्द को जमीन से उठाती है और फिर देर तक मराठी में गालियाँ देती रहती है :

कितने शीरीं हैं तेरे लब कि रकीब
गालियाँ खा के बेमजा न हुआ।

पति-पत्नी के आपसी झगड़े में किसी गैर का हस्तक्षेप उसे नहीं भाता। निदा अपना-सा मुँह लेकर वापस आ जाता है और देर तक उन दोनों की हँसती-खनकती आवाजों में तेज होती साँसों को सुनता रहता है। वह इन दोनों के प्यार के साथ

जब सुबह की मुस्कराहट को जोड़कर कोई सवाल बताता है तो बने-बनाये फार्मूलों के अलावा उसे कोई तसल्लीबख्श जवाब नहीं सूझता। निदा उस रात की घटना को नहीं भूल पाता, लेकिन वह लड़की अब भी जब कहीं नजर आ जाती है तो पहले की तरह ही मुस्कराती है।

हर रास्ता अनजाना-सा हर फलसिफा नादान-सा
सदियों पुरानी है मगर हर पल नयी है जिन्दगी।

मजदूरों की इस आबादी में एक खोली में अपने दो छोटे बच्चों के साथ हैदराबाद की एक औरत रहती है। उम्र पच्चीस-छब्बीस के करीब है। साँवले रंग और छरहरे बदन की यह औरत पठान के घर में काम करती है। दिल्ली के व्यापारियों के साथ दिन भर इसरी चुहलें, घर से दूर इनके अकेलेपन का सहारा है। इस सहारे को निदा भी एक-दो बार अपने अँधेरों का सितारा बना चुका है। वह पठान के यहाँ सुबह दो-तीन घंटे की ड्यूटी पूरी करके दिन-भर इधर-उधर मँडराती रहती है। उसकी अदाएँ सबके लिए एक-जैसी हैं। व्यापारी इसी कारण एक-दूसरे से नाराज रहते हैं। जो भी उससे जिस काम के लिए कहता है वह कभी इनकार नहीं करती। उसकी यही आदत कारखाने के सुकून में बेसुकूनी का कारण है। एक-दो बार यह बेसुकूनी हाथापाई में भी बदल चुकी है। रोज-रोज के शिकवे-शिकायत से तंग आकर एक दिन वह मुंशी के साथ अपने रिश्ते का ऐलान कर देती है। मुंशी पैंसठ साल का कुंवारा आदमी है। वह पठान के यहाँ से काम छोड़कर अपने दोनों बच्चों से साथ मुंशी की खोली में रहने लगती है। उसका ये ऐलान कारखाने में धार्मिक मसला बनकर उभरता है। मरियम और धनीराम का यह रिश्ता जो एक औरत और उसके दो बच्चों के लिए चाहे जितना जरूरी हो, कारखाने के मुसलमानों की नजर में गैर-जरूरी ठहरता है। मुंशी को कारखाने से निकाल दिया जाता है। मुंशी इस बेइज्जती का बदला अखबारों में कारखाने के खिलाफ खबरें प्रकाशित कराके लेता है। बात फैलती है तो पुलिस का छापा पड़ता है। घी के कई कनस्तर, बहीखाते और कुछ आदमियों को रँगे-हाथों पकड़ लिया जाता है।

अहमदाबाद के एक मुशायरे में निदा की मुलाकात बदरी काँचवाला से होती है। गोरे रंग के छोटे कद के आदमी हैं। हर मौसम में मोटे कपड़े की सफारी पहनते हैं। सफारी की बुशर्ट की दाहिनी तरफ की जेब पर हमेशा तीन-चार तमगे लगे रहते हैं। इन इनामात से इन्होंने खुद अपने-आपको सम्मानित कर दूसरों की नजर में अपनी इज्जत बढ़ायी है। गुजराती जबान के शायर हैं। संगीत के लगाव ने उन्हें अमीर बाई कर्नाटकी का आखिरी पति भी बना दिया है। हिन्दी, गुजराती, मराठी तीन फिल्मी साप्ताहिकों के अकेले मालिक व सम्पादक हैं। इनकी कलम की फिल्मी दुनिया में काफी धूम है। यह और बात है कि इस कलम को अक्सर दूसरे ही इस्तेमाल करते हैं। लेकिन अपने नाम से लिखी हुई हर तहरीर में रद्दो-बदल की गुंजाइश जरूर निकाल लेते हैं। वो निदा को हिन्दी के 'रस-नटराज' में सह-सम्पादक के रूप में रख लेते हैं। पगार तय होती है ढाई सौ, जो हमेशा कई किस्तों में मिलती है।

तीन अखबारों के इस कार्यालय में निदा और बदरी काँचवाला के अलावा पूरे हाथ-पाँव का कोई तीसरा आदमी नहीं है। कोई टाँगों से अपाहिज है, किसी का एक हाथ बेकार है, किसी का निचला धड़ फालिजजदा। किसी की पीठ पर कूबड़ है, कोई सिर्फ बोलता है, सुनने को मजबूर है। इन सबको बड़ी तलाश से उन्होंने एक जगह जमा किया है। इस किस्म का म्युजियम बनाने के उनके अपने तर्क हैं—

"पूरा आदमी बम्बई की चमक-दमक में हमेशा ख्वाबों के पीछे भागता है। वह कहीं जमकर बैठता ही नहीं। आज यहाँ कल वहाँ। वह एक जगह काम सीखता है, दूसरी जगह उसे कैश करता है। जो अधूरे होते हैं वे मालिक के वफादार पूरे होते हैं और मेहनती भी ज्यादा होते हैं। उनका संसार छोटा होता है। घूमने-फिरने की मजबूरी उन्हें बड़े शहर की बुराइयों से दूर रखती है। उन्हें जो भी दिया जाता है उसे वह खुदा का करम समझकर कबूल कर लेते हैं और कभी शिकायत नहीं करते। निदा जबसे यहाँ काम करना शुरू करता है अपने हाथ-पाँव और आँखों की वजह से उसे शक की नजरों से देखा जाता है। निदा की इस ऑफिस के अलावा भी दूसरी व्यस्तताएँ हैं जो पसन्द नहीं की जातीं। और जब एक दिन उन्हें कोई माकूल अपाहिज निदा से कम पगार लेने और ज्यादा मेहनत करनेवाला मिल जाता है तो निदा को बम्बई में ख्वाबों के पीछे भागने के लिए आजाद छोड़ दिया है। निदा की गलती यह है कि पूरे हफ्ते का काम वह दो-तीन घंटों में निबटा देता है। बदरी काँचवाला को पगार की रकम इतने कम वक्त के लिए ज्यादा महसूस होती है। इस साप्ताहिक की कोई विशेष नीति नहीं है। फिल्मी दुनिया में जिस हफ्ता जहाँ से पेशगी मिल जाती है उस हफ्ते पत्रिका की पॉलिसी उसी ओर झुकी होती है। कभी यूँ भी होता है कि पत्रिका के बाहर आने

की तिथि से एक दिन पहले, अचानक दिन के किसी समय नयी तब्दीली की घोषणा होती है और टाइपशुदा मैटर रोककर नये सिरे से लिखा जाता है। एक बार रात के दो बजे निदा को चेम्बूर से बुलवाकर एक गीतकार की तारीफ को बुराई में बदलवाया जाता है। इस गीतकार का नाम नीरज है ! रस-नटराज में छपनेवाला हर लेख पहले से बिका हुआ होता है। कभी रकम के लेन-देन में रुकावट आती है तो पर्वत को राई बना दिया जाता है। बदरी काँचवाला के हुनर से लोग वाकिफ भी हैं और खाइफ भी !

फुरसतों की आवारागर्दियों ने निदा की शनासाइयों का दायरा ज्यादा फैला दिया है। दूसरी जगहों के मुकाबले में बम्बई की शाम ज्यादा वीरान और तनहा होती हैं। दिन की हंगामा-अराइयों के बुझते ही, शाम हर तरफ जंगल बरसाना शुरू कर देती है। बरसते हुए जंगल की इस चौतरफा यलगार से बचने के लिए उसके पास एक छत तो है लेकिन इसके खुलने और बन्द होने के औकात पहले से तय हैं। सुबह साढ़े दस बजे तक और रात में बारह बजे के बाद ही ये छत सहारा देती है। बाकी के सारे वक्त इसके नीचे मकान मालिक के बच्चे पढ़ाई करते हैं या वक्त को खेलकूद कर बिताते हैं। निदा बान्द्रा में पाली हिल के हॉस्टल के एक बैडवाली बेसरो सामानी से ऊबकर यहाँ आया था। सोचा था किताबें रखने और पढ़ने-लिखने की सहूलत होगी। लेकिन सरकारी कॉलोनी में पेइंग गेस्ट बनने के अपने नियम होते हैं, जिनकी बेअदबी मकान मालिक के लिए भी खतरा बन जाती है। सरकारी दफ्तरों के क्लर्क या सीनियर चपरासी जिनकी आधी उम्र गुजर जाने के बाद रियायती किराये पर ये तीन-साढ़े तीन सौ फुट के फ्लैट दिये जाते हैं। वे अपनी पारिवारिक जिम्मेदारियों का महँगाई की तेज रफ्तारियों से तालमेल बैठाने के लिए, अपने बाल-बच्चों को एक कमरे में मुर्गे-मुर्गियों की तरह समेटकर, दूसरा कमरा कुछ डिपॉजिट लेकर भाड़े पर उठा देते हैं। कानून की नजर में यह गैरकानूनी अमल होता है, जिसकी रोकथाम के लिए महीने में एक-दो बार म्युनिसिपल चेकिंग होती है। मकान मालिक डिपॉजिट लेते वक्त किरायेदार से इस सिलसिले में सहायता का मुआहिदा करता है। चेकिंग की कोई तारीख पहले से निश्चित नहीं रहती। किसी समय भी जांच हो सकती है। इसलिए किरायेदार को ज्यादातर समय घर से बाहर रहकर इस मुआहिदे का आदर करना पड़ता है।

घर से ज्यादा बाहर रहने की मजबूरियों ने निदा को नयी-नयी महफिलों का पता बता दिया है। वह हर शाम कहीं-न-कहीं अपने शेरों या लतीफों से दूसरों का वक्त बहलाता नजर आता है। ऐसी महफिलें अदीबों, शायरों की कम होती हैं। इनमें एक ऐसा सामाजिक वर्ग भी है जो भारत के पाँच हजार साल पुराने माया के फलसफे को नकार कर जीवन की अच्छाई-बुराई का अधिकार आकाश से छीनकर जमीन को सौंप चुका है। ये भगवान के देहान्त के गवाह हैं। ये अपने वर्गीय अभावों को संसार की अर्थहीनता का दर्पण बनाने के बजाय वर्तमान व्यवस्था में परिवर्तन का ख्वाब देखते-दिखाते हैं। इसमें मलयाली, बंगाली, पंजाबी, असमी सभी हैं। इनमें लड़के भी हैं और लड़कियाँ भी। अपनी पढ़ाई-लिखाई और घरबार छोड़कर ये व्यक्तिगत भविष्य को किसी सामूहिक सपने के निर्माण में ईंट-गारे की तरह इस्तेमाल कर रहे हैं। इनके दिन के कार्यों में निदा का दाखिला नहीं है। हाँ शाम को सस्ती शराब और सिगरेटों के धुएँ में राजनैतिक शोषण के खिलाफ उनके शाब्दिक विद्रोह में वह जरूर शरीक होता है। धर्म, भाषा, क्षेत्र के भेद होते हुए भी वे सब अपने गमोगुस्से के इजहार के स्तर पर एक-दूसरे से जुड़े हुए हैं।

इस ग्रुप में एक छह महीने के बच्चे की माँ सोनाली भी है। सोनाली कलकत्ते में बी० एस-सी० तक पढ़ी है। उसका यह बच्चा उसके एक पंजाबी दोस्त की यादगार है, जो पिछले साल पुलिस की गोली का निशाना बन चुका है। उसके मरने के बाद उसके साथियों ने सबके नामों के पहले अक्षरों को जोड़कर उसका नाम 'सरजास' रखा है। सुनील, राजन, जॉन, आनन्द और सोनाली के पहले अक्षरों से बने हुए बजाहिर इस बेमानी शब्द को जो पोशीदा माने दिये गये हैं। इसको देश के किसी शब्दकोश ने अभी स्वीकार नहीं किया है। ये नाम उन सबका एक सपना है, जो मौत की सीमा से बाहर जीवन का साथी है :

आत्मा न जनमती है
न मरती है
यह अमर है
यह शरीर के साथ नष्ट नहीं होती
जो इच्छाओं से मुक्त है
जो दु:ख-सुख से चक्र से बाहर निकल चुका है
वही इस सत्य के दर्शन कर सकता है।

रोज की तरह निदा आठ बजे उठकर सुबह की चाय के लिए होटल में जाता है। चाय की दूकान पर पहुँचकर वह चाय का ऑर्डर देने को बोलना चाहता है लेकिन आवाज उसके गले से नहीं निकलती । वह कोशिश करता है मगर बेकार । वह अपनी इस हालत से घबरा जाता है । वह इशारे से चाय माँगता है और जैसे-तैसे चाय पीकर कमरे में वापस आ जाता है। कच्ची शराब के संबंध में वह कई बार पढ़ चुका था । इन्दौर में कुछ रोज पहले ही ढाई सौ.आदमी इसका शिकार बन चुके हैं । इनमें एक शायर काशिफ इन्दौरी भी होता है । लेकिन आवाज की ट्रेजेडी तो मौत से भी भयानक है। मौत के बाद तो आदमी दुःख-सुख की सीमाओं से पार हो जाता है, आवाज के बगैर जिन्दगी जीने की कल्पना उसके अन्दर बहुत-कुछ तोड़-फोड़ देती है। वह इसी हालत में एक दोस्त महमूद छापरा के घर जाता है। कागज पर लिखकर अपना हाल बयान करता है । छापरा उसे बान्द्रा के एक डॉक्टर के पास ले जाता है। पन्द्रह-बीस मिनट की परीक्षा के बाद ही यह बीमारी उसकी समझ में आती है। वह कुछ गोलियाँ और दवाई देता है । शाम तक कोई फायदा नहीं होता। शहर अचानक चलते-चलते थम जाता है और वह अपने-आपको किसी दरगाह के आगे फकीरों की कतार में बैठा हुआ देखता है । उसका पूरा वजूद एक फैले हुए हाथ में सिमट जाता है। सोनाली की आवाज इस हाथ को फिर से फैलाकर इनसान बना देती है। डाक्टर की दवाई से जब कोई अन्तर नहीं होता तो वह उसके लिए बाहर से कोई जड़ी-बूटी लेकर आती है। इसको टुकड़ा-टुकड़ा चबाने से दो-तीन घंटे के बाद अचानक उसे गले के अन्दर तने हुए किसी परदे के सरकने का अहसास होता है। अचानक उसे ठसका लगता है और इसके साथ उसकी आवाज भी काफी देर बाद वापस आती है। आवाज को दोबारा पाकर वो उस रात इसका इतना इस्तेमाल करता है कि गले की रगें दुःखने लगती हैं। शाम को सोनाली उसे अपने साथ ले जाती है, लेकिन वह शराब नहीं पीता। सिगरेट को भी नहीं छूता—सबसे अलग सरजास से खेलता है, या सोनाली से बाउल गीत सुनता है।

इस घटना के बाद सोनाली और निदा अक्सर मिलते रहते हैं। एक सुबह जरा जल्दी ही वह कमरे में आती है। सुबह होने में अभी समय है। उसके चेहरे पर पहले-जैसी रौनक भी नजर नहीं आती। वो आते ही बिना कुछ कहे, एक कोने में बैठी खामोशी से रोती रहती है। सरजास इन आँसुओं से बेखबर सोता रहता है। वह निदा के हर सवाल पर चुपचाप उसकी तरफ देखती है और फिर सिर झुका लेती है। निदा की उससे आखिरी मुलाकात वीटी स्टेशन पर कलकत्ता जानेवाली एक्सप्रेस पर होती है। सरजास स्टेशन की भीड़ में बुरी तरह रोना शुरू कर देता है। सोनाली उसे जितना चुप कराने की कोशिश करती है वह उतना ही और रोता है। निदा उसे सोनाली की गोद से लेकर करीब के ठेले से चॉकलेट

दिलाता है और उसके भीगे हुए चेहरे पर मुसकराहट जमाता है। गाड़ी चलने तक बराबर उसे बहलाता रहता है। रेल की सीटी बजते ही सोनाली, जो अब तक खोयी-खोयी-सी बैठी थी, निदा के हाथ पर अपना मुलायम हाथ रख देती है। स्पर्श की नरमी उसके होठों पर किरण बनकर उभरती है। ये किरण कई महीनों के अनाम रिश्ते को कोई नाम देती नजर आती है। निदा जैसे ही उसकी आँखों में आँखें डालकर उसे देखता है, उसका चेहरा पिघलकर मुसकराहट में ढल जाता है और साथ ही गाड़ी स्टेशन से बढ़ना शुरू हो जाती है। सोनाली के हाथ का स्पर्श कई दिन उसके साथ रहता है। उसके आखिरी जुमले 'मुझे खत लिखना' के जवाब में बाद में वह कई खत लिखता है लेकिन उधर से कोई जवाब नहीं आता।

निदा को बम्बई आये हुए अब काफी अरसा हो चुका है। लेकिन अब भी वह बस और लोकल की खिड़कियों से पैदल चलते रास्तों में नीम और इमली के पेड़ ही तलाश करता रहता है। मगर कहते हैं चारों तरफ सारे समन्दरों से घिरी हुई यहाँ की जमीन में नीम की जड़ें नहीं फैलतीं, इसमें नारियल ही फूलता-फलता है। हर बीज अपनी आबोहवा में फूलता-फलता है। जगह-जगह राजपूत सिपाहियों की तरह खड़े हुए नारियल के पेड़ों से अभी उसकी अजनबियत कायम है। यही नॉन-ऐडजस्टमेंट ही उसकी सारी उलझनों का कारण है। इसकी काव्यात्मक अभिव्यक्ति 'लफ्जों का पुल' (संकलन) के अन्तिम पन्नों में और 'मुलाकातें' की गद्य (आलोचना) में कई जगह जाहिर है। 'मुलाकातें' काफी बदनाम किताब है। इसमें कई सीनियर साहित्यकारों पर लेख हैं। इस पुस्तक ने बहुत से बाअसर अदीबों और शायरों को नाखुश कर दिया है। सरदार जाफरी, अख्तरुल इमान की नाराजगी खामोश रहती है। उनकी तरफ से दूसरे उसके खिलाफ लिखते हैं। कोई कॉमरेड जब्बार दिल्ली के असरी अदब में उसे प्रतिक्रियावादी साबित करते हैं। इस्मत चुगताई ब्लिट्ज में लेखक को सी० आई० ए० का एजेंट बताती हैं। लेकिन साहिर लुधियानवी यूपी वालों की तरह अन्दर कुछ बाहर कुछ की दोरुखी से दूर हैं। उनका गुस्सा और खुशी कभी अपनी पंजाबियत नहीं छोड़ते। खुश होते हैं तो खुलकर कहकहा लगाते हैं। नाराज होते हैं तो सात नस्लों तक दुश्मनी का पीछा करते हैं। उन पर मजमून प्रकाशित होने के बाद उनसे पहली मुलाकात फिल्म रायटर के मुशायरे में होती है। इसके संयोजक महेन्द्रनाथ हैं। उनके आमन्त्रित शायरों की सूची में निदा का नाम भी है। निदा साहिर से कई बार मिल चुका है। जब वह बम्बई में नया-नया था तो वह भी फिल्मी दुनिया में उनके नाम से फायदे की लालच में कई बार उनके घर गया था। उनके साथ शराब पी थी, उसके साथ खाना खाया था। लेकिन यह फायदा शाम की शराब और खाने की सीमाओं से कभी आगे नहीं बढ़ा। उन दिनों जाँनिसार अख्तर उनकी महफिलों में रोज में बैठनेवालों में थे। वह अपने-आपको घर में रखकर आते थे। यहाँ

उनका प्रतिनिधित्व बहुत सारे बेतरतीब बाल, कई रातों की जागी हुई आँखें और एक महीन आवाज ही करती थी ! शाम की इन महफिलों में घर साहिर का, शराब साहिर की, शराब के बाद खाना साहिर का और इनके साथ बोलने का हक भी साहिर का ही होता था। फिल्मों में जाँनिसार की नाकामी और साहिर की कामयाबी के अन्तर ने उन्हें इन शर्तों का एहतराम सिखाया है।

जो इन शर्तों को जाने बिना साहिर की रातों में शरीक होते हैं, अपनी इज्जत-आबरू को दाँव पर लगाते हैं। इन महफिलों में अपनी इज्जत-आबरू खोनेवालों में कृष्णचन्द्र, सज्जाद जहीर से लेकर सरदार जाफरी तक कई जाने-पहचाने नाम शामिल हैं। दूसरों को बुरा-भला कहकर ही साहिर अपनी नजर में बड़ा बनने का साहस पैदा करते थे। साहिर को जाँनिसार और उन जैसे ही दूसरे जरूरतमन्दों ने मुसलसल बोलते रहने का मरीज बना दिया है। हर शाम वही आलम। बार-बार वही बातें। 'तलखियाँ' के छब्बीस एडीशन, गीत निगारी में उनका मुकाम, संगीत निर्देशकों से ज्यादा पारिश्रमिक लेने की परम्परा, दूसरी भाषाओं में उनकी पुस्तक का प्रकाशन, लुधियाना में उनके नाम की सड़क, मुशायरों में उनकी लोकप्रियता—आदि-आदि।

वह शराब के नशे में निदा को इस मुशायरे में देखकर बुरी तरह बिफर जाते हैं। प्रतिक्रियावादी, अमेरिका का जासूस, तरक्की पसन्दों को मुखालिस···निदा के साथ उस रात उनकी गालियों के शिकार महेन्द्रनाथ और कृष्णचन्द्र भी होते हैं। कृष्णचन्द्र दिल के मरीज हैं ! प्रगतिशील आलोचकों द्वारा एशिया के अजीम अफसाना निगार बनने के बाद बीच मजमें में इस बेइज्जती ने उनका ब्लडप्रेशर तेज कर दिया। साहिर को इस तरह बिगड़ता देखकर महेन्द्रनाथ ठेठ पंजाबी में उन्हें मनाना शुरू कर देते हैं। साहिर के कहने पर ही महेन्द्रनाथ निदा से मुशायरे में शेर न सुनाने की दरख्वास्त करते हैं। बात यहीं खत्म नहीं होती। बाद में भी ऐसी दरखास्तों का सिलसिला महीनों चलता रहता है।

बान्द्रा चौराहे पर बान्द्रा कैफे के पीछे हर शाम कसाइयों का जमाव होता है। निदा की शामें कभी थकी हुई उधर भी आ जाती है। यहाँ एक साहब कव्वाली, मुजरे और मुशायरों के रसिया हैं। काफी मेहमाननवाज भी हैं। इन्हीं की वजह से कव्वाल, शायर या कभी कोई मुजरेवाली इधर से आते-जाते रुककर अपनी भागती-दौड़ती जिन्दगी से कुछ फरार के लम्हे जुटाते हैं। रास्ते सूने होने तक चाय और पान के दौर चलते रहते हैं। पान की पीकों से सामने का रास्ता लाल होता रहता है। कभी हैंडबैग की थाप पर कोई आवाज लम्बे से आलाप के साथ पुरशोर सन्नाटों को चीरती हुई गूंजती है—

उनके पाँव में मेंहदी लगी है
आने जाने के काबिल नहीं है।

कभी कोई बाजारी लतीफा सारी महफिल को कहकहा बना देता है। भद्दे-मोटे जिस्मों की मुजरेवालियों की ढलती उम्रों को अधेड़ उम्रों की घूरती आँखें जवानी के ख्वाब दिखाती रहती हैं। सड़क-किनारे बने चबूतरे पर जमी हर शाम की इन बैठकों की खातिर मुदारात की अकेली जिम्मेदारी मलमल के कुरते और चौखाने की लुंगी में, गहरे काले रंग और भारी डील-डौल के खैरू भाई की रसिकता का इजहार है। खैरू भाई साठ-पैंसठ के पेटे में हैं। जवान लड़कों को कारोबार सौंपकर उनका सारा दिन इसी किस्म की मजमेबाजी में गुजरता है। पढ़े-लिखे बिलकुल नहीं है, लेकिन दूसरों के अच्छे-बुरे इतने शेर याद हैं कि बात-बात पर शेर बोलते हैं। शाइरी और संगीत से उनके लगाव ने उनको अजीब-सी बेचैनी से दो-चार किया हुआ है, जिसे बहलाने के लिए वह शाम की बैठकें जुटाते हैं। कव्वाली की महफिलों में शरीक होते हैं। छुप-छुपाकर शराब भी पीते हैं। मजहब को जुमे की नमाज तक सीमित करके उन्होंने अपने दूसरे हमपेशा लोगों के मुकाबले में अपने-आपको ज्यादा आजादी दे रखी है। तबीयत की हुस्नपरस्ती ने समय की गति के अहसास को धीमा कर दिया है। जवान बेटों को कारोबारी जिम्मेदारियों के बोझ तले वक्त से पहले बूढ़ा करके खुद उनकी उम्रों जैसी जिन्दगी जी रहे हैं। शहर में कई गोश्त की दूकाने हैं। कमाई भी अच्छी खासी है। पाँच-दस रुपयों की मदद को उधार नहीं मानते। रास्ता चलते अच्छे चेहरों और गदराये जिस्मों को देखकर गजल के शेरों की तरह 'वाह, बहुत खूब' कह उठते हैं। कई बार का कहा हुआ उनका एक जुमला यूँ हैं—'शायर लफ्जों में शेर कहता है। जब खुदा शाइरी करता है तो खूबसूरत आँखों, सुडौल बाँहों, रेशमी बालों, गोरे गालों से सौन्दर्य की रचना करता है।' रोज की चाय, पान और पान के साथ उनकी मेहरबानियाँ अकसर शराबखानों में भी निदा का साथ देती हैं।

एक दिन वह बुझे-बुझे से नजर आते हैं। गुमसुम, न खुद शेर सुनाते हैं न सुनने की फरमाइश करते हैं। आसपास भी कोई नजर नहीं आता—अभी शाम होने में देर है। उनकी खामोशी से ऊबकर निदा उठता है तो वो हाथ के इशारे से उसे रोक लेते हैं। वह कहते हैं—'अगर तुम्हारे पास थोड़ा-सा वक्त हो तो मेरे साथ चलो।' वह टैक्सी में लिंकिंग रोड पर ए-वन नाम के होटल में ले जाते हैं। रास्ते-भर उनकी खामोशी वैसी ही रहती है। वह किसी उलझन में उलझे हुए लगते हैं। पहला पैग वह एक ही साँस में खत्म कर देते हैं। दूसरे के आधा होते ही उनके चेहरे का कसाव ढीला महसूस होता है। वह निदा के सामने बैठे हुए निदा को देखने के बजाय दायें तरफ की खाली मेज को घूरते रहते हैं।

निदा उन्हें बातों में शामिल करने के ख्याल से यूँ ही रस्मन उनसे पूछता है—'क्या बात है, आज शराब पीने का मूड कैसे आ गया ?' वह निदा के सवाल पर ध्यान दिये बिना अपनी ही रौ में बोलते रहते हैं—'क्या बताऊँ, कुछ समझ

में नहीं आता। ऐसा क्यों होता है। देखते-देखते सब-कुछ बदल जाता है। अभी कल की बात है। अखाड़े में कुश्ती लड़ता था। आज से दुगनी खुराक थी,' इतना कह कर वह रुककर गिलास भरते हैं और फिर से बात का सिरा जोड़ते हैं। 'यह जो सामने मेज है, कल यहाँ वह बैठी थी, उसका नाम रत्ना था। वह भी अकेली थी, मेरे साथ भी कोई नहीं था। देर तक यूं ही हम एक-दूसरे की तरफ देखकर मुस्कराते रहे, फिर एक साथ बैठ गये। पीते रहे। कभी वह मेरे गिलास से पीती, कभी मैं उसका गिलास उठाता। नशा भी क्या चीज होता है। पलों में सालों का सफर तय हो जाता है। इसी हालत में सारी दुनिया को गेंद की तरह लुढ़काते हुए हम दोनों बाहर निकले। उसने दिल्ली दरबार में खाने की फरमाइश की। टैक्सी में रास्ते-भर उसके बाल मेरे कंधों पर झूलते रहे। इसके शरीर की सुगन्ध ने पूरी रात को महका दिया। ऐसी सुगन्ध शायद ही पहले कभी मिली हो! वह अपना जिस्म मुझ पर डाले हुए, बेहोशी में आधी अँग्रेजी, आधी उर्दू में न जाने क्या-क्या बुदबुदाती रही। बस इतना ही समझ में आया—तुम मुझे छोड़कर ऐश कर सकते हो तो क्या···मुझे भी जिन्दा रहने का हक है। मैं भी प्यार कर सकती हूँ। मुझे भी चाहिए · दिल्ली दरबार में भी उसका यही आलम रहा। खुद कुछ नहीं खाया, मुझे ही अपने हाथ से खिलाती रही। होटल में जिद करके बिल भी उसी ने दिया। वहाँ से वह कुलाबा में अपने फ्लैट में ले गयी। बड़ा बना-सजा घर था। हर चीज सलीके से, एक से एक अच्छा सामान। दीवार पर लगी दो बच्चों की तसवीर को हाथ से दुलारती हुई वह मेरा हाथ पकड़ बेडरूम में ले गयी। अन्दर आते ही उसका सारा दबा हुआ प्यार आजाद होकर किसी बच्ची की तरह मेरी गरदन में झूल गया। मेरे छूते ही वह रेत की खुली बोरी की तरह बिस्तर पर बिखर गयी। उसे इस हालत में आहिस्ता-आहिस्ता समेटकर इकट्ठा करने में काफी समय लगा। इतनी मेहनत से, पसीने में तरबतर होकर जैसे ही मैंने उठना चाहा, उसने हाथ पकड़कर अपने पास बिठा लिया और कुछ ही देर बाद फिर से बिखरने लगी। वह देर तक यूं ही बिखरी रही और मैं थके हाथ-पांव से, बावजूद कोशिश के उसे नहीं समेट सका। वह यह देखकर नाराज हो गयी—और तीन-चार घंटे की सारी चाहत, सुगन्ध, उड़ती जुल्फें बड़ी-बड़ी गालियाँ बनाकर मुझ पर फेंकने लगी।'

यह समय बड़ा हरजाई
समय से कौन लड़ा है भाई
राजा सेना लेकर घूमे नगर-नगर
हो आये
जिस माटी को जीते मूरख
उसमें ही खो जाए

न आये काम कोई चतुराई
समय से कौन बड़ा है भाई !

खैरू भाई की आँखों से अचानक आँसू निकलकर उनके चेहरे पर बनी झुर्रियों में उतरने लगते हैं। जितना उनको याद आता है, उसको शब्दों में बयान करते हैं। जो याद के दायरे में नहीं आता उसे आँसुओं से अदा करते हैं—'वह मिली भी तो अब मिली। अगर बीस-पच्चीस साल पहले मिलती तो फिर चाहे जितना बिखरती, एक ही बार में ऐसा समेटता कि हमेशा के लिए बिखरना भूल जाती—तुम्हारी दूसरी भाभी बनकर घर को सजाती।'

समय के प्रहार के सामने मनुष्य की बेबसी निदा के नशे की चौचाली को भी बुझा देती है। बाहर चारों तरफ रात का सन्नाटा फैला हुआ है। निदा को उस रात देर से नींद आती है। वह यूँ ही करवटें बदलता रहता है। पढ़ने की कोशिश करता है मगर इसमें भी जी नहीं लगता। बॉलकनी से बाहर आसमान सितारों से भरा है। बादल का एक बड़ा-सा टुकड़ा नये-नये रूप बदलता—हाथी से घोड़ा, घोड़े से चिड़िया और फिर चिड़िया से बिखरती रेत के जर्रोंजर्रें...निदा नींद से अचानक बाहर आकर देखता है, उसका दायें पाँव का निचला हिस्सा हिल रहा है। उसे यह देखकर अचानक याद आता है कि मुर्तुजा हसन भी सोने से पहले इसी तरह अपना पाँव हिलाते थे। मुर्तुजा हसन मीलों दूर होकर भी उसी में सोते-जागते हैं। वक्त के साथ हर बेटा आहिस्ता-आहिस्ता खुद अपना बाप बन जाता है। बगावत, वक्त, मौत, जिन्दगी की लहरें उठती-गिरती हैं—दरिया यूँ ही बहता रहता है। हम सबमें से दरिया गुजरता है। दरिया के बहाव से मिट्टी के रूप बदलते रहते हैं। पानी का रंग और उसके बहाव की गति चाँद सूरज से खेलती रहती है। पाकिस्तान में जमील फातिमा के बाद, निदा का छोटा भाई तस्लीम फाजिली भी जिस्म से याद बन जाता है। चाँद-तारवाले हरे परचम के नीचे बहुत सारे पाकिस्तानी फिल्मों के गीत बर्फ से उजले पैरहनों में हाथ में हाथ डाले एक कतार में खामोश खड़े हैं। इनके चारों तरफ आयतों का लोबान सुलग-सुलगकर धुआँ बनता जा रहा है। धुंए से तस्लीम फाजली का चेहरा उभरता है। उसकी गोद में एक छोटी-सी बच्ची है। वह रो रही है। कब्र खोदने की आवाज में रोने की आवाज मिलकर पुराने साज के तारों की तरह खनकती है। साज की लय तेज होती है। एक खूबसूरत औरत, जो अभिनेत्री है, देर तक इस धुन पर नंगी नृत्य करती रहती है। उसके एक हाथ में जहर की शीशी, दूसरे में गुलाब का फूल होता है। जब वह नाचते-नाचते थक जाती है तो गुलाब की पंखुड़ियों पर जहर की बूंदें टपकाकर हमेशा के लिए रात बन जाती है। अखबारों की एक खबर में कहा जाता है—तस्लीम फाजिली को जहर दिया गया है !

बम्बई में भिंडी बाजार का एक इलाका है। यहाँ उर्दू किताबों की दूकान मकतबा जामिआ एक ऐसा केन्द्र है, जहाँ बम्बई के सारे फासले सिमट जाते हैं। यहाँ छोटे-बड़े शायरों लेखकों से मुलाकात हो जाती है। इस दूकान के मैनेजर शाहिद अली खाँ है। साहित्यकारों के आपसी मतभेदों से दूर, सुबह से शाम तक इनकी मुसकराहट सबके लिए एक-सी होती है। प्रगतिशील इसे अपने लिए समझते हैं, आधुनिकतावादी इसमें बदलते हुए मूल्यों का अक्स देखते हैं। यह मुसकराहट बरसों से ऐसी ही है। गरमी सरदी बरसात हर मौसम में इसकी लम्बाई-चौड़ाई में कोई फर्क नहीं आता। यहाँ आनेवाले कई किस्म के लोग हैं। एक किस्म उनकी है जो हर शाम पाबन्दी से यहाँ आते हैं, इनमें ज्यादा नये लेखक हैं। इनमें साहित्य के प्रति जज्बाती रवैया है। अदब की चर्चाओं में हर रोज जाती सम्बन्ध नये सिरे से तरतीब पाते हैं। जरा-जरा-सी नोंक-झोंक कई-कई दिन एक को दूसरे से खफा रखती है। यह नाराजगी जो होश में सामाजिक सीमाओं को लाँघने से दूर रहती है, मदहोशी में अकसर हाथापाई का सरकस बन जाती है।

निदा के हाथ से बाकर मेंहदी के कुरते का फटना, बाकर मेंहदी के गुस्से का शिकार निदा की ऐनक, बलराज मैनरा के मुँह पर महेन्द्रनाथ का झन्नाटेदार थप्पड़, सुरेन्द्र प्रकाश के क्रोध से मेज पर धमाके के साथ चकनाचूर होती बोतल इस तमाशे के कुछ दृश्य हैं। साहित्य और जीवन का यह करीबी रिश्ता नये लेखकों की आर्थिक अभावों की प्रतिक्रिया है। इनमें से अकसर अपने-अपने संघर्षों से गुजर रहे हैं। इनके गमों गुस्से का निशाना ज्यादातर वही खाते-पीते साहित्यकार हैं जैसा यह खुद बनना चाहते हैं।

मेरी गुर्बत को शराफत का अभी नाम न दे
वक्त बदला तो तेरी राय बदल जाएगी।

इन नये लेखकों के साथ कुछ ऐसे भी रोज के आने वाले हैं जो खुद तो लिखते-लिखाते नहीं, लेकिन जिनकी शाम की फुरसतें रोज की इन गोष्ठियों की खामोश तमाशबीन हैं। इनमें कुछ तिजारतपेशा हैं और कुछ सरकारी व नीम सरकारी कुर्सियों से जुड़े हुए हैं। लेखकों की जरूरतों को कभी-कभार कर्ज की सहूलियत देना और हर शाम चाय-पान और सिगरेटों के बिल चुकाना इन्हीं की जिम्मेदारियाँ है। इनमें एक नाम हैदर असद का है। लखनऊ के रहने वाले हैं। कई नवाबी शौक पाले हुए हैं। पुरानी किताबों के निर्यात का बिजनेस करते हैं। हँसता मुस्कराता चेहरा, गठा हुआ बदन, हाथ में हमेशा एक चमड़े का महँगा हैंडबैग रहता है। उनके खर्चा करने के अन्दाज से अच्छी-खासी आमदनी के आदमी मालूम होते हैं। खुद शराब को हराम समझते हैं लेकिन साहित्यकारों की बातों से आनन्द लेने को शराब की महफिलें सजाते हैं और अपनी हलाल की

कमाई को इस हराम वस्तु पर नष्ट करने से परहेज भी नहीं करते। बाजारे-हुस्न में भी उनकी रंगीनियों का शोहरा है। हैदर असद अदब की ही तरह नृत्य व संगीत के भी रसिया हैं। शरीर के हर सुन्दर भाव और आवाज की हर हसीन हरकत की प्रशंसा इस तरह करते हैं कि जेब कल की फिक्र से आजाद होकर सिर्फ आज की नाचती-गाती रात बनकर रह जाती है। उनका खुला हाथ ऐसी महफिलों में बड़े-बड़े रईसों को आईना दिखाता है। हैदर असद रोज के आनेवालों में हैं। एक शाम वह दिखाई नहीं देते··· उनकी कमी खटकती है, दूसरे दिन शाम को भी वह नहीं आते। उनके बारे में खबर आती है कि उन्होंने आत्महत्या कर ली है। खुदकुशी का कारण कर्ज की वह भारी रकम थी जिसकी अदायगी की कोशिश में वह पिछले कई साल से नाकाम हो रहे थे। लेकिन इसकी भनक अपने जीते-जी उन्होंने किसी को नहीं दी। वह अदीब-शायर जो अपने आर्थिक संघर्ष की सजा पूरी करके अब बाइज्जत हो चुके हैं, कभी-कभार ही यहाँ आते हैं। नयी-नयी इज्जतों ने उन्हें कुछ ज्यादा ही गम्भीर बना दिया है। ये अब न पहले की तरह किसी चर्चा में भाग लेते हैं और न किसी से फ्री होते हैं। वे अपनी खुशहालियों को अधिक सुन्दर बनाने के लिए दूसरे की बदहालियों का नजारा करने इधर आते हैं और अपनी घरेलू महफिलों में इन नजारों से नये-नये लतीफे तराशकर हंसते-हंसाते है। इनमें से अकसर किसी-न-किसी रूप से फिल्मी दुनिया से सम्बन्धित हैं। फिल्मों की वजह से इनकी शोहरतें ज्यादा हैं। ये अपनी फिल्मी शोहरत को अपनी अदबी शोहरत मानते हैं और नये लोग अदब को अदब की कसौटी पर जाँचने-परखने की गुस्ताखी करते हैं। इन दो रवैयों का टकराव एक-दूसरे को करीब नहीं आने देता।

एक बार साहिर अचानक चले आये। उनको देखते ही मकतबा जामिआ के बाहर उनको देखने वालों की भीड़ लग जाती है। गरदन की एक हल्की-सी जुंबिश और बेमन की मुसकान से सबको एक-साथ 'विश' करते हुए वह अन्दर जाते हैं और वहाँ बैठे लोगों के बीच बैठने के बजाय सीधे अन्दर जाकर किताबों से दुआ-सलाम शुरू करते हैं। कुछ देर की दुआ-सलाम के बाद, सारी पुस्तकों को महत्व-हीन बताकर वह पलटकर शाहिद अली खाँ से सवालिया अन्दाज में कहते हैं—भई शाहिद साहब, ये अदब को कौन-सा रोग लग गया है! कोई अच्छा काव्य संकलन ही नजर नहीं आता। शाहिद साहब जवाब में वही रोजाना की मुसकराहट अपने होंठों पर फैलाकर उन्हें संतुष्ट कर देते हैं। लेकिन वहाँ बैठे बाकर मेंहदी उनके सवाल का जवाब शब्दों में देने से नहीं चूकते—"साहिर साहब, संकलन तो कई अच्छे आये हैं। आपको अपनी किताब 'तलखिया' को पढ़ने से जब फुरसत मिले तो पूछ लीजिए। मैं सब के नाम और पते बता दूंगा।" जूनियर अदीबों की ऐसी ही हरकतों ने सीनियर साहित्यकारों को रुष्ट कर दिया है। इस किस्म की

गुस्ताखियों ने उन्हें नये साहित्यकारों से नाराज कर दिया है। वह उन्हें समाज के दुश्मन, संस्कृति के दुश्मन जैसी उपाधियों से अपमानित करते रहते हैं।

बाकर मेंहदी शायर और आलोचक हैं। वह बहुत पहले से बम्बई में हैं। शुरू में रोजगार की तलाश की मुसलसल नाकामियों ने उन्हें व्यवस्था-विरोधी बना दिया है। पहले यह बेरोजगारी शायद उनकी परेशानी का कारण रही हो, लेकिन अब आजाद जीवन को उन्होंने अपने व्यक्तित्व की पहचान बना लिया है। इसका इजहार भी वह गर्व से करते हैं। बाकर मेंहदी रोज शाम को जमा होने वाले लेखकों में उम्र की दृष्टि से सीनियर हैं। उनके मिलने-जुलने का अन्दाज दूसरों से अलग है। वह अपने अभावों को भूलने के लिए हर समय दूसरों पर तरस खाने के अवसरों की खोज में रहते हैं। उनकी दोस्ती की पहली शर्त दूसरे की बदहाली है। जो जितना परेशान होता है वह उतना ही उन्हें अजीज होता है। जो भी इस दायरे को लाँघने की भूल करता है, बाकर उससे न सिर्फ अपनी दोस्ती वापस ले लेते हैं, उसके साहित्य पर भी अपनी पहले की राय में तब्दीली करने लगते हैं। अख्तरुल ईमान की फिल्मी कामयाबी ने उनकी राय में ऐसी ही तब्दीली पैदा कर दी है। जाँनिसार की शायरी के वह उस वक्त कायल हुए जब वह 'बहूबेगम' बनाकर बरबाद हो गये थे। निदा की शायरी को भी वह इसीलिए पसन्द करते हैं। उन्हें जीवन की हर सफलता से नफरत है।

बाकर मेंहदी मकतबा के करीब ही मझगाँव नाम के इलाके में एक दो कमरे के मकान में रहते हैं। यह मकान बोहरों के धार्मिक गुरु सैयदना बुरहानुद्दीन ने शुरू के नास्तिक जोए अन्सारी को उनकी आस्तिक सेवाओं के सिलसिले में वक्ती तौर पर इनायत फरमाया था। जोए अन्सारी जब रूस के लिए रवाना हुए तो यह मकान कुछ दिन के लिए बाकर के हवाले कर गये। बाकर ने कुछ दिन को कुछ महीने और कुछ महीनों को कुछ साल में तब्दील करके बम्बई टेनेन्सी लॉ' के तहत हमेशा के लिए इसे अपना लिया है। पूंजीवाद अथवा धार्मिक कट्टरता के खिलाफ बाकर के सैद्धान्तिक युद्ध की यह पहली विजय है! उनके इस मकान में सोने के लिए दो पुराने पलंगों के अलावा बाकी की सारी जगह पर नयी-पुरानी किताबों की इजारादारी है। दायें बायें, ऊपर-नीचे, आगे-पीछे किताबें ही किताबें हैं। वह रात-दिन इन्हीं में सोते-जागते हैं। किताबों की इस रात-दिन की सोहबत ने खुद उन्हें भी चलती-फिरती किताब बना दिया है। वे जीवन की हर छोटी-बड़ी समस्या को किसी किताब के लेखक के नाम या उदाहरण से ही समझने की कोशिश करते हैं। उनके पहले काव्य-संकलन 'शहरे आरज़ू' में किताबों से उनकी यह निकटता अनुभवों के साथ सफर करती महसूस होती है। व्यक्तिगत खोज या अनुभव पर उनका अविश्वास जो शुरू में फैशन के तौर पर अपनाया जाता है, बाद में धीरे-धीरे उनका मिजाज बन जाता है।

निदा पर बाकर की मेहरबानियाँ कुछ ज्यादा ही हैं। निदा की माली परेशानियों और बम्बई में उसकी बेघरी ने उनमें बहुत सारी हमदर्दियाँ उभार दी हैं। वह अपने सीमित संसार में उसे लिये फिरते हैं। कभी राजेन्द्र सिंह बेदी से उसकी गरीबी का बखान करते हैं। कभी जाँनिसार से (जो उन दिनों 'बहूबेगम' का निर्माण कर रहे थे) उसे काम से लगाने की सिफारिश करते हैं। वह अपनी शामों का एकान्त अकसर निदा के साथ काटते हैं। मकतबा से ये शामें सात-साढ़े सात बजे निकलकर इसी इलाके के एक दो माले के एक छोटे-से कमरे में, सस्ती शराब के नशों और सिगरेटों के धुएँ में देर तक रातें बनती रहती हैं। इस कमरे का बम्बई में एक लम्बा इतिहास है। आज के कई खाते-पीते स्थापित लेखक व शायर अपने संघर्ष के दिनों में इसी छोटे-से कमरे की छत के शस्त्र से बम्बई के खुले आकाश से जंग करते रहे हैं। इसके मालिक उस्ताद खलील के नाम से जाने जाते हैं। जाँनिसार ने सफिया अख्तर के पत्रों की पुस्तक 'जेरे लब' के नाम से यहीं सम्पादित की। उन्हीं की खूबसूरत नज्म 'आखिरी मुलाकात' इसी कमरे में उनके तेज बुखार की देन है। अख्तरुल ईमान की शायरी से बाकर की दिलचस्पी इसी कमरे की दीवारों से उनके खामोश संवादों की प्रतिक्रिया है। असद भोपाली के कई कामयाब फिल्मी गीतों के मुखड़ों ने यहीं जनम लिया है। जोए अन्सारी के गद्य की मौलिक लटक, मजरूह की गजलों और सरदार कैफी की नज्मों और गजलों और राजेन्द्र सिंह बेदी की कहानियों की प्रशंसा करने के बाद अब यह कमरा नये शायरों और लेखकों का श्रोता बना हुआ है। आजकल इसकी शामें काजी सलीम, बाकर मेंहदी, अजीज कैसी, मुहाफिज हैदर, निदा फाजली जैसे लोगों से आबाद हैं। इनमें वे भी शामिल हैं जो कभी-कभार बाहर से बम्बई आते हैं।

उस्ताद खलील एक दुबले-पतले बुजुर्ग हैं। यही इस कमरे के मालिक हैं। दिन-भर ये असाहित्यिक दोस्तों के साथयहाँ रमी खेलते हैं और सूरज डूबने के बाद बम्बई की तेज बू वाली गैर-कानूनी शराब से साहित्यकारों की खातिर करते हैं। इनका सम्बन्ध ग्वालियर से है। देश के विभाजन के बाद यहाँ आकर बसे हैं। उस वक्त हाथ-पैरों में जान थी। व्यापार का तजुर्बा था। कारोबार फैलाने में देर नहीं लगी। एक चलती हुई फर्नीचर की फैक्टरी के दो मालिकों में से एक वह खुद थे। घरेलू जिम्मेदारियों से आजाद कुंवारी जिन्दगी ने तबीयत में ऐसा असन्तुलन उभार दिया कि कल जहाँ मालिक थे आज वहीं नौकरी करके अपनी आदतों को नाज उठा रहे हैं। बाद में अपने कमरे का भी सौदा करके, मालिक से किरायेदार बन जाते हैं। लेकिन अपने रोज की जरूरतों में कमी नहीं आने देते···वही दिन-भर छोटी-बड़ी हारजीत की रमी, शाम को यार-दोस्तों की शराब से खातिर—परेशान साहित्यकारों की मदद···नये शेरों और कहानियों की प्रशंसा। बीमार

पड़ते हैं तो पड़ोसी अस्पताल के हवाले कर देते हैं। बीमारी के दिनों में उनकी तन्दुरुस्ती के दिनों के एहसानमन्द कहीं नजर नहीं आते। सिर्फ बाकर मेंहदी ही उनके तीमारदार होते हैं। हर शाम उन्हें देखने जाते हैं। उनके मरने के बाद भी बाकर के अलावा किसी और की आँखों को उनके गम में भीगने की फुरसतें नहीं मिल पातीं।

अर्थहीन जीवन में आत्महत्या इन दिनों बाकर का पसन्दीदा विषय है। वैसे तो हर गुफ्तगू में वह इशारों और प्रतीकों में इसका इजहार करते हैं। लेकिन मकतबा और उनके घर के बीच भायखला के ब्रिज पर जब वह भीड़भाड़ से दूर सिर्फ निदा के साथ होते हैं तो इस विषय में रात होती शाम का सूनापन, और चारमीनार सिगरेट के धुएँ की कड़वाहट भी घुल जाती है। पहले वह संसार में मानवीय अस्तित्व की अर्थहीनता की व्याख्या करते हैं और फिर जीवनरूपी कैदखाने से मुक्ति का अकेले एक्जिट यानी आत्महत्या के पक्ष में बौद्धिक तर्क पेश करते हैं। कुछ दिन पहले उनका एक दोस्त दाऊदगाजी खुदकुशी कर चुका है। उसकी मौत का खौफ कई दिनों से उन पर हावी है। निदा तन्हाई, आर्थिक संकट और असुरक्षित रात-दिन के बावजूद जीवन में अर्थहीनता की उस मंजिल तक नहीं पहुँच सका है, जहाँ बाकर की बौद्धिकता ने उन्हें पहुँचा दिया है।

निदा अब भी किसी पक्षी की चहचहाट, दीवार के पीछे किसी खनकती आहट, किसी बच्चे की मुसकराहट, पाकिस्तान से किसी भाई-बहन के खत, ढलते सूरज के सागर आदि को, आज को कल, कल को परसों बनाने का बहाना बनाता रहता है। वह जब ज्यादा मायूस होता है तो नये-नये लतीफे गढ़ता है। इनसे दूसरों को हँसाता है और उनकी हँसी को खुद भी हँसने की कोशिश करता है।

मन बैरागी तन अनुरागी कदम कदम दुश्वारी है
जीवन जीना सहल न जानो बहुत बड़ी फनकारी है

वह समय और अपने बीच किसी-न-किसी खिलौने से खुद को बहलाता रहता है। बाकर की रोज-रोज की दार्शनिकता से सहमत न होते हुए भी एक शाम वह उससे सहमत हो जाता है। आत्महत्या का स्थान, समय और खानेवाली गोलियों का नाम सब तय हो जाता है। मगर एक जगह बात आकर अचानक रुक जाती है। बाकर जहर को साथ-साथ खाये जाने पर जिद करते हैं और निदा इसमें पाँच-दस मिनट के फासले पर जोर देता है। यानी एक के जहर खाने के बाद दूसरा इसका अनुभव करे और फिर सुकरात बने···! बाकर इसे नहीं मानते। वह निदा के कहने पर पहल करने से इनकार करते हैं। और इस तरह दोनों जीवन के बोझ को अपने-अपने तरीकों से ढोते रहने की सामाजिक जिम्मेदारी निभाते रहते हैं।

तसवीरों के इस शहर में नफरत भी बहुत है
अपना-सा मिले कोई तो दुश्मन ही बना ले
दुनिया से खफा मैं भी हूँ नाराज है तू भी
मैं बाल बढ़ा लेता हूँ तो तू दाढ़ी बढ़ा ले…।

राजस्थान, बिहार, यूपी, मध्यप्रदेश की गरीबी जिस हिसाब से बम्बई में अमीरी की खोज में आ रही है उसी रफ्तार ते बम्बई की शक्ल भी बदलती जा रही है। चलने वाले फुटपाथों पर रहने वाली झोंपड़ियाँ बनती जा रही हैं। बम्बई चारों तरफ से फैलकर भी बढ़ती हुई आबादी के लिए छोटी होती जा रही है। झोपड़ियाँ बनाना धंधा बन गया है। सरकार इन झोपड़ियों को तोड़कर इनमें रहनेवालों को जब भी मकान देती है, कुछ दिनों के बाद मकान बिककर फिर से झोपड़ियों में तब्दील हो जाते हैं। चोरियों, कत्ल और लूटमार की रफ्तार भी आबादी की रफ्तार का साथ दे रही है। इलेक्शन की गहमागहमी है। मुसलमान वोट बैंक की तरह इस्तेमाल हो रहे हैं और हिन्दू जातियों और भाषाओं में विभाजित किया जा रहा है। हर चुनाव में देश को टुकड़ा-टुकड़ा तोड़ने के बाद, एकता के झूठे भाषणों से इसे जोड़ने का ड्रामा किया जाता है।

निदा कई ठिकाने बदलकर अब बम्बई की एक दूरदराज बस्ती गोवंडी में एक म्युनिसिपल चाल में है। चाल इब्राहीम नजीर के भाई के नाम एलाट हुई है और उसी ने इसे कुछ दिन के लिए निदा के हवाले कर दिया है। कमरे की बिना किराया सहूलियत के साथ इब्राहीम दोपहर का खाना भी अपने घर से भेजता है। सलाम बिन रज्जाक का स्कूल इस चाल के करीब है। वह सुबह स्कूल जाते समय खाने का पैकेट निदा के कमरे में छोड़ जाते हैं। इस इलाके में अभी आबादी कम है। इन्सानों से ज्यादा जानवर, परिन्दे और पेड़ ही दिखाई देते हैं। गोवंडी के लोकल स्टेशन के पास एक स्लॉटर हाउस है। दिन में इसके ऊपर चीलें और गिद्ध और शाम होते ही आसपास के जंगली कुत्ते मंडराते हैं। अभी ये कुत्ते निदा के कदमों की चाप को पहचाने नहीं है। देखते ही अंधेरों में भौंकना शुरू कर देते हैं। कुत्ते इन्सान के खौफ को सूंघने की क्षमता रखते हैं। जो जितना डरता है वे उतना ही उसके पीछे पड़ते हैं। निदा की रातें रोजाना आखिरी लोकल ट्रेन से उतरती हैं। इस आखिरी ट्रेन में बहुत ही कम लोग होते

हैं। निदा गाड़ी से उतरकर ऊंघते हुए प्लेटफॉर्म पर पहले सिगरेट सुलगाकर अपने अन्दर बेखौफी पैदा करता है और फिर आहिस्ता-आहिस्ता बाहर निकलता है। बिना रोशनी के कच्चे रास्ते हैं। कदमों की लड़खड़ाहट, तम्बाकूजदा बेखौफी का साथ नहीं दे पाती है। अंधेरे में कोई कुत्ता मुंह की हड्डी को छोड़कर इस गिरते-संभलते आदमीनुमा तमाशे को अपनी गुर्राहटों से नवाजना शुरू कर देता है। उसकी आवाज सुनकर इधर-उधर से कई और कुत्ते आकर कोरस शुरू कर देते हैं। कुत्तों में भी राजनैतिक पार्टियों-जैसी एकता होती है। आपस में ये सदा एक-दूसरे से टकराते रहते हैं, हड्डियों के टुकड़ों पर शोरगुल मचाते रहते हैं। लेकिन जब कोई बाहरवाला इनकी सरहद को पार करने की कोशिश करता है तो सब एक होकर अपने-अपने मोर्चे सँभाल लेते हैं। स्टेशन से चाल तक का छोटा-सा रास्ता हर रात मीलों लम्बा हो जाता है। एक दिन चाल के सामने बनी चाय की छोटी-सी दुकान पर चाय पीते हुए, निदा की नजर सामने बैठे हुए एक कुत्ते पर पड़ती है। मायूस मौन वह बुझी-बुझी आँखों से निदा को चाय पीता देखता है। निदा यूं ही अपने हाथ का बिस्कुट उसके आगे डाल देता है। दो-तीन दिन के बाद इन दोनों में अच्छी-खासी जान-पहचान हो जाती है। सुबह चाय के वक्त वह निदा का इन्तजार करता है और निदा भी आते ही चाय पीने से पहले एक पाव उसके आगे फेंक-सा देता है। अब वह निदा से काफी हिल जाता है। सुबह की चाय और दोपहर के खाने के समय भी वह निदा के सामने ही रहता है। और जब वह बाहर जाने के लिए निकलता है तो वह कहीं भी हो उसे देखकर आता है और स्टेशन तक किसी सिपाही की तरह उसके पीछे-पीछे चलता है। काले सफेद रंग और चमकती हुई आँखों का यह कुत्ता इस क्षेत्र के दूसरे कुत्तों से निदा का परिचय करा देता है और जब एक रात को वह स्टेशन से बाहर आता है तो दूसरे कुत्तों का शोर सुनकर वह कहीं से उठकर फौरन जाए-वारदात पर पहुँचता है और देर तक अपनी भाषा में दूसरों को डाँटता-फटकारता है। उस रात के बाद से सारे कुत्ते निदा को भी अपने जैसा समझने लगते हैं। अब वह रात में बेखोफी से कुत्तों के बीच से गुजरता है। वे उसे देखकर गुस्से में गुर्राते नहीं बल्कि अपने-अपने अन्दाज में उसकी खैरियत पूछते हैं। दो-चार दिन इसी तरह गुजरते हैं। निदा आराम से आता-जाता है और फिर बरसात की एक दोपहर को म्युनिसिपल की कुत्ता पकड़ने वाली गाड़ी आती है। दूसरे कई कुत्तों के साथ निदा के दोस्त को भी उठा लेती है। निदा चाहते हुए भी उसे आजाद नहीं करवा पाता। नगरपालिका की शर्तों के पालन के उसके पास साधन नहीं हैं। वह गाड़ी की जाली से निदा को दुःखी आँखों से ताकता है और फिर गाड़ी के चलते ही अपने बराबर खड़े कुत्ते पर भौंकने लगता है। निदा को उसकी भाषा तो नहीं आती है लेकिन उसे ऐसा जरूर महसूस होता है कि

वह नाखुश होकर इन्सान और कुत्ते की दोस्ती को गालियाँ दे रहा है।

गोवंडी में सारे कमरे एक-से चेहरे और लम्बाई-चौड़ाई के हैं। एक दिन सामने से चाय पीकर लौटते में बेध्यानी में निदा अपने कमरे के बजाय किसी दूसरी चाल का दरवाजा खोल देता है। हाथ में कढ़ाई का फ्रेम लिये एक लड़की उसे देखकर खड़ी हो जाती है। निदा को अपनी भूल का एहसास होता है। वह घबरा-सा जाता है। उसे इस हालत में देखकर लड़की के होठों पर एक हल्की-सी मुसकराहट उभरकर सिमटती है और फिर फैलकर पूरे चेहरे पर बिखर जाती है।···

"आइए चाय पीजिए"—वह धीमे-से कहती है। "माफ कीजिए, मेरा कमरा बराबर वाला है।" निदा अपनी घबराहट पर काबू पाते हुए जल्दी-जल्दी बोलता है। "मुझे मालूम है, मैं जानती हूँ, आप निदा फाजली हैं। आप यहाँ एक महीने से हैं। मैंने पत्रिकाओं में आपकी कविताएँ पढ़ी हैं।" वह एक ही साँस में सब बता देती है; और फिर 'बैठिए' कहकर स्टोव में हवा भरने लगती है। निदा रुक जाता है। उसे याद आता है, वह अब से पहले उसे गोवंडी स्टेशन पर भी कई बार देख चुका है। चाय पीने तक वह उसके बारे में बहुत-कुछ जान चुका होता है।

वह लखनऊ के किसी स्कूल में टीचर है। यहाँ छुट्टियों में अपने बीमार भाई के पास आयी है। शादी हुई थी, लेकिन एक ही साल के बाद तलाक हो जाती है। तलाक की वजह? जवाब में वह सिर्फ मुसकराती है। मिजाजों का मतभेद? जी नहीं, तलाक के बाद भी हम एक-दूसरे को बहुत पसन्द करते हैं। वह संजीदगी से कहती है। फिर क्या कारण हो सकता है? निदा हैरानी से पूछता है। 'अल्लाह' वह हँसते हुए सिर्फ एक लफ्ज बोलती है। निदा को मुअम्मे में उलझाकर वह झट से उठकर सन्दूक से एलबम निकालकर दिखाती है। इसमें उसकी शादी की तसवीरें हैं। उसका पति खूबसूरत आदमी है। देखने से खाता-पीता भी लगता है। इस अचानक मुलाकात के बाद वह दिन में एक-दो बार निदा के कमरे में भी आती है। पढ़ने के लिए किताबें और पत्रिकाएँ ले जाती है। पत्रिकाओं या पुस्तकों को पढ़ते हुए अच्छे शेरों या जुमलों पर कलम चलाना उसकी आदत है। उसका भाई एक दिन सारी पुस्तकें लौटा जाता है। वह छुट्टियों में अपने भाई से मिलने आयी थी, अब वापस चली गयी है। इन पुस्तकों और पत्रिकाओं में कई जगह उसकी कलम की लकीरों से निदा उसके सम्बन्ध में जानने की कोशिश करता है। एक पत्रिका में खाली जगह पर उसके हाथ का बना हुआ एक साँप नजर आता है। इसके फन पर गहरी स्याही से अल्लाह लिखा होता है। साँप के फन के चारों ओर क-म-र के अक्षर अंकित होते हैं। इन अक्षरों

से यह तो पता लगता है कि उसका नाम कमर है। लेकिन साँप के फन पर टँके 'अल्लाह' का अर्थ अभी तक राज में है।

निदा को मकतबा में शाहिद अली खाँ की सिफारिश से एक और काम मिल गया है। इस नये काम से उसकी आमदनी में 51 रुपये हफ्ते का इजाफा हो गया है। इसमें सुबह सिर्फ एक घंटा खर्च होता है। साढ़े आठ से साढ़े नौ तक। यहिया भाई जसदनवाला बम्बई के मशहूर रईस हैं। उनके घर की जुबान गुजराती है लेकिन उर्दू शाइरी से उनकी रुचि ने निदा की तरह और न जाने कितनों को वजीफों से बाँधा हुआ है। इनमें एक साहिर भोपाली भी हैं। साहिर दाग और मीर की परम्परा के पुराने शायर हैं। शेर पाबन्दी से कहते हैं। लेकिन शाइरी अपने लिए कम दूसरों के लिए ज्यादा करते हैं। इन दूसरों में तवायफें, कव्वाल और यहिया भाई हैं। शाइरी को रोजगार की तरह इस्तेमाल कर रहे हैं। न सुनते हैं अच्छी तरह और न ही बोल पाते हैं। इशारों से या लिखकर बात करते हैं। एक तरह से सुखी आदमी हैं। दूसरों की न सुनते हैं न अपनी बात बोलकर दूसरों को सुनाते हैं। उन्हें बम्बई-जैसी शोरोगुल की बस्ती में हर तरफ खामोशी महसूस होती है। यहिया भाई ने मासिक पगार के साथ उनके रहने के लिए अपने कारखाने में एक कमरा भी दे दिया है। अकेली जान है। कोई आगे-पीछे नहीं है। सुबह मकतबा में, दिन वेश्याओं के कोठों पर और रात अकेले कमरे में बसर होती है। मेंहदी से रँगे बाल, कलफदार सफेद मलमल का कुरता, चौड़े पायँचों का पाजामा, मौसम के लिहाज से डिबिया और उसके साथ रंगीन साटन का डोरीदार भोपाली बटुवा लिये. मुँह में पान दबाये, मकतबा में यहिया भाई की आमद से कुछ ही देर पहले अपनी जगह पर आकर बैठ जाती है। इसी वक्त निदा का भी वहाँ आना होता है। जसदनवाला अपनी सोने की जेब-घड़ी के मुताबिक ठीक साढ़े आठ बजे अपनी कार से उतरते हैं। उन्हें देखते ही रोजाना के फकीर जो पहले से उनके इन्तजार में होते हैं, खड़े हो जाते हैं। उनकी तादाद यहिया भाई के रूमाल में बँधे कलदारों से कभी आगे नहीं बढ़ती। अगर कोई भूला-भटका इस गिनती को बढ़ाने की कोशिश भी करता है तो दूसरे फकीर इसकी इजाजत नहीं देते। फकीरों में रुपये बाँटकर वह मकतबा में दाखिल होते हैं। बारिश हो या धूप हो, कार से दूकान तक एक आदमी उन पर

छतरी का साया किये रहता है। जब वह अन्दर आ जाते हैं तो छतरीवाला छतरी बन्द करके उनके वापस आने के इन्तजार में बाहर धूप में खड़ा रहता है। उनके आते ही, उन्हीं की तरफ से उस वक्त मकतबा में बैठे हुए सारे लोगों को चाय पेश की जाती है। चाय के बाद वह अपनी सोने की डिबिया से पान निकालकर मुंह में रखते हैं। चाँदी की सलाइयों से चूना और कत्था जरूरत के मुताबिक लेते हैं और फिर मुसकराते हुए अपनी अचकन की ऊपरी जेब से एक कागज का टुकड़ा निकाल कर शाहिद अली खाँ की तरफ बढ़ाते हैं। वह खामोशी से पढ़ते हैं। पढ़ने के बाद यहिया भाई की तरफ मुंह करके गर्दन की हरकत और खामोश मुसकान से प्रशंसा करते हैं। फिर यह कागज निदा की तरफ आता है। इस पर हर दिन एक नया शेर लिखा होता है। कागज का साइज हर रोज यही रहता है। हाँ इस पर लिखा शेर बदलता रहता है। उनकी हर गजल इसी तरह टुकड़ा-टुकड़ा जमा होकर मक्ते तक पहुँचती है। निदा की तरफ जैसे ही यह कागज आता है वह मशीन की तरह बोलना शुरू कर देता है। पहले वह इस शेर की भाषा के गुण बयान करता है, फिर कई पुराने उस्तादों के शेरों के साथ इसका तुलनात्मक अध्ययन पेश करता है। सीधे-सादे इकहरे परम्परागत शेर में मनोविज्ञान, इतिहास, संस्कृति के निहित पहलुओं को उजागर किया जाता है। इस पूरी चर्चा के दौरान निदा के अतिरिक्त सब खामोश श्रोता होते हैं। अगर बीच में कोई भूले से बोलने का साहस भी करता है तो यहिया भाई की नजर उसे फिर से श्रोता बनने को विवश कर देती है। सिर्फ साहिर भोपाली का मौन उनके चेहरे के उतार-चढ़ाव और आँखों के इशारों से बोलता रहता है।

लेकिन वह क्या बोलता है इसकी किसी को इत्तिला नहीं मिलती। तीस मिनट तक एक शेर की लगातार तारीफ से आनन्दित होने के बाद सोने की जेबघड़ी फिर से बाहर निकलती है। इस घड़ी के बाहर आते ही, जो गोष्ठी के अन्त की प्रतीकात्मक घोषणा होती है, निदा समेत सारे लोग आदरपूर्वक खड़े हो जाते हैं। यहिया भाई दूकान से नीचे उतरते हैं। धूप में, पसीने में भीगा आदमी फिर से छतरी खोलता है और इसके साये में वे अपनी ठंडी कार में प्रवेश करते हैं। कार में बैठने से पहले वह पहले से बना एक लिफाफा जेब से निकालकर निदा को दे देते हैं। यह लिफाफा सात दिन में एक बार शनिवार को मिलता है। यहिया भाई का एक संकलन छप चुका है। उनके इस संकलन में भारत के कई बड़े कलाकारों के चित्रों के साथ उर्दू के एक बड़े आलोचक न्याज फतहपुरी की एक प्रशंसात्मक प्रस्तावना भी शामिल है। यह प्रस्तावना भी नियाज साहब ने सम्भवत: उसी कलम से लिखी होगी जिससे वह अब से पहले जिगर मुरादाबादी और जोश मलीहाबादी की शाइरी की भाषा और विषयों की कड़ी आलोचना कर चुके थे। नियाज अपने युग में जिगर और जोश के कट्टर मुखालिफ थे।

निदा भी साहिर भोपाली और यहिया भाई जैसे उस्ताद शागिर्दी के रिश्ते पर 'आबेहयात' (एक आलोचना की पुस्तक, जिसमें बहादुरशाह ज़फर के कलाम पर लेखक ने शक करते हुए उसे जौक और ग़ालिब का कलाम बताया है) के लेखक की तरह शक करने की गलती नहीं करता और इस गलती के इनाम में कई महीनों तक इक्यावन रुपये के हफ्तावार लिफाफे को वसूल करता रहता है। जोश की एक कविता की पंक्ति है—

पेट बड़ा बदकार है बाबा
पेट बड़ा बदकार!

विट्ठल भाई मध्यप्रदेश के एक छोटे नगर सागर के रईस हैं। बीड़ी के बड़े व्यापारी हैं। उनकी फिल्टर बीड़ी भारत के बाहर बहुत चलती है। उनके कई शौक हैं। शाइरी के साथ राजनीति में भी दखल रखते हैं। आजादी के बाद राजे-नवाबों की रियासतें और जागीरदारों की जागीरें जरूर खत्म हुई हैं, लेकिन देस की 'राजसभाओं' और केंद्र की संसद में आज भी इन्हीं का बोलबाला है। पहले इनकी हुकूमतें अपने-अपने हल्कों तक सीमित थीं, अब पूरे हिंदुस्तान की जनता की किस्मतों को लिखने की कलम और स्याही इन्हें सौंप दी गयी है। हर चुनाव में इन्हीं भूतपूर्व हाकिमों, रईसों और जागीरदारों की भीड़ नजर आती है। ऐसे देश में जहाँ आबादी के तीन-चौथाई से अधिक लोगों के लिए रोटी, कपड़ा, मकान कभी-कभी की करामात हो, जहाँ 65 प्रतिशत जनता निरक्षर हो, वहाँ जनतंत्र की खरीदोफरोख्त आसान होती है। विट्ठलभाई की सम्पन्नता ने उनके दिल में जनता के दुःखदर्द जगा दिया है। इस जन-प्रेम ने उन्हें मध्यप्रदेश में मन्त्री भी बना दिया है। उन्हें फिल्मों में गाने लिखने का भी शौक है। बड़े लोगों का हर काम दूसरों के जिम्मे होता है। निदा से उनकी निकटता की भी यही वजह है। वह पटकथा लिखनेवालों की तरह निदा के साथ मिलकर एक गीतकार जोड़ी बनाते हैं। वह निदा को फिल्मी दुनिया में परिचित कराने के लिए बम्बई में अपनी बहन की आलीशान कोठी में एक गोष्ठी का आयोजन करते हैं। विट्ठल भाई के बहनोई भी उन्हीं की तरह काफी बड़े आदमी हैं। वह राज्यसभा के सदस्य भी रह चुके हैं। दौलत का हर व्यक्ति पर अलग असर होता है। इन पर इसका असर यह हुआ कि यह बड़े-छोटे कई धन्धों को कामयाबी से चलाने के साथ खुद सन्त का-सा जीवन बिताते हैं। अपनी ही कमाई से बनायी हुई शानदार कोठी में वह हर समय बिना आस्तीन के पुराने सलूके और मैली फटी धोती में अपनी धुन में घूमते-फिरते नजर आते हैं। इस आलम में जो भी बड़ा-छोटा, घरवाला या बाहरवाला उनके सामने आता है तो वह आँखों में आँसू भरकर पहले उसे नम्रता से नमस्ते करते हैं और फिर झुककर उसके पाँव छू लेते हैं। इस आदर-

सत्कार में वह आदमी और जानवर के फर्क को भी नहीं मानते।

इस गोष्ठी में शहर के बड़े लोग आमन्त्रित किये जाते हैं। इसमें मुख्य अतिथि हांगकांग से आये हुए एक उद्योगपति हैं। पहले हैदराबाद से आयी हुई गायिका गाती है। इसके बाद कवियों और शायरों की बारी आती है।

जरूरत से ज्यादा इस खुशहाल महफिल में निदा की उदासी कुछ और गहरी हो जाती है, जिसे कम करने के लिए वह शराब का सहारा लेता है। अपनी गरीबी को इस तरह अमीर बनाने के बाद ही वह अपने शेरों से दूसरों की तफरीह करने के काबिल होता है। विट्ठल भाई के कहने पर कई गजलों और नज्मों के बाद वह अन्त में अपनी एक नयी नज्म 'पासपोर्ट ऑफिसर' के नाम सुनाता है। यह नज्म उसने पाकिस्तान में अपनी माँ की बीमारी के दौरान पासपोर्ट न मिलने पर लिखी थी। माँ की बीमारी और हिन्द-पाक युद्ध का वक्त एक होने के कारण माँ-बेटे का रिश्ता सरकार की नजर में सन्देहात्मक ठहरता है :

कराची एक माँ है
बम्बई बिछड़ा हुआ बेटा
यह रिश्ता प्यार का पाकीजा रिश्ता है
जिसे अब तक
न कोई तोड़ पाया है
न कोई तोड़ पाएगा
    गलत है रेडियो
    झूठी हैं सब अखबार की खबरें
न मेरी माँ
कभी तलवार ताने रण में आयी है
न मैंने
अपनी माँ के सामने बन्दूक उठायी है
    यह कैसा शोरोहंगामा है
    यह किसकी लड़ाई है ?

इन फिल्मों में निर्माता जेठवाणी और गीतकार निदा और विट्ठल भाई होते हैं। इन चारों फिल्मों का सेंटूर होटल में मुहूर्त होता है। बाहरी गेट पर दो हाथी आनेवाले मेहमानों को सूंड़ उठा-उठाकर हार पहनाते हैं। इस समारोह में पूरा फिल्म उद्योग शामिल होता है और रात को देर तक शराब, संगीत और छोटे-मोटे नशीले झगड़े वक्त को रोके रखते हैं। इन चार चित्रों में से तीन एक-साथ शुरू की जाती हैं। चौथी में निर्माता एक नयी अभिनेत्री को पेश करना चाहते हैं। इसके लिए किसी अच्छे हीरो की तलाश है। यह नयी हीरोइन स्थानीय कॉलेज में उर्दू के एक प्रोफेसर की एक छोटी लड़की है। बाप की मर्जी के खिलाफ उसकी मां उसे हीरोइन बनाना चाहती है ! लड़की कम उमर और खूबसूरत है। बम्बई में पढ़ी-लिखी है। इसलिए बाजार में खूबसूरती के प्रचलित भाव से वाकिफ भी है। लेकिन इस नये मैदान में जेठवाणी की नातजुरबेकारी खुद उसकी पारिवारिक जिन्दगी का सन्तुलन बिगाड़ देती है। उसका भाई, जो उसका पार्टनर भी है, उससे अलग हो जाता है। लेकिन निर्माता अपनी तन्हाइयों में लड़की का रोशन भविष्य बनाने-सँवारने में ख़ोया रहता है। तीन फिल्मों की तिजारती नाकामी जब उसकी चौथी फिल्म के लिए हीरो की तलाश करने में नाकाम हुई तो हीरोइन खुद अपने तौर पर किसी मुनासिब हीरो की खोज में इधर-उधर घूमने-फिरने लगी। जेठवाणी ने इस तलाश की रोकथाम के लिए अपनी बची-खुची पूंजी भी दाँव पर लगा दी। इस बार बड़े बजट की हिन्दी फिल्म बनाने के बजाय भोजपुरी भाषा में एक छोटी फिल्म बनाता है। इस फिल्म में यही लड़की हीरोइन होती है। यह फिल्म भी दूसरी फिल्मों की तरह निर्माता के साथ कुछ अच्छा सुलूक नहीं करती। अपने फिल्मी कैरियर से मायूस होकर लड़की अपनी माँ की मरजी से कहीं शादी करके वक्त से पहले अपने पति को बाप का दरजा अता करके, इज्जत की घरेलू जिन्दगी गुजारती है और जेठवाणी बम्बई के समुन्दर को आखिरी सलाम करके फिर से अपनी बीवी के पति और बच्चों के बाप बनकर अपनी पुराने धन्धे के बहीखातों को देखने में लीन हो जाते हैं।

इन तीन फिल्मों के नाम 'हरजाई', 'कन्हैया' तथा 'शायद' हैं। इन फिल्मों में निदा के नाम से जो गीत है, उनमें—

'खुशबू हूँ मैं फूल नहीं हूँ जो मुरझाऊँगा
जब जब मौसम लहरायेगा
मैं आ जाऊँगा··· (शायद)

दिन भर धूप का पर्वत काटा शाम को पीने निकले हम
जिन गलियों में मौत छुपी थी उनमें जीने निकले हम
(शायद)

तेरे लिए पलकों की झालर बनूं
कजरे सा आंखों में आंझे फिरूं
धूप लगे
जहां तुझे
छाया बनूं (हरजाई)

कभी आंखों में आंसू हैं कभी लब पे शिकायत है
मगर ऐ जिन्दगी फिर भी मुझे तुझ से शिकायत है (हरजाई)

फिल्मी पत्रिकाओं में खासतौर से सराहे जाते हैं। इकबाल मसूद इनमें साहिर के बाद गीतों का नया ट्रेंड देखते हैं। लेकिन चित्रों की असफलता की वजह से बात ज्यादा आगे नहीं बढ़ती। वैसे छोटी-बड़ी फिल्मों में गीत मिलते रहते हैं। राजकपूर की 'बीवी ओ बीवी', कमाल अमरोही की 'रजिया सुल्तान', इस्माइल शिरोफ की 'आहिस्ता आहिस्ता' कई फिल्मों में से कुछ नाम हैं। पैसे भी बैंक में जमा होने लगे हैं। फिल्म की तिजारती सफलता ही फिल्म से सम्बन्धित लोगों की कीमत और जरूरत का आईना है। इस संसार में योग्यता से अधिक इत्तिफाक का दखल है। अनदेखे इत्तिफाक ने सब को यहां मेहनत की जगह कुदरत का पुजारी बना दिया है। वैष्णव माता, अजमेर के ख्वाजा और साईंबाबा की मार्किट दूसरे देवी-देवताओं से ज्यादा है। बड़े-बड़े निर्माता पब्लिक रिलीज से पूर्व अपनी फिल्मों को इन्हीं दरगाहों और मन्दिरों को दिखाते हैं। इन्हीं फिल्मों में कुछ ऐसी खुशकिस्मत भी होती हैं जिन्हें सिर्फ दरगाहें और मूर्तियां ही देखती हैं। दूसरे दर्शकों की आंखें उन्हें देखने से हमेशा वंचित रहती हैं। ये अकीदतें आमतौर से सेक्यूलर होती हैं। इनमें धर्म जात-पांत से ज्यादा काम का महत्त्व होता है। जिसको जिससे फायदा पहुंचता है, वही उसका देवता बन जाता है। पंडित मनोजकुमार मुसलमान सूफी साईंबाबा के मुरीद हैं, भूतपूर्व साम्यवादी निर्माता प्रेमजी ख्वाजा अजमेर के भगत हैं, खैयाम बाबा नानक के चित्र से अपने संगीत की सफलता के लिए प्रार्थना करते हैं।

लेकिन देवी-देवताओं की पसन्द और जनता की पसन्द में अक्सर टकराव रहता है। इन दोनों की रायें बहुत कम एक-दूसरे से मिलती हैं। खुदा के नाम और अवाम के इस मतभेद में बेचारे निर्माता को लाखों का नुकसान बरदाश्त करना पड़ता है। फिल्म सफल होती है तो फिल्म से जुड़ा हुआ हर व्यक्ति एक-दूसरे के लिए खुशकिस्मत समझा जाता है। वे बार-बार एक-दूसरे के साथ काम करते हैं। दूसरी सूरत में सारी दोस्तियां और रिश्तेदारियां भी दूर का सलाम-दुआ बनकर रह जाती हैं। राजेन्द्र सिंह बेदी अपने निर्देशक बेटे नरेन्द्र बेदी के लिए कभी लाभदायक साबित नहीं हुए, उनकी फिल्में कादर खान लिखते रहे।

जाँनिसार खुद अच्छे शायर होते हुए अपनी इकलौती फिल्म 'बहूबेगम' में साहिर से गीत लिखवाने पर मजबूर होते हैं। खुद गीत लिखकर उन पर साहिर का नाम दे देना उनकी तिजारती मजबूरी है।

विट्ठल भाई के सुझाव पर निदा खार के इलाके में एक निर्माणाधीन बिल्डिंग में कुछ डिपॉजिट देकर एक फ्लैट बुक कराता है। बिल्डिंग धीरे-धीरे तैयार होती है। इसकी किस्तें भी इसी हिसाब से जमा होती हैं। इन किस्तों ने निदा को ज्यादा ऐक्टिव और सामाजिक बना दिया है। खुले हाथ आप-ही-आप बन्द होने लगे हैं। पहले वह दूसरों की जरूरतों को अपनी जरूरत मानता था—अब सिर्फ अपने-आपको पहचानता है। शाम की देर तक चलने वाली महफिलें अब अपने कमरे से निकलकर दूसरों के घरों में सजने लगी हैं। यार-दोस्तों की नजर में अब वह प्रगतिशील से प्रतिक्रियावादी बन जाता है।

इन किस्तों की अदायगी के लिए वह मजबूरी से एक-दो ऐसी फिल्में भी ले लेता है जिनमें निर्माता विट्ठल भाई के साथ में होने से इन्कार करते हैं। यश चोपड़ा की 'नाखुदा' वह अकेला ही लिखता है। उसका एक गीत रेडियो पर काफी बजाया जाता है—

तुम्हारी पलकों की चिलमनों में
ये क्या छिपा है सितारे जैसा
हसीन है ये हमारे जैसा
शरीर है ये तुम्हारे जैसा

कंट्रैक्ट की खिलाफत विट्ठल भाई को नाराज कर देती है। उनकी नाराजगी कुछ संगीत-निर्देशकों को भी अपने साथ ले लेती है! काम की तलाश में अब ज्यादा परिश्रम करना पड़ता है। हर दो-तीन महीने बाद एक बड़ी किस्त मुंह फाड़े इन्तजार करती है। संगीत निर्देशकों के साथ ज्यादा समय बिताना पड़ता है। उनकी बेसिर-पैर की बातों पर मुसकराना पड़ता है। अपने-आपको भुलाना पड़ता है। उनकी गालियों भरे डमी शब्दों को अपनी जहानत से बातहजीब बनाना पड़ता है।

मीरो गालिब के शेरों ने किसका साथ निभाया है
सस्ते गीतों को लिख लिखकर हमने हार बनवाया है

इशरत के माता-पिता बम्बई आते हैं। उसकी गैरमौजूदगी में मंगनी की रस्म अदा होती है। बान्द्रा ईस्ट में अरुण दाते के घर में निदा उसके माँ-बाप को अपने नये रिश्तेदारों की हैसियत से एक सोने की अँगूठी और मिठाई के साथ रुखसत करता है। और उन्हीं के कहने पर छह-सात साल के अन्तराल के बाद फिर से इशरत को खत लिखता है, जिसका जवाब उधर से नहीं आता। निदा उसे दोबारा लिखता है लेकिन इस बार भी वह खामोश रहती है। निदा अजीब उलझन में है। उसके माँ-बाप अपनी मरजी से यह रिश्ता करने आते हैं या इसमें उसकी मर्ज़ी का भी दखल है, इशरत की लम्बी खामोशी इसे राज़ बनाये रखती है।

इशरत कई लड़कियों के घर में सबसे बड़ी है। बाप की रिटायरमेंट के बाद कॉलेज में उसकी नौकरी ही घर का सहारा है। अपनी जिम्मेदारियों के दायरे में उसके जेहन से वक्त की आहटों का एहसास खत्म हो गया है। इस अप्राकृतिक रवैये ने उसके मिजाज में नित नयी उलझनें पैदा कर दी हैं। वह निदा को अपनाना भी चाहती है, और घर छोड़ने से डरती भी है। पिछले कई वर्षों से इशरत निदा के लिए एक मुअम्मा बनी हुई है। निदा को मालूम है कि वह उसे पसन्द करती है। उसकी कापियों में निदा की हर प्रकाशित चीज़ छुपी होती है। निदा भी उसे चाहता है। लेकिन इस पसन्द और चाहत के बीच बहुत-कुछ ऐसा है जो दोनों में से किसी की समझ में नहीं आता, इस उलझाव ने दोनों को एक दूसरे का शाकी बना दिया है। पल-पल बदलते उसके अन्दाज़ ने निदा में भी कई 'कॉम्प्लेक्स' उभार दिये हैं। निदा की तरह उसके पास भी शिकायतों की एक लम्बी सूची है जिसमें वक्त के साथ इजाफे होते रहते हैं। निदा शराब पीता है, गैरजिम्मेदार है, जो मुंह पर आता है सबके सामने दोहराता है।··· इशरत घमंडी है। उसने निदा की बेरोजगारी के दिनों में किसी से कहा था, खाने को रोटी नहीं है और चाँद खरीदना चाहते हैं। लेकिन इन दोतरफा शिकायतों के बावजूद, इन दोनों का रिश्ता हमेशा के लिए कभी खत्म नहीं होता। जब भी तनाव बढ़ता है तो दोनों में से कोई पहल करके फिर से रास्ता हमवार कर देता है। इसी तरह यह रिश्ता कई बार जुड़-जुड़कर टूटता है और टूट-टूटकर जुड़ता है।

एक लम्बे अंतराल के बाद उसके माता-पिता का अचानक बम्बई में आना भी उसकी तरफ से शायद इसी किस्म की कोशिश है। लेकिन जब बात आगे बढ़कर कोई रूप लेने की कोशिश करती है तो वह फिर से अपने-आप में सिमट जाती है। इशरत माँ-बाप के बाद घर में सबसे बड़ी है। उसकी छोटी बहन शादी करके एक बच्चे की माँ बन चुकी है। उसका भाई दिल्ली जाकर अपना घर बसा लेता है। और उसे दो बच्चों की फूफी बना देता है। लेकिन न जाने क्यों वह उसी

तरह बैठी रहती है। कहते हैं मरने वाले की दुःखी आत्मा शाप बनकर दुःख देनेवाले घर में भटकती रहती है। इशरत की फूफी के साथ उसके बाप की नाइन्साफी ने, खुद इशरत की जिन्दगी से खेलना शुरू कर दिया है। इशरत की यही फूफी बचपन में निदा को कुरान पढ़ाया करती थीं।

इशरत शादी की सामाजिक उम्र को कई साल पहले पार करने के बाद भी अपने बारे में संजीदा नहीं होती। शिक्षा के दौरान कॉलेज के ही एक लड़के से उसकी दोस्ती निदा के बम्बई आने के कुछ ही महीनों में खत्म हो जाती है। कॉलेज में लेक्चरर हो जाने के बाद उसके लिए कई रिश्ते आते हैं, मगर हर बार उसकी जिद के सामने माँ-बाप मायूस हो जाते हैं।

निदा की बनजारा मिजाजी भी उसी की तरह कोई ठिकाना तलाश करने में नाकाम रहती है। लेकिन अब यह बम्बई में कई वर्ष रहने का असर हो या बढ़ती हुई उम्र की प्रतिक्रिया—इस बार इशरत की खामोशी निदा को ज्यादा खलती है। वह इसको अपनी हतक मानता है। हमेशा के लिए उससे दूर हो जाने का फैसला भी कर लेता है। यह निर्णय उस समय और पुख्ता होता दिखाई देता है जब बम्बई की गजल सिंगर मालती जोशी से उसकी मुलाकात होती है। मालती अपने घरवालों के विरोध के बावजूद निदा से मिलती-जुलती रहती है। बम्बई में निदा के एक आप्रेशन के दिनों में, हॉस्पिटल के अकेले कमरे में ये मिलना-जुलना और गहरा होता जाता है। इशरत को जब इन बढ़ती हुई निकटताओं की सूचना मिलती है तो वह अपनी परेशानी से अपने घरवालों को ही परेशान नहीं करती, पाकिस्तान में निदा के परिवार को भी फिक्रमन्द कर देती है। घरवाले उससे खफा हैं। दो धर्मों का यह गैरकानूनी मिलाप उन्हें नहीं भाता। मुर्तुजा हसन निदा को लिखते हैं। जमील फातिमा के देहान्तोपरान्त यह उनका पहला पत्र है। इसमें वह निदा को जिन्दगी के सम्बन्ध में गम्भीर होने की नसीहत फरमाते हैं। उनकी नसीहत निदा को इशरत से शादी के लिए रजामन्द कर देती है। पाकिस्तान से निदा की बड़ी बहन आती है। इस निकाह के गवाहों में अभिनेत्री तबस्सुम, संगीत निर्देशिका ऊषा खन्ना और सबा फाजली होते हैं। लेकिन निकाह होने के बाद, वह बम्बई में नहीं रुकती। फौरन ही वापस ग्वालियर चली जाती है।

उसके बाद फिर वही लम्बी खामोशी। यह खामोशी हर दो-तीन महीनों के बाद किसी पत्र से टूटती है। हर बार लगता है सब-कुछ ठीक हो गया है। इस बीच निदा एक-दो बार ग्वालियर भी जाता है। मगर वह इशरत के घर में उतरने के बजाय, उसी के घर के करीब रंजीत होटल में ही रुकता है। न उसके घरवाले इस पर एतराज़ करते हैं, न इशरत उससे घर में ठहरने को कहती है। ग्वालियर में ही एक बार जब वह निकाही रिश्ते को शारीरिक स्तर पर जोड़ने की पहल

करता है तो उसके अन्दर छिपा न जाने कौन-सा भय क्रोध का रूप धर लेता है। गले में पड़ा मंगलसूत्र टूटता है, निदा की कमीज़ फटती है, पानी का गिलास मेज से उतरकर फ़र्श पर छनाक़ बन जाता है। फिर से वह शिकवे-शिकायत··· निदा दूसरी औरतों से मेल-जोल का अपराधी बनता है। शराब पीने का मुजरिम बनता है। लेकिन इतना कुछ हो जाने के बाद भी यह रिश्ता पूरी तरह समाप्त नहीं हो पाता। इस घटना के दूसरे रोज वह अपनी छोटी बहन को होटल में भेजकर निदा को बुलाती है। मुसकानों से क्षमा-याचना करती है। बम्बई उसकी सहेलियों के खत आते हैं। ये सब इशरत के पक्ष में होते हैं। निदा की गैर-जिम्मेदारी पर व्यंग्य होता है। वह फिर से निदा को बम्बई से ग्वालियर बुलाना चाहती है, लेकिन इस बार निदा कुछ बदला हुआ-सा महसूस करता है, वह खुद से बम्बई आने पर तैयार नहीं होती और निदा ग्वालियर नहीं जा पाता···! समय के साथ निदा और मालती के सम्बन्धों में ऐसी जज्बाती गाँठें पड़ जाती हैं जिन्हें सुलझाना अब कठिन होता है। एक दिन अचानक इशरत अपने भाई को लेकर बम्बई आ जाती है। वह अपने किसी रिश्तेदार के यहाँ ठहरती है। वह निदा की कमजोरी से परिचित है। उसे यकीन है कि पहले की तरह इस बार भी वह निदा से मिलकर वर्तमान और अतीत को दोबारा हमरिश्ता कर लेगी। वह सामने आकर मुसकराएगी और निदा की मुहब्बत सारी पिछली बातों को भूल जाएगी। लेकिन ऐसा होता नहीं। उसे अपने यकीन की पराजय से ज्यादा निदा के मिजाज के परिवर्तन पर आश्चर्य होता है। पहले वह गालों में गढ़े पड़नेवाली हँसी से इस हैरानी को छिपाने की कोशिश करती है। आँखों में शरारत भरकर एक-दो बार निदा को घूरती है। लेकिन जब निदा पर इसका कुछ असर नहीं होता तो होठों की हँसी और आँखों की शरारत आँसू बनकर छलकने लगती है। वह निदा के सामने पहली बार रोती है। कौन गलत है, किसका दोष है, यह तो नहीं मालूम, मगर समुन्दर के किनारे एक फ्लैट में इन चन्द आँसुओं में बीस साल की एक लम्बी दास्तान बूंद-बूंद पिघलकर हवाओं का इतिहास बन जाती है। इस टूटते रिश्ते की कसक निदा की यादों का सरमाया है।

यूँ तो हर रिश्ते का अंजाम यही होता है
फूल खिलता है
महकता है
बिखर जाता है
तुमसे वैसे तो नहीं कोई शिकायत
लेकिन
शाख हो सब्ज तो हस्सास फज़ा होती है

हर कली जख्म की सूरत ही
जुदा होती है
तुमने बेकार ही
मौसम को सताया वरना
फूल जब खिलके महक जाता है
खुद-ब-खुद
शाख से गिर जाता है।

बड़ी बहन ने लिखा है :

"बाबू जी काफी जईफ हो गये हैं। खुदा का शुक्र है, मेडिकल रिपोर्ट में उन्हें बुढ़ापे के अलावा कोई और बीमारी नहीं है। लेकिन उनका दिन-ब-दिन कमजोर होते जाना परेशानी का कारण है। फेमिली डॉक्टर का कहना है कि आदमी जहाँ पला-बढ़ा हो, जहाँ उम्र का प्रारम्भिक हिस्सा गुज़र चुका हो, जहाँ की मिट्टी उसके शरीर में शामिल हो, साल में एक-दो बार वहाँ की आबोहवा में कुछ दिन जरूर गुजारने चाहिए। बढ़ती हुई उम्र में यह ज्यादा जरूरी है। मैं सोचती हूँ कुछ दिन के लिए उन्हें ग्वालियर ले आऊँ। वहाँ उनके साथ के डॉक्टर कोलेकर है। रामनारायण हैं। उनके माता-पिता की कब्रें हैं। ख्वाजा खानून की दरगाह हैं। लेकिन मुश्किल यह है कि वह बड़े भाई के बड़े लड़के गुड्डू को छोड़कर कराची से निकलना नहीं चाहते। और गुड्डू की माँ अपने पहलोटी के बेटे को, यहाँ के अखबारों में भारत के बारे में सनसनीखेज खबरें पढ़-सुनकर भारत भेजने से खौफ खाती है। देखो क्या सूरत निकलती है। तुम भी बाबूजी के लिए दुआ करो। साहिबा के बाद हम सब के सिरों पर उनका साया गनीमत है। खुदा इसे रहती दुनिया तक यूँ ही बरकरार रखे। आमीन।"

जमील फातिमा के बाद मुर्तुजा हसन बहुत अकेले हो जाते हैं। लड़कियाँ अपने-अपने घर की हो गई हैं। लड़कों ने एक ही घर को ऊपर, नीचे और बीच के तीन हिस्सों में विभाजित कर दिया है। जमील फातिमा एक छोटी-सी तसवीर बनकर एक भूले-बिसरे ताक में सिमट चुकी है। घर में नयी औरतों की आसद ने सरहदें खींच ली हैं। बच्चे इन सरहदों को पार करते रहते हैं—और ये ही नये-नये झगड़ों की बुनियाद बनती है। लड़के भी इन रोज-रोज के शिकवे-शिकायतों से न चाहते हुए भी प्रभावित होते हैं। और दिनों-महीनों आपस में

बोलचाल बन्द रहती है। जमील फातिमा की हयात तक यह सूरत नहीं थी। बीच में से डोरा निकल जाने से माला के सारे दाने बिखरे हैं। मुस्तफा हसन सबसे बड़े लड़के हैं। वह पाकिस्तान की शिपिंग कॉरपोरेशन में जनरल मैनेजर हैं। उनसे छोटे भाई सबा फाजली केवल शायर है। शादी करने के बावजूद वह बीवी-बच्चों की जिम्मेदारी को आर्थिक वसीलों से परिचित कराने में नाकाम है। दोनों के बच्चों के रहन-सहन का अन्तर साफ जाहिर है। बात-बेबात खिड़कियों और मुँडेरों पर मोर्चे तैयार हो जाते हैं। शब्दों की तेज-धार कैंचियों से कभी जमील फातिमा को मनों मिट्टी के नीचे से निकालकर उनके कफन के बखिये उधेड़े जाते हैं।

मुर्तुजा हसन घर के एक अकेले कमरे में, सड़क की तरफ खुलनेवाली खिड़की से टिके रोज के इन ड्रामों के संवाद सुनते रहते हैं या अपने पहले के लिखे कलाम में जुबान बयान को सँवारते रहते हैं। मुर्तुजा हसन की उम्र अब अस्सी के करीब होने को है। इस लम्बी उम्र ने पाकिस्तान में उनके अकसर समकालीन माहिरल कादरी, बहजाद, कमर जलालवी वगैरह को अल्लाह का प्यारा करा दिया है। अब उनके अतीत की गवाह सिर्फ उनकी एक बड़ी बहन रह गयी है, जिनसे मिलने हर शाम वह नियम से जाते हैं। वक्त ने उनकी इस बहन से भी यादों की वह कड़ियाँ छीन ली हैं जिनको जोड़ने की ललक में वह रोज पहाड़-जैसा दिन काटते हैं। उनकी बहन की याददाश्त के साथ हाथ-पाँव भी जवाब दे चुके हैं। अपने पति के जीवन-काल में बड़े-बड़े दबदबे की खातून थीं। अपने हाथों से हजारों लाखों इधर-उधर करती थीं मगर अब कई खाते-पीते, बड़े-बड़े मकान और गाड़ियों वाले लड़कों के होते भी एक टीन की छत के कमरे में अपनी विधवा लड़की के साथ रहती हैं। सिर्फ आवाज और आँखों में जिन्दगी की चमक है। मुर्तुजा हसन उनके बेरब्त जुमलों में अपने तौर पर अर्थ पैदा करते रहते हैं। अब उनकी दिनचर्या में शाम को बहन से मिलने के साथ, जमील फातिमा की कब्र पर फातिहा पढ़ना भी शामिल हो गया है। पूरा दिन पाँच नमाजों में बाँट दिया गया है। एक नमाज से दूसरी नमाज तक का वक्त वह अपनी लड़कियों से फोन पर बारी-बारी बात करके गुजारते हैं या भारत में अपने दोस्तों को खत लिखते हैं। इन तमाम कामों के बावजूद इतना वक्त फिर भी बच जाता है, जिसको बिताना कठिन है। वह शुरू से महफिलबाजी के आदी रहे हैं। जब तक जमील फातिमा थीं घर के हर कोने में उनकी आहटें सुनाई देती थी। दोस्तों का मजमा रहता था। डॉक्टर बेटे के अरब जाने में उनका मश्विरा जरूरी था। बेटियों की शादी में उनकी राय का दखल था। घर के निर्माण में उनका हुक्म चलता था। मगर अब वक्त और उनके बीच अथाह खालीपन है। जिसे भरने के लिए वह तरह-

तरह से कोशिश करते रहते हैं। गुड्डू से उनका लगाव भी इन्हीं कोशिशों का एक बहलावा है।

चार-पाँच साल के मासूम बचपन और अस्सी साल के बुढ़ापे का यह रिश्ता जरूरत से ज्यादा शिद्दत ले लेता है। वह एक पल भी दूर होता है तो वह घबरा उठते हैं। दूसरे बच्चे ही उनके इस एकतरफा लाड़-प्यार से नहीं कुढ़ते, गुड्डू की माँ भी अकसर अपनी नाराजगी को जाहिर करती रहती है। वह उसकी हर अच्छी-बुरी ख्वाहिश पूरी करते हैं। डॉक्टर बेटे ने पाकिस्तान में उनके नाम से एक बड़ा-सा एकाउंट खुलवा दिया है जिसे वह अपने पोते पर लुटाते रहते हैं। दादा के इस व्यवहार ने पोते को जिद्दी और गुस्ताख बना दिया है। पढ़ाई-लिखाई से उसके अलगाव पर माँ-बाप उसे डाँटते हैं तो वह दादा की आड़ लेता है। वह जब चाहता है स्कूल जाता है, जब चाहता है नये-नये खिलौनों की तोड़फोड़ में समय बिताता है। दूसरे बच्चे स्कूल की बस से आते-जाते हैं और इसे वह अरब से भेजी गयी कार में छोड़ने और लेने जाते हैं। कई बार उसकी झूठमूठ की शिकायतों का यकीन करके स्कूल के उस्तादों को भी बुरा-भला कह चुके हैं। मुर्तुजा हसन की यह मोहब्बत गुड्डू की माँ को अपने बेटे के लिए हानिकारक महसूस होती है। वह इन दोनों के बीच दूरियाँ पैदा करती है। वह बहू की गर्म-मिजाजी से वाकिफ हैं। वह उसके हाथों अपनी बेइज्जती कराने के बजाय खुद रूठकर अपनी बहन के यहाँ जाकर बैठ जाते हैं। बड़ी बेटी कमर तिलत को जब पता लगता है तो वह अपनी ससुराल से आकर भाइयों के घर में बाप की नाकदरी पर चीखती-चिल्लाती है। आँसू बहाती है। भाइयों को बुढ़ापे के अकेलेपन का एहसास दिलाती है और फिर गुड्डू को साथ लेकर उनकी बहन के यहाँ जाती है और उन्हें मनाकर वापस लाती है। ऐसा महीने में एक-दो बार होता है। बड़ी लड़की और दूसरी बेटियाँ दूर रहकर भी बाप की हर बात का ख्याल रखती हैं। घर में घर के क्षेत्रफल की तरह मुर्तुजा हसन भी टुकड़ों में विभाजित है। कहीं से सुबह का नाश्ता आता है, कहीं से दोपहर का खाना आता है। रात की जिम्मेदारी तीसरी जगह की है। अपनी पसन्द-नापसन्द का ख्याल किये बगैर जो भी उनके सामने आता है, खा लेते हैं। इस घर में अब उनकी हैसियत ऐसे सामान की-सी है जो अपनी मुद्दतें इस्तेमाल पूरी करके बेकार हो चुका है। उन्हीं की गजल के शेर हैं।

सुकूं से चार घड़ी भी बसर न कर पाये
ये जिन्दगी है तो इस जिन्दगी से भर पाये
तवील उम्र मिली गो हमें मोहब्बत में
मगर सुकून के लम्हात मुखतसर पाये।

दिसम्बर की सरदी शबाब पर है। ग्वालियर की यह सरदी बम्बई में कुछ साल रहने के बाद और ज्यादा महसूस होती है। बड़ी बेटी और पोते के साथ मुर्तुजा हसन ग्वालियर में हैं।

दिल से मजबूर है दुआ साहब
छूटता है ग्वालियर कहीं।

उनकी आमद की खबर चारों तरफ फैल जाती है। सुबह से शाम तक नये-पुराने लोगों का ताँता बँधा रहता है। डॉ० कोलेकर नियम से रोज सुबह आते हैं और देर तक पुरानी यादों को दोहराते हैं। रामनारायण अब नहीं हैं, वह मुर्तुजा हसन के यहाँ आने से दो दिन पहले गुजर चुके हैं। मौत के बारे में आदमी के विचार एक ही जीवन के विभिन्न भागों में अलग-अलग होते हैं। पहले वह इसके वजूद से ही सिरे से इनकार करता है। बाद में इससे खौफ खाता है। आखिर में उसे एक हकीकत के रूप में स्वीकार कर लेता है।। मुर्तुजा हसन उम्र की उस मंजिल में है जहाँ मौत दूर से डराने के बजाय करीब आकर हमसफर बन जाती है। रामनारायण की मौत की खबर को भी, वह डाक्टर कोलेकर से बिना किसी प्रतिक्रिया के सुनते हैं और सुनते ही जेब से नया पारकर पेन निकालकर (उन्हें नये-नये कीमती पेन जमा करने का बहुत शौक था) फौरन उनकी बर्थडेट कागज पर लिखते हैं, फिर कोलेकर की और अपनी जन्मतिथि दर्ज करते हैं। तीनों की उम्रों का फर्क आँकड़ों में निकालकर केवल इतना ही कहते हैं—"अरे वह बदमाश तो हम दोनों से छोटा था। तुम रामनारायण से एक साल बड़े हो और मैं तुमसे छः महीने पहले पैदा हुआ था। बहुत जल्दी की।··· सामने बैठे कोलेकर ने अधूरे वाक्य को पूरा किया, 'हाँ बाद में आया और जल्दी चला गया! मुर्तुजा हसन अंग्रेजी में शिकायत करते हैं—बास्टर्ड कुड नॉट वेट फॉर मी···

इस बात पर दोनों जोर से हँसते हैं और देर तक हँसते रहते हैं। मुर्तुजा हसन रुककर बात को आगे बढ़ाते हैं। भई जल्दी या देर, मरना तो है ही। इस पर भी दोनों के कहकहे गूंजते हैं। हाँ मरना ही और बाकी है, जी तो बहुत लिए। इस तरह हर जुमले पर वे बेरहमी के साथ हँसते-हँसते एकदम चुप हो जाते हैं। एक समाचारपत्र उठा लेता है और सुबह के पढ़े हुए अखबार को यूँ ही उलटता-पुलटता रहता है। दूसरा जेब से सिगरेट निकालकर सुलगाता है और हर कश के बाद राख होते हुए तम्बाकू को देखता रहता है। सिगरेट के धुएँ में रामनारायण की याद को धुंधलाकर कोलेकर मुर्तुजा हसन से पूछते हैं—इतने दिन वहाँ रहकर तुम्हें पाकिस्तान कैसा लगता है? मुर्तुजा हसन अखबार की खबरों से आँखें हटाकर अपनी व्यथा सुनाते हैं:

भला बुलबुल के दिल से भी चमन की याद जाती है
जो कांटा चुभ चुका है उस चुभन की याद आती है
'दुआ' अब तक मेरे दिल में वही अजमत है लश्कर की
कहीं नक्ले-सुकूनत से वतन की याद जाती है।

मुर्तुजा हसन और गुड्डू में रोज, गजल के परम्परागत प्रेमी-प्रेमिका की-सी खींचातानी रहती है। बच्चा अपनी उम्र के बच्चों के साथ खेलना चाहता है। गलियों में उनके साथ दौड़ना-कूदना चाहता है। और यह उसकी एक पल की जुदाई भी बर्दाश्त नहीं कर पाते। गुड्डू उनकी इस कमजोरी से खूब फायदा उठाता है। सुबह से शाम तक वह नयी-नयी फरमाइशें करता है जिन्हें यह खामोशी से पूरी करते रहते हैं। लेकिन इसके बाद भी वह अपनी मनमानी से बाज नहीं आता। वह मुहल्ले के सारे बच्चों के साथ गलियाँ और छतें नापता फिरता रहता है और मुर्तुजा हसन बेचैनी से इधर-उधर घूमते हुए बच्चों पर चीख पुकार करते रहते हैं। जिस मकान में वह ठहरे हुए हैं उसमें आमने-सामने एक छोटी-सी छत के दोनों तरफ दो कमरे हैं। यह छुट्टू के छोटे भाई डब्बू के घर की पहली मंजिल है। एक कमरे में बड़ी बहन और निदा सोते हैं। दूसरे में मुर्तुजा हसन और गुड्डू रात बिताते हैं। एक दिन सोते-सोते निदा की अचानक नींद टूट जाती है। फर्श पर कोई हिलता-जुलता साया नजर आता है। इस साये में से धीमे-धीमे खाँसने की आवाज आ रही होती है। निदा हाथ उठाकर बिजली जलाता है। रोशनी होते ही बहन की आँख भी खुल जाती है। मुर्तुजा हसन लिहाफ में लिपटे ठंडे फर्श पर बैठे दिखाई देते हैं। 'क्या बात है? यहाँ कैसे बैठे हैं आप?' निदा उनसे पूछता है वह मुंह से जवाब देने के बजाय, बड़ी बहन के बिस्तर पर बचपन की गहरी नींद में सोये हुए गुड्डू की तरफ अँगुली से इशारा करते हैं। गुड्डू रात को न जाने किस वक्त उनके पास से उठकर चला आता है। वह जब उसे अपने पास नहीं पाते तो एक डरावने ख्वाब में खो जाते हैं—

"बड़ी-बड़ी मूंछें—डाकू मानसिंह, पुतलीबाई, बन्दूकों-गोलियों, चीख-पुकार, हाथों में भयानक शस्त्र लिए एक-साथ कई डाकू कमरे में घुस आते हैं और गुड्डू को उठाकर घोड़े दौड़ाते हुए चम्बल घाटी की तरफ फरार हो जाते हैं। वह चीखने की कोशिश करते हैं मगर आवाज मुंह से नहीं निकलती। मायूसी से सारा

ख्वाब दोहराकर वह खाँसना शुरू करते हैं। निदा को उन पर तरस आता है। वह गुड्डू को कच्ची नींद से जगाता है लेकिन वह किसी तरह नहीं जाग पाता। ज्यादा सताने पर वह आधा सोया, आधा जागा की स्थिति में आकर भी बिस्तर छोड़कर मुर्तुजा हसन के साथ जाने को तैयार नहीं होता। निदा जब जबर्दस्ती करता है तो वह गुस्से में भरके जोर से चिल्लाता है। मैं पहले चाय पियूँगा फिर बाबूजी के पास जाऊँगा। रात के ढाई बजे चाय की फरमाइश, बहन के समझाने पर भी नहीं टलती। वह अपनी जिद पर अड़ा रहता है। सारे लोग गहरी नींद में हैं। सरदी ऐसी है कि बदन से जरा भी लिहाफ हट जाए तो जाड़ा नुकीली सुई की तरह शरीर को छेदता लगे। बहन गुस्से में उस पर हाथ उठा देती है। वह रोता है, चिल्लाता है मगर बिना चाय पिये किसी तरह दूसरे कमरे में जाने को राजी नहीं होता। उसके बगैर मुर्तुजा हसन भी फर्श से नहीं उठते। निदा मामले की नजाकत को महसूस करते हुए गुड्डू की जिद पूरी करने को खड़ा हो जाता है। वह गुड्डू के साथ दाँत से दाँत बजानेवाली सरदी में देर तक ताँगे में इधर-उधर भटकता रहता रहता है। सारा शहर खामोश है। चारों तरफ कोहरा छाया हुआ है। घरों के द्वार बन्द हैं। होटलों के चूल्हे ठंडे हैं। गुड्डू खुले ताँगे में बैठा फुटपाथ पर सिमटे-सिकुड़े जानवरों को देख-देखकर खुशी में ताली बजाता है और बार-बार उछलकर बैठता है। उसे सरदी नहीं लगती। लेकिन निदा के साथ सरदी का सुलूक बेरहमी का है।

मौसम भी उम्रों के फर्क को पहचानते हैं। शहर में जब कहीं चाय नहीं मिलती तो वह स्टेशन जाकर उसे चाय पिलाता है। लौटते-लौटते मुर्गे अजान देना शुरू कर देते हैं।

गुड्डू के इन्तजार में मुर्तुजा हसन ठंडे फर्श पर बैठे खाँसते रहते हैं और वहीं से उठकर वुजू करके नमाज में खो जाते हैं। गुड्डू बाहर की दो-ढाई घंटे की सैर से वापस आकर नमाज पढ़ते हुए अपने दादा का माथा चूम लेता है और सीधा उनके खाली बिस्तर पर जाकर देर तक सोया रहता है।

ग्वालियर में चन्द दिनों के निवास ने उनकी तन्दुरुस्ती में काफी फर्क पैदा कर दिया है। उनके हाथ-पाँव में गोश्त भर जाता है। चेहरे पर चमक आ जाती है। वह गुड्डू की अँगुली थामे शहर में इधर-उधर घूमते रहते हैं। खिलौने खरीदते हुए दूकानों पर खड़े होकर खाते-पीते हुए, जाने-पहचाने रास्तों को कई सालों के बाद दोबारा पहचानते हुए—हर जगह उन्हें उनका अतीत नये-नये चेहरों, मौसमों और मूड्स के साथ मिलता रहता है। उन्हें देखकर लोग जगह-जगह रुककर उनसे हाथ मिलाते हैं। बातें करते हैं।

ग्वालियर छोड़कर जाने का उनका जी नहीं होता। वीजा की अवधि दो बार बढ़ायी जा चुकी है। किसी-न-किसी बहाने वह यहाँ से रवानगी को टाले जाते

हैं। वह वाकई वापस जाना नहीं चाहते। इसके लिए वह डॉक्टर कोलेकर से मिलकर कोशिश भी करते हैं। लेकिन गुड्डू के बगैर भी वह यहाँ नहीं रह सकते।

गुड्डू के माँ-बाप के खतों में जल्दी वापस आने पर जोर है। मुर्तुजा हसन के कारण कई बार सामान बँधकर खुलता है। ~~ जब भी बहन को रवानगी की तैयारी करते देखते हैं तो उदास होकर बाहर कहीं बैठ जाते हैं। चारों तरफ तलाश होती है। गाड़ी का वक्त निकल जाने के बाद वह खुद ही आ जाते हैं और चुपचाप अपने बिस्तर पर लेट जाते हैं। मगर दो देशों की पाबन्दियाँ ज्यादा दिन उनकी उदासियों को नहीं बहला पातीं। वह मजबूर हो जाते हैं। उन्हें वापस जाना पड़ता है। जाने से पहले वह एक दिन बड़ी बहन से छिपकर जेबन की कब्र पर जाते हैं। फूल चढ़ाते हैं और वहाँ जमा फकीरों में जितने पैसे उस वक्त जेब में होते हैं, बाँट देते हैं।

पाकिस्तान में उनकी दबी-घुटी बीमारियाँ फिर से उभर आती हैं। समुन्दर की हवा उनको फिर से परेशान करने लगती है। चलना-फिरना कम हो जाता है। अब सिर्फ गुड्डू को ही सबरे स्कूल छोड़ने और दोपहर को उसे वापस लेने ही जाते हैं। बड़े बेटे के समझाने पर भी वह इस प्रोग्राम में तब्दीली नहीं करते।

और एक दिन इसी बच्चे के साथ, सड़क को तेज कदमों से क्रास करते हुए गिरकर डबल फ्रैक्चर के शिकार होते हैं और और कुछ दिन यूँ ही साँसों का अजाब झेलकर जमील फातिमा की कब्र के करीब हमेशा के लिए सो जाते हैं।

तुम्हारी कब्र पर
मैं फातिमा पढ़ने नहीं आया
मुझे मालूम था
तुम मर नहीं सकते
तुम्हारी मौत की सच्ची खबर जिसने उड़ायी थी
वो झूठा था—वह तुम कब थे
कोई सूखा हुआ पत्ता हवा से हिल के टूटा था
मेरी आँखें
तुम्हारे मंजरों में कैद हैं अब तक
मैं जो भी देखता हूँ—सोचता हूँ
वो वही है
जो तुम्हारी नेकनामी और बदनामी की दुनिया थी
कहीं कुछ भी नहीं बदला
तुम्हारे हाथ मेरी अँगुलियों में साँस लेते हैं

मैं लिखने के लिए जब भी
कलम कागज उठाता हूँ
तुम्हें बैठा हुआ मैं अपनी ही कुरसी में पाता हूँ
बदन में मेरे
जितना भी लहू है
वह तुम्हारी लगजिशों, नाकामियों के साथ बहता है
मेरी आवाज में छुपकर
तुम्हारे जेहन में रहता है
मेरी बीमारियों में तुम
मेरी लाचारियों में तुम
तुम्हारी कब्र पर जिसने तुम्हारा नाम लिखा है
वह झूठा है
तुम्हारी कब्र में
मैं दफन हूँ
तुम मुझमें जिन्दा हो
कभी फुरसत मिले तो फातिहा पढ़ने चले आना।

मुर्तुजा हसन और जमील फातिमा की कब्रों के दर्मियानी फासले में अब दो कब्रें और बन गयी हैं। एक पर तस्लीम फाजली का नाम खुदा है, दूसरी सबा फाजली से मन्सूब हैं। ये दोनों निदा से छोटे हैं। मुस्तफा हसन पहले हर जुमेरात को पाबन्दी से कब्रिस्तान जाते थे। अब सिर्फ ईद या बकरीद को जाते हैं और किरात के पानी से धूप से तपती कब्रों की मिट्टी को नम करते हैं। इस एक खानदान की तीन कब्रों की दायीं और बबूल की एक सूखी झाड़ी के तले किसी अनजानी बच्ची की कब्र है। कुदरत ने उसे दुनिया देखने के लिए सिर्फ छह साल की मोहलत दी थी। इस छोटी-सी कब्र पर उसकी पैदाइश और मौत के बीच एक छोटी-सी इबारत लिखी है—मुन्नी बेटी अकेले में घबराना नहीं—खुदा तुम्हारे साथ है···

□□